短线炒股宝典

买在起涨点的108个技巧

刘文杰◎编著

中国铁道出版社有限公司

CHINA RAILWAY PUBLISHING HOUSE CO., LTD.

内 容 简 介

本书列举了108个起涨点技巧分析，展现了股价不同起涨点的出现位置和形态特征。根据这些实战技巧，我们可以很容易地找到买点，由此使获利变得更加简单。

本书注重技巧分析和实战运用，每一个技巧的案例分析都是一种有效的分析和操作方法，通过本书可以很快找到股价的起涨点位置，进而找到买点。

本书特别适合想要快速、准确地抓住股价上涨的投资者，也适合需要提高自己实战能力的投资者。

图书在版编目（CIP）数据

短线炒股宝典.买在起涨点的108个技巧/刘文杰编著.—北京：中国铁道出版社有限公司，2021.4（2021.11重印）
ISBN 978-7-113-27356-9

Ⅰ.①短⋯ Ⅱ.①刘⋯ Ⅲ.①股票投资–基本知识 Ⅳ.①F830.91

中国版本图书馆CIP数据核字（2020）第202269号

书　　名：短线炒股宝典：买在起涨点的108个技巧
　　　　　DUANXIAN CHAOGU BAODIAN : MAI ZAI QIZHANGDIAN DE 108 GE JIQIAO
作　　者：刘文杰

责任编辑：张亚慧　　编辑部电话：(010)51873035　　邮箱：lampard@vip.163.com
编辑助理：张秀文
封面设计：宿　萌
责任校对：孙　玫
责任印制：赵星辰

出版发行：中国铁道出版社有限公司（100054，北京市西城区右安门西街8号）
印　　刷：三河市航远印刷有限公司
版　　次：2021年4月第1版　2021年11月第2次印刷
开　　本：700 mm×1 000 mm　1/16　印张：14.75　字数：197千
书　　号：ISBN 978-7-113-27356-9
定　　价：59.00元

前言

　　起涨点是股价上涨的开始位置，当股价出现起涨点之后，股价就会进入上涨的趋势中。因此，投资炒股就得抓住股价上涨的起涨点，从起涨点出发，获取投资利润。

　　基于起涨点的重要性，在分析股票的走势时，就必须要想办法抓住起涨点。但是在目前有关起涨点的书籍中，大多无法详细地总结出起涨点出现的技术走势和形态特点。

　　为了弥补起涨点技术分析的空白，我们特别邀请了富有经验的股票投资专家编写了这本书，希望本书能够帮助广大的中小投资者迅速掌握起涨点分析技巧，并通过起涨点快速寻找到买点，进而获得利润。

　　本书共分为 6 章，详细介绍了 108 个起涨点分析技巧，其中各个章节的主要内容如下。

- 第 1 章主要介绍看形势寻找起涨点，通过对股价运行的整体形势把握，进而快速寻找到股价上涨的起涨点。
- 第 2 章主要介绍从 K 线走势中去寻找起涨点，包括用 K 线组合分析起涨点和 K 线形态分析起涨点等。
- 第 3 章主要介绍从技术指标线入手寻找起涨点，包括用移动平均线、MACD、KDJ、BOLL 等常用指标分析起涨点。
- 第 4 章主要介绍从股价运行的波段中寻找起涨点，包括用趋势线、波浪理论等知识分析起涨点。

- 第 5 章主要介绍从成交量的不同变化中寻找起涨点，包括用成交量的异动放大、均量线等知识分析起涨点。
- 第 6 章主要介绍从跟住庄家的角度去寻找起涨点，包括庄家建仓、庄家洗盘和庄家突破等进行起涨点分析。

本书的特点在于注重实用技巧，从而让投资者迅速找到分析股价起涨点的关键，不仅能使分析变得简单易懂，而且可以准确抓住起涨点，避免耽误买入时机。

另外，本书注重实战，通过对近几年个股的分析，可以更加清晰地将起涨点分析技巧展示给读者，并且指导投资者进行分析和实战操作。

本书适合准备入市或刚刚入市的新股民、股票投资爱好者，也可作为大、中专院校或者企业的股票入门培训教材。同时，对有经验的电脑炒股用户也有较高的参考价值。

由于编者经验有限，加之时间仓促，书中难免有疏漏和不足之处，恳请专家和读者不吝赐教。

编 者

2020 年 12 月

目录

第2章　K线形态中的起涨点

第 3 章　起涨点相关的技术指标

第 4 章　在波段中找起涨点

第 5 章　成交量变化中透露的起涨点

第 6 章　跟随庄家找到起涨点

第 1 章

看形势找起涨点

炒股怎么炒？其实说来很简单，抓住形势是关键。众所周知，顺大势则成功，逆大势则失败。那么买股票就更要看准形势出手，方能获得成功。我们寻找起涨点，就一样得根据股价运行的大趋势，利用这种大趋势进行寻找，只有在大趋势中才能有效避免风险，成功抓住起涨点。

买股票抓住形势对看准起涨点来说很重要。原因在于，在大好的形势之下，抓住了个股的起涨点，就相当于是抓住了主升浪，那么接下来的就是等待股价的上涨，直到选择合适的时机卖出股票。

1.1 买在行情大好时

行情大好又分为以下两个方面。

◆ 一是大盘指数走势良好，个股普遍上涨，那么这就是属于大方向，大趋势下的行情大好。

◆ 二是表现在个股的回调整理或者是主力建仓完成，形成个别股票的大好行情。

但是无论是哪一种大好行情出现，都是投资者入市赚钱的好机会。

第1招：寻觅牛市行情中的起涨点

所谓的牛市，并不一定是大时间跨度、大幅度上涨的大盘指数上涨或者是个股股价的飙升。只要是出现了一定时间阶段内，并且出现了一定上涨幅度的走势，都可以叫作牛市。这里的时间和上涨幅度的具体标准，依据不同的形式，有不同的标准。

拓展知识 *一般牛市行情标准*

大盘指数或者个股的股价，在一周或者更长时间内出现一个整体的上涨算作牛市行情；从涨幅来看，达到 15% 以上也算是一个牛市行情。

实例分析

上证指数（000001）的牛市行情

图1-1所示为上证指数2018年12月到2019年4月的走势图。

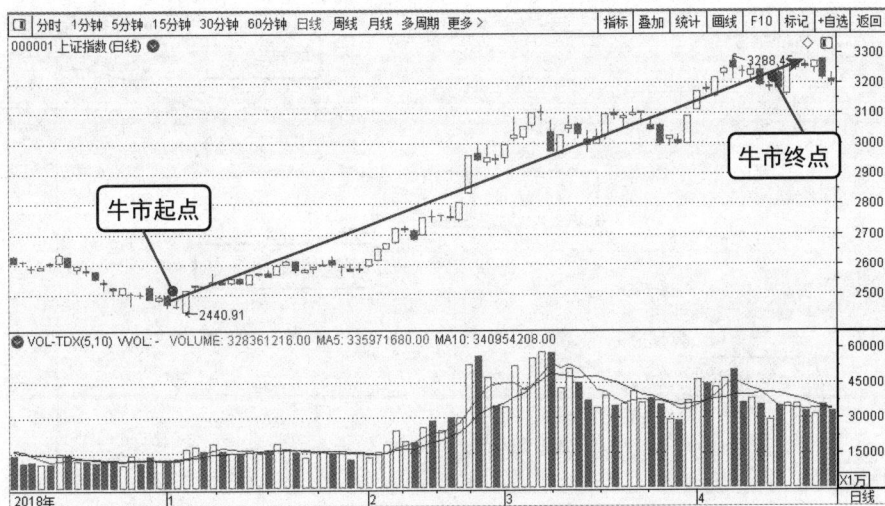

图 1-1　上证指数 2018 年 12 月到 2019 年 4 月的走势图

从上图我们可以看见，这一大盘牛市行情的发展状况。大盘指数经过了4个月左右的上涨走势，股指从牛市的起点2440.91点，上涨到了3288.45点，涨幅达到了34.7%左右。因此，我们可以确定这是一波牛市行情。

在这一波牛市行情之中，股指涨幅达到了34.7%左右，那么所对应的个股行情肯定有较好的表现。

所以，在大盘的上涨起点位置，即2440.91点入场，会是一个比较好的机会。

上面是大盘出现的牛市行情，在这样的行情中，个股都会出现一定程度的上涨，只是上涨的幅度各有不同，为了抓住上涨幅度最大的股票，我们就很有必要抓住个股的牛市行情。

实例分析

白云机场（600004）的牛市行情

图 1-2 所示为白云机场在 2018 年 12 月至 2019 年 5 月的走势图。

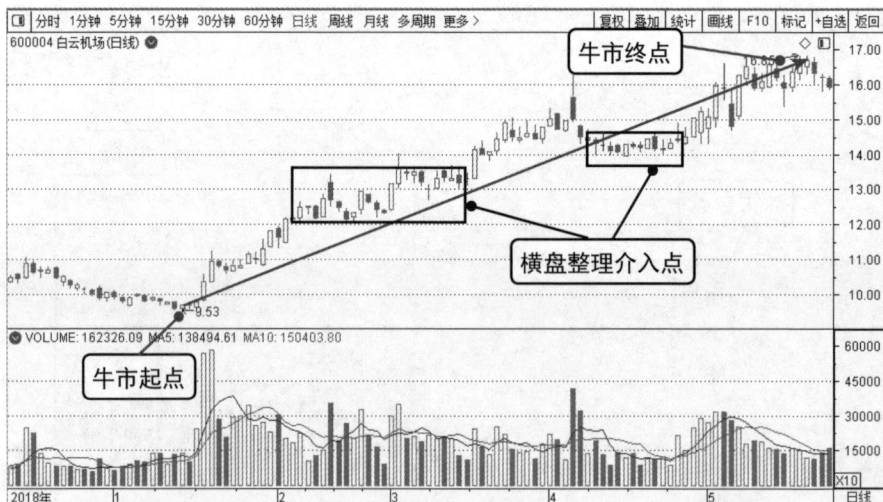

图 1-2　白云机场 2018 年 12 月至 2019 年 5 月的走势图

从上图可以看出，这是一个标准的牛市行情。首先我们对比此时的大盘走势情况，根据上面的上证指数的走势，我们知道在这一阶段中。大盘行情也处于牛市之中，这证明了个股依托大盘的牛市行情，出现了牛市行情。

其次，我们分析该股的牛市走势。从图中我们很容易地看出牛市的起点就是 9.53 元。股价从该位置一直上涨到 16.85 元处，涨幅达到 76.8% 左右，这足以带给广大的投资者巨大的收益。

从图中还可以看出，只有抓住此轮牛市行情的关键点所在，那就是在股价运行之中，出现的两次横盘整理。显然这两次横盘整理就是我们进行买入操作的时机。

第2招：强势调整中的起涨点

所谓强势调整，即是股价在上涨阶段中，由于主力机构有意识地打压股价，致使股价出现较大幅度的下跌调整。

这里所讲到的强势调整中的起涨点，我们需要特别注意其中的一个前提条件：强势调整是指上涨趋势之中的强势调整。

离开这个前提条件，用这种方法去选择起涨点，就是对这一方法的误用。所以要运用此种技巧进行选择，必须要确定股价正在上涨趋势之中。

实例分析

深南电Ａ（000037）的强势调整

图1-3所示为深南电Ａ在2018年9月至2019年6月的走势图。

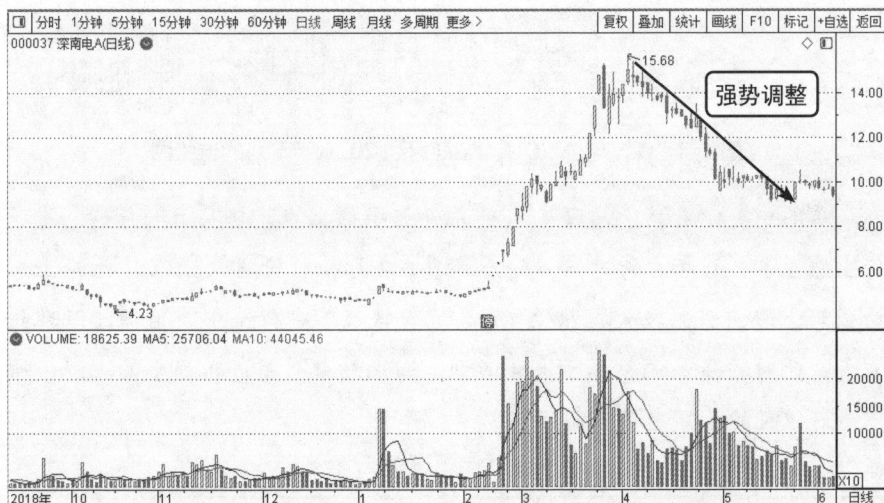

图1-3　深南电Ａ在2018年9月至2019年6月的走势图

从上图中可以看出，股价出现了强势调整。该股先是出现一轮强势上涨将股价拉升至15.68元，之后转入了连续的下跌走势，跌势较重，跌幅较深。

在看见此种大幅度的调整时，大多数投资者都会选择出售手中的股票，场外的投资者更是不敢触碰这样的股票。

但是，后期走势正好相反，这就是我们这里讲到的在强势调整中去找起涨点。图 1-4 所示为深南电 A 2018 年 10 月至 2019 年 5 月的走势图。

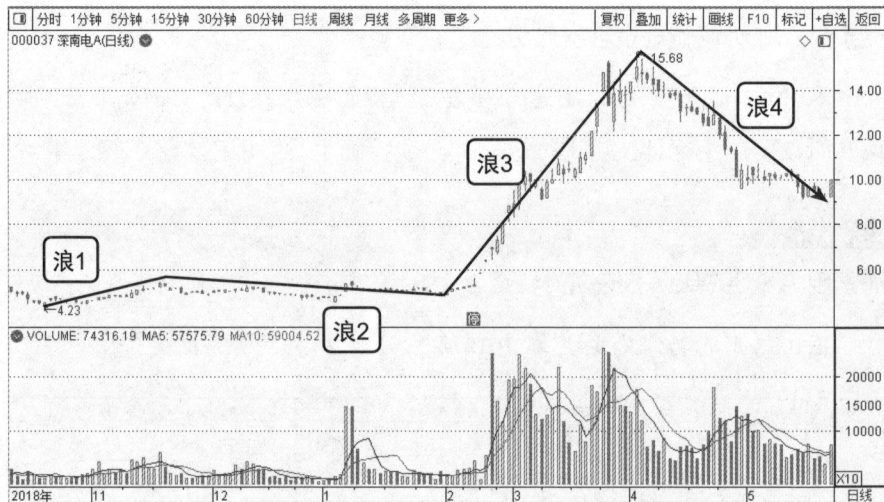

图 1-4　深南电 A 2018 年 10 月到 2019 年 5 月的走势图

从图中可以看到，该股从 4.23 元开始小幅上涨，转入上涨行情。当股价上涨至 5.5 元左右的时候，随后调整。2 月初股价再次上涨，此轮上涨为强势上涨，涨幅较大，涨至 15.68 元后转入下跌行情中。根据波浪理论来看，此时的强势调整属于浪 4 回调，回调结束后将进入浪 5 的上涨，所以看好该股的后期走势。

拓展知识　*什么是波浪理论*

波浪理论是一种常用的技术分析理论，根据波浪理论，无论趋势的大小，股价都有一个"五波上升、三波下降"的基本规律，所以总共有 8 个波，形成一个周期，可以帮助我们判断股价的上涨下跌行情。

图 1-5 所示为深南电 A 2018 年 10 月至 2019 年 9 月的走势图。

图 1-5　深南电 A 2018 年 10 月至 2019 年 9 月的走势图

通过前面我们的分析，从图中可以看出，该股后市会继续上涨，因此，我们就得抓住强势调整之后的机会，进行该股的买入操作。

从入场机会来计算，股价从入场时的 9 元左右，最高上涨到了 15 元附近，涨幅达到 67%。

第 3 招：通过市场热点找起涨点

市场热点就是被市场普遍认同和看好的板块或者是相关个股，例如氢能和燃料电池技术，以氢气为能源、真正实现零排放的燃料电池汽车，一直被公认为是解决当今交通能源和环境问题的最佳方案之一，代表着汽车未来的发展方向。

实例分析

冰轮环境（000811）市场热点

图 1-6 所示为冰轮环境 2018 年 10 月至 2019 年 3 月的走势图。

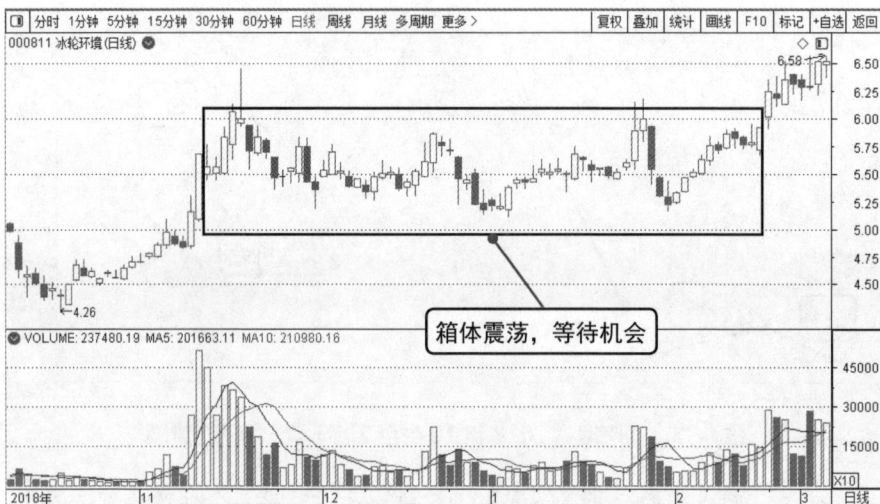

图 1-6　冰轮环境 2018 年 10 月至 2019 年 3 月的走势图

从图中可以看出，该股在 5 元 ~ 6 元这一区间内出现了箱体震荡。

而这一阶段可以说是主力机构的一个建仓阶段，通过缓慢的建仓操作，主力掌握了市场中的大部分筹码，另外也在等待市场对氢能板块的关注，即是等待热点的形成。

在箱体震荡的末端，主力机构将股价从 6 元左右，打压到了 5.25 元左右，进行拉升前的最后一次洗盘操作。

拓展知识　*什么是箱体震荡*

箱体震荡是对股价（股指）走势形态的一种描述，指走势比较有规律。具体表现为股价上涨到一定程度就下跌，跌到一定程度就反弹。把高点连起来，就像是一个箱顶，把低点连起来，就像是一个箱底，这样的走势形态就形成了箱体震荡。

从当时市场的一个变化来看，氢能板块受到市场资金的积极追捧，形成了当时的市场热点，大量的资金进入氢能板块，使得这一板块出现了大幅度的上涨。

因此，该股便出现了大幅度的拉升，如上图中右侧该股的走势。

可以判断股价的快速拉起是上涨行情的冲锋号，那么这里突破前面的箱体震荡顶部就是我们要找的起涨点。

观察该股后市的走势情况，图1-7所示为冰轮环境2018年10月至2019年4月的走势图。

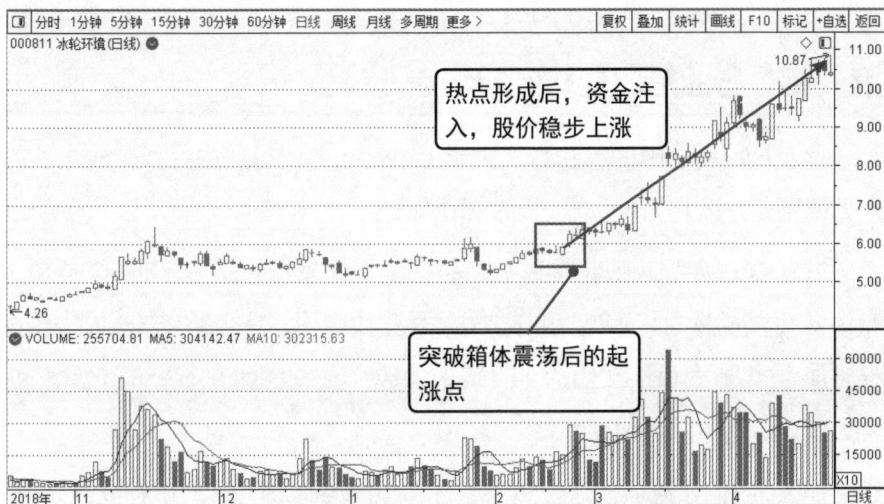

图1-7 冰轮环境2018年10月至2019年4月的走势图

经过我们前期的分析，预测在该股后面的走势中得到了有力的印证，如图中该股的上涨走势。

从图中可以看出，个股起涨点的区域，即是股价以连续两日放量涨停并突破箱体震荡区域。

这里的成交量放量很重要，股价在快速拉升，只有成交量有效配合才能推动股价上涨。

在起涨点出现之后，该股从 6 元左右上涨到了 11 元左右，涨幅达到 83%。由此来看，抓住震荡的起涨点，进行入场操作，我们可以获得可观的收益。

拓展知识 *特别提醒*

这里我们分析的是氢能板块的热点行情，对于拥有许多权重股的板块而言，其热点的形成预示着上涨的幅度会比较大，我们可以找准起涨点或者是在起涨点得到确认之后进行操作，才能获得不错的收益。尤其是中间连续放量涨停的出现，就是我们所要找的起涨点的位置。

第 4 招：行业热门题材的起涨点

行业热门题材中的起涨点，实质上就是在热门行业中寻找个股上涨的开始位置，并以此为入场点，开始布局操作。

纵观 2019 年，A 股市场最热门、持续时间最长的概念，非 5G 莫属。2019 年可以说是 5G 元年。我国宣布 5G 正式商用，资金对于 5G 板块也青眼有加。5G 概念板块涨幅达 44.43%，2019 年成交额达 93 530.64 亿元，在各大概念板块中排名前列。

那么，我们如何抓住这一热门题材，从中选择我们值得介入的股票呢？

实例分析

中新赛克（002912）热门题材

图 1-8 所示为中新赛克 2019 年 6 月至 12 月的走势图。

从图中可以看到，该股股价很明显出现了一个起涨点或者是起涨的一个区域。

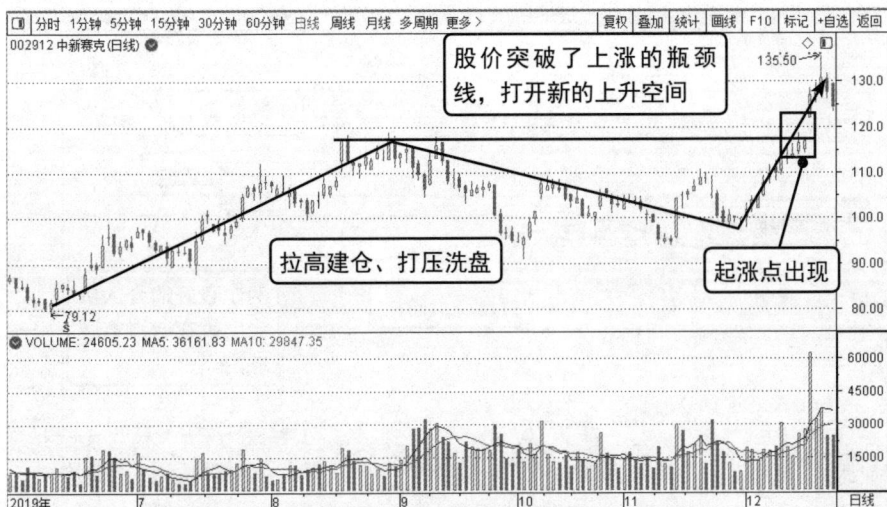

图 1-8　中新赛克 2019 年 6 月至 12 月的走势图

这一区域主力机构完成了以下 3 件事。

◆　**完成突破**：主力机构在这一阶段内拉升股价，使股价成功突破了前面的高位区域（成功突破股价上涨的瓶颈线），从而为以后的大幅拉升创造了一个好开始。

◆　**完成对前面技术图形的修复**：前期建仓尾声，主力机构故意打压股价，达到洗盘蓄势的目的，经过起涨点区域的修复，使得技术图形展现出一种上攻的形态。

◆　**继续拉高收集筹码**：以缓慢拉高股价的方式进行吸筹操作，主要目的还是有意减少之后大幅拉升的阻碍。

抓住该股的起涨点区域进行建仓布局，是我们抓住这一只牛股的有效方法。由此，我们展开图 1-9 所示的操作。

从图中可以看出，股价的运行经历了 3 个不同的阶段，一是左侧的拉高建仓阶段，二是中间的有意打压股价的洗盘阶段，三是右侧的大幅上涨阶段。

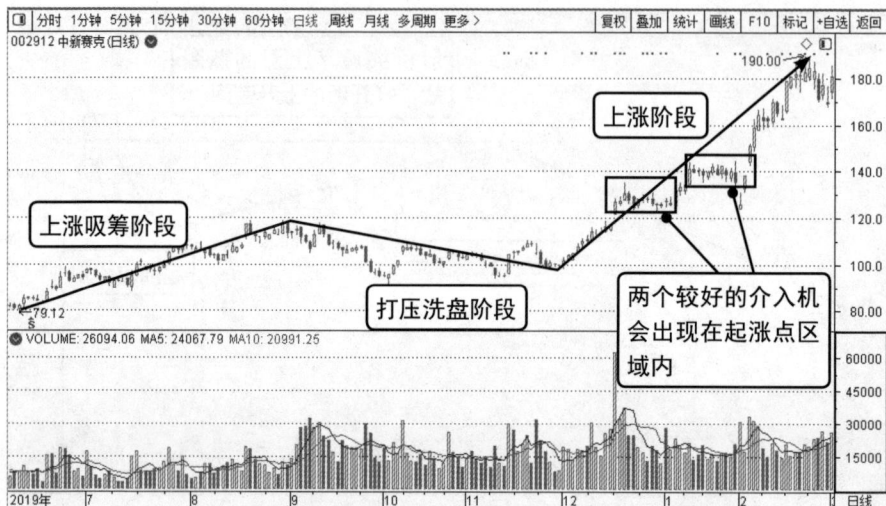

图 1-9　中新赛克 2019 年 6 月至 2020 年 3 月的走势图

第一阶段是主力机构开始进场买入股票，即开始建仓；第二阶段是主力机构达到初步的建仓目标后，展开的洗盘操作；第三阶段则是一切准备就绪的拉升阶段。

在打压股价洗盘的末端和拉升开始的时间（即起涨点）都出现了较好的买入机会。

特别是在起涨点出现之后，股价出现的横盘整理时期，即是图中的第二个方框区域，是最好的跟进买入时机。

当然对于中长线操作而言，两处机会都可以展开建仓操作，并且在整个起涨点区域内，都可以进行建仓。但是要合理分配建仓的仓位，所以分 3 批次介入，分别为整个仓位的 20%、35% 和 45%。

拓展知识　*行业题材要抓龙头*

当市场有行业题材的苗头或者行业题材已经出现，那么我们在选择股票时，就要抓住行业的龙头股票。因为一个行业题材的挖掘，必定会有领头的上涨股票，而往往这样的领头羊就是该行业的龙头股。

第5招：低价格优业绩的看涨点

在中国股市中，由于存在众多主力机构的刻意操作行为以及很多普通投资者的投机行为，使得中国股市有着不同寻常的特点，抓住了这些特点，我们也能获得很好的赚钱机会。

比如我们这里讲到的股票业绩良好，但是在二级市场中的价格相对于其价值而言显得较低。

这种现象的出现固然是资本市场发展不完善的表现，但是对于我们投资赚钱却是有着很大的帮助，我们大可在股票市场中选择那些业绩良好，但还没有被市场发现的股票，它们就极具投资的价值，这也是我们低价格优业绩看涨点的原因。

选择低价格高价值的股票，不仅仅是因为股票本身具有估值修复的必要，同时这也是价值投资的所在。

由此可以看出，只要我们发现了这种低价格优业绩的个股，就应该好好把握，抓住起涨点，获得我们应该有的收益。

实例分析

天坛生物（600161）的低价优绩

图1-10所示为天坛生物2019年5月至10月的走势图。

从图中可以看到，在这段时间之中，该股前期的股价处于稳步上涨，上涨至27元左右后发生权息变动。

2019年6月14日，该股进行了分红送股，即每10股派发现金0.5元，每10股送股比例为2股。权息变动之后，股价徘徊在23元价位线附近。

从该股的分红送股情况我们知道，该股是一个业绩良好，价值较高的个股，但是对应着现在的股价，似乎不能够体现该股这种良好的业绩，由此我们判断该股后市会出现估值修复，也就是会发生较大幅度的上涨。

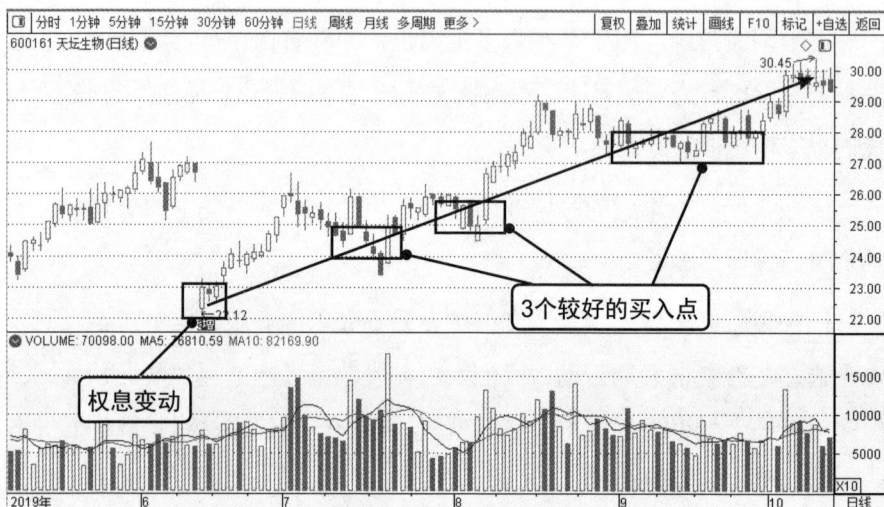

图 1-10　天坛生物 2019 年 5 月至 10 月的走势图

随后该股的上涨，出现了我们要寻找的起涨点区域，以及在出现起涨点之后的 3 个较好的买入机会。

在分红派股之后，市场重新关注天坛生物这只股票，股价短暂横盘之后开始转入上升行情，这是一个明显的信号。

之后在整个上涨的过程中，该股又出现了 3 个不同的买入机会，这 3 个机会都是在股价上涨途中，主力机构的洗盘行为所导致，这也可以看作该股的 3 个不同阶段的起涨点，只要合理抓住了这些机会，那么我们所获得的收益就是很可观的了。

第 6 招：高转送的起涨行情

在讲解高转送起涨行情之前，我们很有必要了解什么是高转送？

高转送是指上市公司在分红派股时，送股或者转增股的比例比较大，一般 10 股送或转 5 股以上的就算高转送。比如每 10 股送 6 股，或每 10 股转增 8 股等。

上市公司不会因为股票的高转送，使得公司的业绩上涨，净利润提高，相反，由于股份增加，摊薄的净利润就变少了；投资者也不会因为股票的高转送达到总的价值增加，特别是买在了高位套牢的时候。但是，高转送股票却是一种可炒作的题材，往往处于牛市的高转送股票，更容易赢得股民的追捧，由此带来赚钱机会。

实例分析

立昂技术（300603）高转送题材挖掘

图 1-11 所示为立昂技术 2019 年 6 月至 2020 年 2 月的走势图。

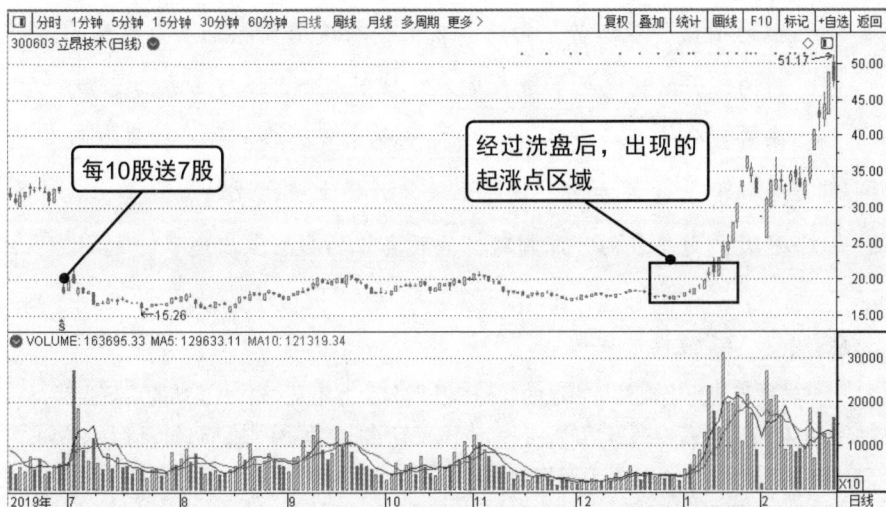

图 1-11　立昂技术 2019 年 6 月至 2020 年 2 月的走势图

从上图可以看到，立昂技术在 2019 年 6 月 28 日分红派息出现高转送，每 10 股送 7 股，股价 15.26 元上涨至最高 51.17 元，涨幅达到 235%。

抓住这样的行情，我们的投资才会变得简单，并且有不错的投资回报，这也是我们研究高转送行情的目的所在。

接下来我们仔细分析一下立昂技术的此次高转送行情，并结合我们这里讲到的起涨点，展开实战策略分析。

◆ 在高转送出现之前，股价处于横盘，显示该股处于一个整理阶段，说明该股具有上涨动能，后市可能出现小幅上涨。

◆ 紧接着高转送出现，该股在 2019 年 6 月 28 日公布了每 10 股送 7 股，送股比例较高，暗示着该股有被炒作的题材存在。

◆ 伴随着高转送的发生，成交量逐渐放大，7 月 2 日成交量出现天量，由此更加深了对该股可炒作的判断。

◆ 随后股价在成交量的有力配合下，出现了逐步上涨，但是从整个上涨的走势来看，K 线多次收出十字星线，且股价两次出现了高位的横盘整理态势。由此，我们判断这很可能是主力机构的建仓行为，并且建仓已经进入尾声，接下来会出现打压洗盘走势。

◆ 果真股价出现下行走势，成交量也出现逐步萎缩，但是在股价下跌到 17.5 元左右时，该股止跌，开始上涨，此时成交量出现温和放大，由此我们可以判断，该股真正的起涨点出现了。

拓展知识 *特别注意*

高转送行情的出现只是市场的一种炒作题材，并不是一个中长期的看好走势，那么在对待这种高转送行情时，我们应该见好就收。原因是高转送行情大多是主力机构刻意所为，一旦主力机构撤离，后市的走势往往不容乐观，正如上面案例中的那只股票后面的暴跌走势一样。

图 1-12 所示为立昂技术 2019 年 6 月至 2020 年 2 月的走势图。

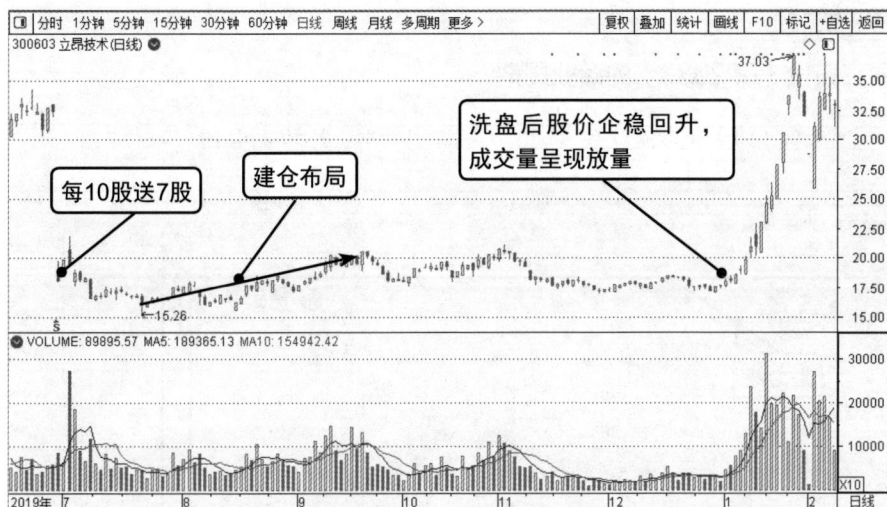

图1-12　立昂技术2019年6月至2020年2月的走势图。

由以上的分析判断，我们逐一分析，最终找到了该股真正的起涨点位置，即图中标示区域。

那么，发现了起涨点后，我们就应该毫不犹豫地进行入场操作，及时抓住该股的高转送行情。

第7招：商业周期中的起涨点

要寻找商业周期中的起涨点，首先我们就要了解什么是商业周期。

商业周期是指在股票市场中，行业股票对于该行业季节性主要销售期的反应，说到底就是在行业盈利旺季，该行业对股价的拉动效应。

商业周期也是一个很好的市场炒作题材，比如黄金周对于旅游、商业、酒店等的影响；冬季寒冷对于煤炭、白酒等的影响；春节对于商业、白酒、旅游等的带动，这些都是我们可以利用并且挖掘的市场机会。

实例分析

丽江股份（002033）的商业周期

图 1-13 所示为丽江股份 2019 年 6 月至 10 月的走势图。

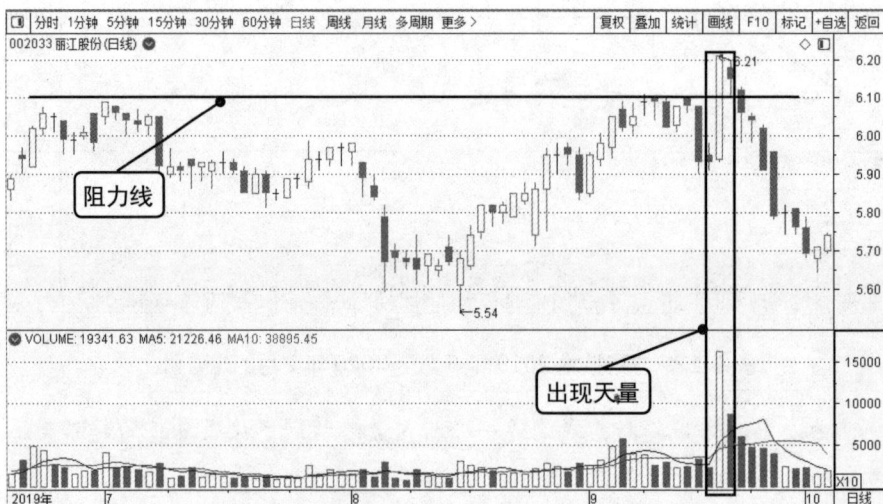

图 1-13　丽江股份 2019 年 6 月至 10 月的走势图

从图中可以看到，该股股价前期表现下跌，股价跌至 5.7 元价位线附近后止跌横盘调整后转入稳步上升的行情。当股价涨至前期价位阻力线附近时，再次受阻，在 6.1 元价位线上横盘调整。这一走势引起场内投资者的恐慌，恐陷入被套危机，于是纷纷抛出。

9 月 19 日，K 线收出一根大阳线，成交量放出巨量，查看当日的分时走势，如图 1-14 所示。

从分时走势图可以看到，股价每一次的拉升都伴随大量成交量，尤其是午盘，盘中出现大量大单涌入盘内。说明有主力机构介入，操作该股。主力机构大单涌入场内，拉升股价，使得前期被套的散户趁机出逃，主力则趁机建仓。

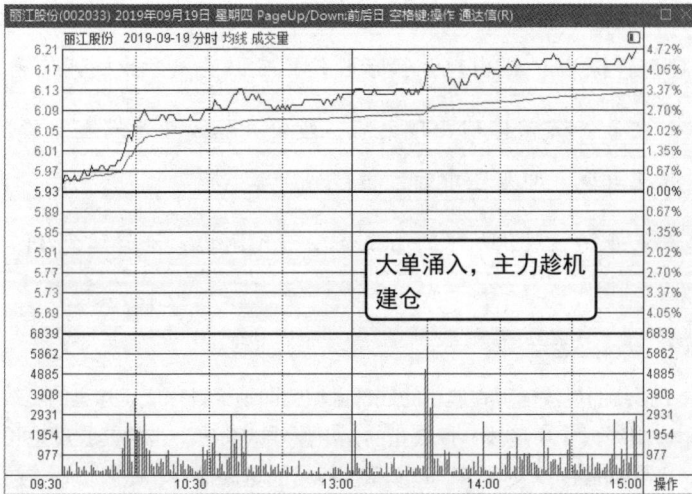

图 1-14　9 月 19 日分时走势

　　建仓完成之后，为了达到高度控盘的目的，主力开始了打压式洗盘，清除场内浮筹，结合之后即将到来的旅游黄金周，说明主力洗盘结束后该股将迎来一波上涨行情。

　　图 1-15 所示为丽江股份 2019 年 8 月至 2020 年 1 月的 K 线走势。

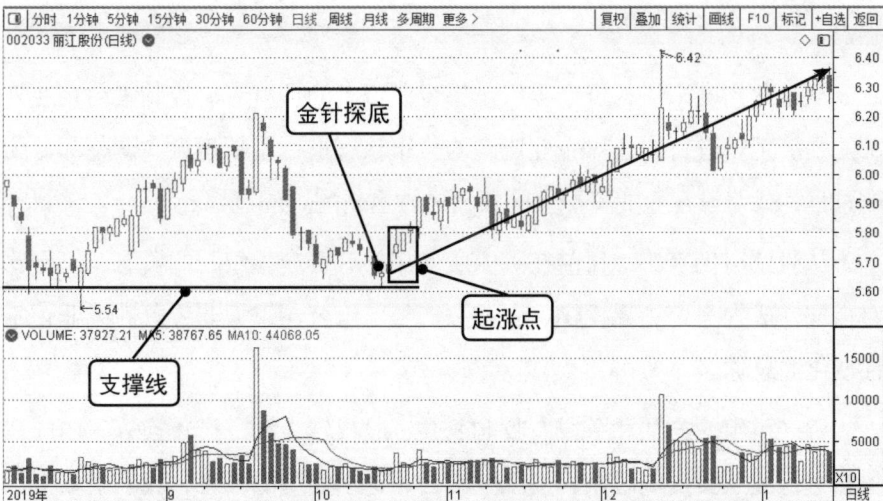

图 1-15　丽江股份 2019 年 8 月至 2020 年 1 月的 K 线走势

股价跌至前期 5.6 元低价位，受到支撑企稳，并在该价位线上盘整。10 月 21 日金针探底 K 线出现，预示股价见底，洗盘结束，后市看涨。

果然，在金针探底 K 线出现之后，股价开始逐步步入上涨行情之中，该股的起涨点出现，即是图中的方框区域所示。

从起涨点开始，股价从 5.7 元涨至 6.35 元附近，涨幅达到 11.4%。

拓展知识 *什么是金针探底*

带长下影线的星线出现在股价的底部区域，即是金针探底。这里的星线可以是小阴线、小阳线或十字星线，探底指的是下影线的长度，当然其长度越长越具有说服力。金针探底的意义在于，它显示了股价的见底信号，是股价转换趋势的重要 K 线形态之一。

第 8 招：资产重组中的起涨点

懂得股票投资的人一定对资产重组这个概念不陌生，因为在股市中资产重组是市场的重要炒作题材，往往在这一题材的作用下，股价出现巨大涨幅。

从企业角度来讲，资产重组是指企业资产的拥有者、控制者与企业外部的经济主体进行的，对企业资产的分布状态进行重新组合、调整和分配的过程，或对设在企业资产上的权利进行重新配置的过程。

从股票市场来讲，目前在国内所使用的"资产重组"的概念，早已约定俗成，成为一个边界模糊、表述一切与上市公司重大非经营性或非正常性变化的总称。

资产重组的方法和手段有收购兼并、股权转让和资产置换等。由此我们在进行股票投资的时候，发现上市公司这一类型的公告，我们就要提高注意力，紧紧追踪这只股票，很有可能股价会借助资产重组的概念上涨。

实例分析

中航沈飞（600760）的资产重组

中航沈飞是一家以自有资金对外投资的企业，经营范围包括航空产品研发、服务保障和机械、电子产品开发、制造等。

但是从 2016 年 5 月开始，该股进入低迷状态，股价长期在 10 元下方徘徊。直到 2016 年 12 月，该股公布重大资产置换及发行股份购买资产暨关联交易议案公告。在这一则利好消息的刺激下，股价迅速从 10 元开始连续收出十多个涨停板拉升到 25 元附近，涨幅超过 150%，图 1-16 所示为中航沈飞 2016 年 6 月至 2017 年 1 月的走势图。

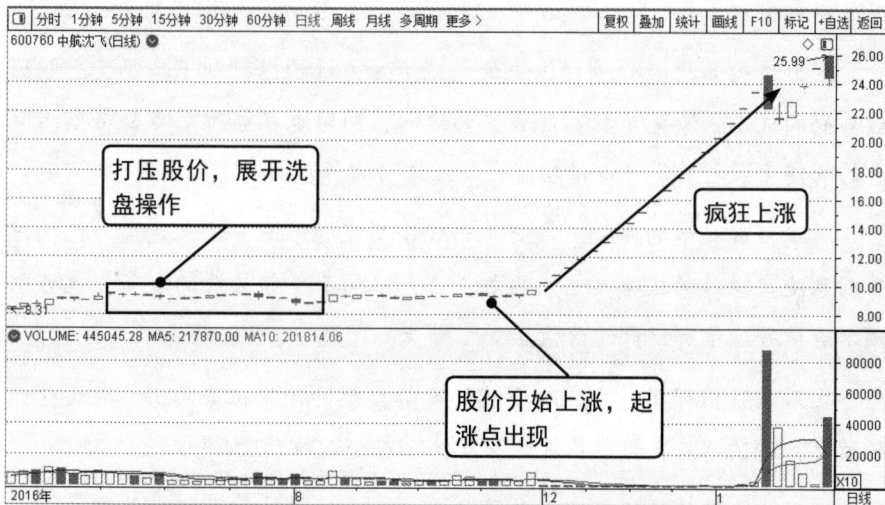

图 1-16　中航沈飞 2016 年 6 月至 2017 年 1 月的走势图

对于这样的涨幅，相信每一个置身股市的投资者都垂涎三尺，却求之不得。

那么怎么样才能抓住这种股票的起涨点，进行提前布局操作呢？

◆ 首先，我们必须明白的是，我们抓住这样的股票，靠的是资产重组的春风，只有牢牢抓住资产重组这个关键点，我们才有获利的前提条件。

◆ 其次，合理有效地掌握上市公司关于重组的公告，依据公告情况展开具体的操作。

◆ 最后，要重点关注 K 线走势情况，依据 K 线走势的具体情况进行操作。

在图中我们可以看到，在该股出现疯狂拉升之前，股价的走势已经出现了两个明显的走势特征，即我们图中标示的打压洗盘阶段和起涨点阶段，抓住了这两点我们就可以很准确地抓住这一牛股。

观察打压洗盘的阶段，此阶段的股价走势很谨慎，虽然股价在一步一步地下移，但是每一天的走势都显得很小心，这从每一个交易日的 K 线形态可以看出来。

主力机构如此小心地打压洗盘，显示主力机构想控制下跌幅度，即稳住筹码的成本，避免市场其他资金的追入，同时也在等待上市公司重组概念的明朗化，之后便可以借助这一信息进行大幅度拉升。

再观察成交量的变化，成交量出现了明显的缩量，这也是主力机构进行刻意洗盘操作的迹象之一。再加上上市公司有重组公告的发布，就可以预示着该股后市有投资的价值。

之后该股出现了一个止跌企稳的走势，股价开始扭头向上，成交量开始放大，这预示着主力机构洗盘结束，正在小心拉升股价。

这里主力机构的行为有两个原因。

◆ **第一**：小心拉升，拉高股价，使得市场其他资金惧怕陷入被套的陷阱中，不敢轻易进场操作。

◆ **第二**：小幅拉升不仅仅可以缓慢地拉升股价，达到试盘的目的；也可以等待上市公司重组的消息。

通过以上分析，我们就可以很从容地在疯狂拉升之前进行买入操作。

洗盘之后的起涨点区域就是我们较好的买入机会，特别是该阶段最后几个交易日，在伴随价涨量增的良好走势下，投资者应该果断地追入。

1.2　买在行情扭转时

等待行情转向也是趋势分析的重要观点，行情不可能一直是处于下跌或者盘整过程，总会出现转机，这正是绝佳的起涨点所在。

第9招：震荡行情中找买点

股价的走势不是一味地上涨，也不是一味地下跌，更多的是呈现出一种震荡的走势，这样的走势特点在中国股市中表现得尤为明显。

面对震荡行情，我们怎么寻找起涨点呢？这是我们每一个股市投资者必须面对和解决的问题。

在震荡行情中寻找起涨点需要注意以下几个问题。

◆ 不能对震荡行情失去信心。往往有些投资者觉得炒股就得必须抓住大牛股，否则只会失败，这其实是不对的。不要看不起震荡行情中的机会，正所谓积少成多，多抓住这样的一些震荡行情中的机会，一样可以获得不错的收益。

◆ 态度问题解决了，我们还得解决心态问题。面对震荡行情走势，我们更多的是沉着冷静思考，抓住最佳的入场时机，降低风险到最低程度，从而获得更多的投资回报。

◆ 灵活运用各种技术分析手法，这是投资者在震荡行情中求生存的主要方法。

实例分析

安达维尔（300719）的震荡行情

图 1-17 所示为安达维尔 2019 年 4 月至 8 月的走势图。

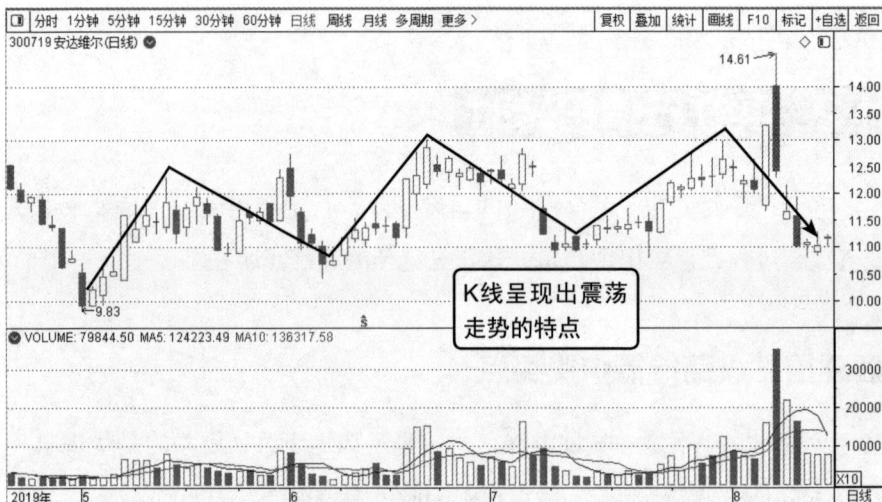

图 1-17　安达维尔 2019 年 4 月至 8 月的走势图

从图中折线指示方向我们可以很明显地看出这一震荡走势形态。

股价从 9.83 元开始步入整个震荡走势区间，之后股价在震荡走势的带动下出现了上涨－下跌－上涨－下跌－上涨－下跌的走势。完成了对该股处于震荡阶段的走势判断，接下来我们就得考虑，该股的震荡行情是否具有可操作性，所以就得耐心分析一下。

图 1-18 所示为安达维尔震荡走势区间图。

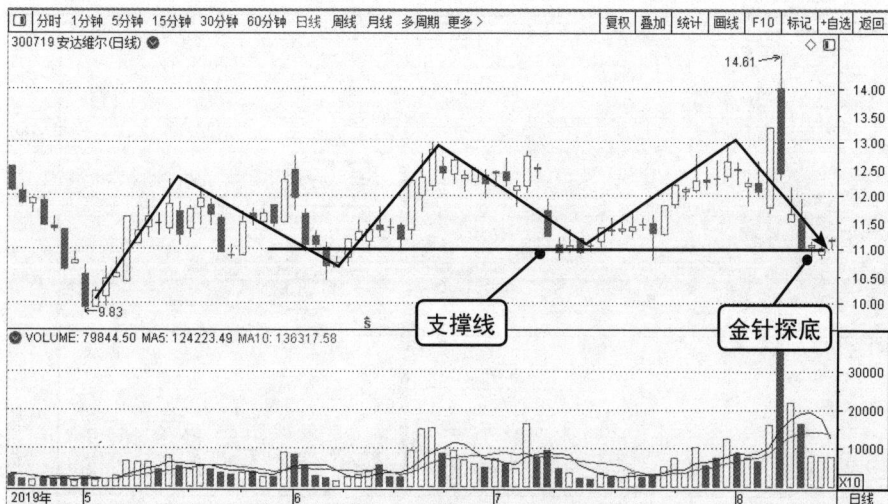

图 1-18　安达维尔震荡走势区间图

从图中可以看到，在股价走出震荡走势过程中，11 元价位线逐渐形成股价下跌支撑线，股价跌至 11 元附近止跌调整后回升。8 月中旬，股价再次跌至 11 元价位线附近止跌，此时是不是一个介入机会呢？

8 月 12 日 K 线收出一根长下影线小阳线，形成金针探底，随后股价果然止跌，且 K 线在 11 元价位线上收出两个小阳线，说明股价在 11 元位置筑底成功，后市必然会再次迎来一轮反弹。

分析到这里，我们已经正确掌握了该股的内在运行规律，那么接下来我们就应该借助支撑线进行买入操作。

图 1-19 所示为安达维尔 2019 年 6 月至 9 月的走势图。

从图中可以看到，在安达维尔此阶段的上涨走势中，出现了 1 个起涨点位置，即图中的方框区域所示，在这位置投资者可以考虑买入该股，即股价筑底成功，起涨时积极买入。

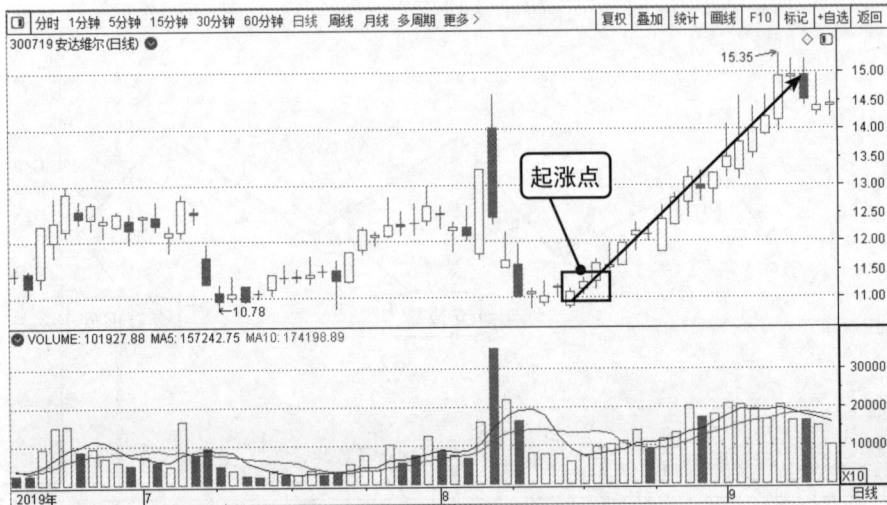

图 1-19　安达维尔 2019 年 6 月至 9 月的走势图

　　该股从 11 元左右，最高上涨到了 15.35 元，涨幅达到了 39.5%，由此可见即便是震荡行情，投资者也能在有效控制风险的前提下，获得较好的投资回报。

第 10 招：大幅下跌行情也有起涨点

　　在股市中，既有大幅上涨行情走势，也有大幅下跌行情走势，但是大多数人只是认为在大幅上涨行情中才会存在着买入的机会，其实，在股价出现大幅下跌的行情之中，同样存在着不错的买入机会。

　　股价出现大幅下跌的原因有很多，但是既然股价已经出现下跌，而且是大幅下跌，那么股价就应该有一个股价修复的走势，这就是我们认为股价在大幅下跌行情中存在着机会的最主要原因。

实例分析
云南城投（600239）的大幅下跌行情

图 1-20 所示为云南城投 2019 年 4 月至 6 月的走势图。

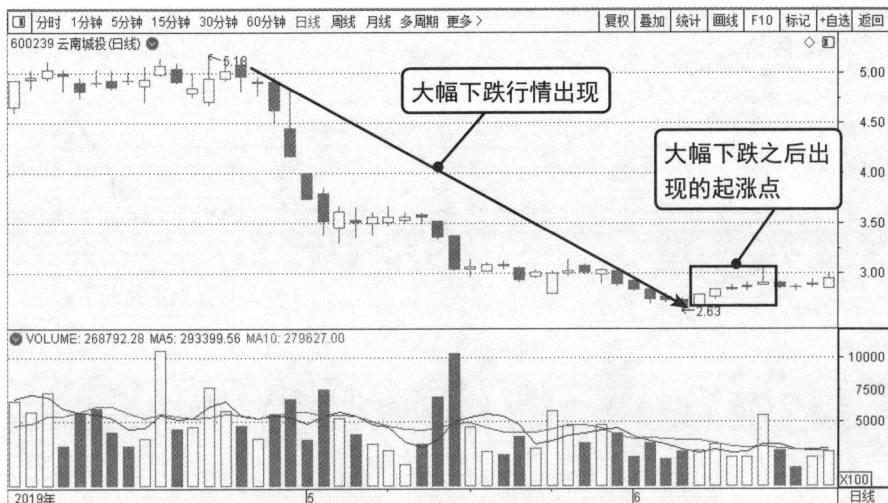

图 1-20　云南城投 2019 年 4 月至 6 月的走势图

从图中可以看到，该股出现的一个深幅下跌的走势，短短 1 个月左右的时间股价从 5.18 元跌至 2.63 元，跌幅达到 49%。

在该股出现较大幅度的下跌走势后，股价创出 2.63 元的新低后止跌，小幅回升，此时成交量逐渐放大。说明该股的这轮下跌已经结束，跌无可跌，市场即将转入上涨行情，此时为大幅下跌之后出现的起涨点，投资者可以趁机买入该股。

图 1-21 所示为云南城投 2019 年 4 月至 7 月的走势图。

从下图可以看到，股价果然止跌，并在 2.8 元价位线附近横盘调整一段时间后开启了大幅上涨行情，5 个交易日内，股价从 3 元涨至 4 元，涨幅达到 33%。证明了之前我们对起涨点的判断是正确的，投资者在起涨点附近买入该股可以得到不错的回报。

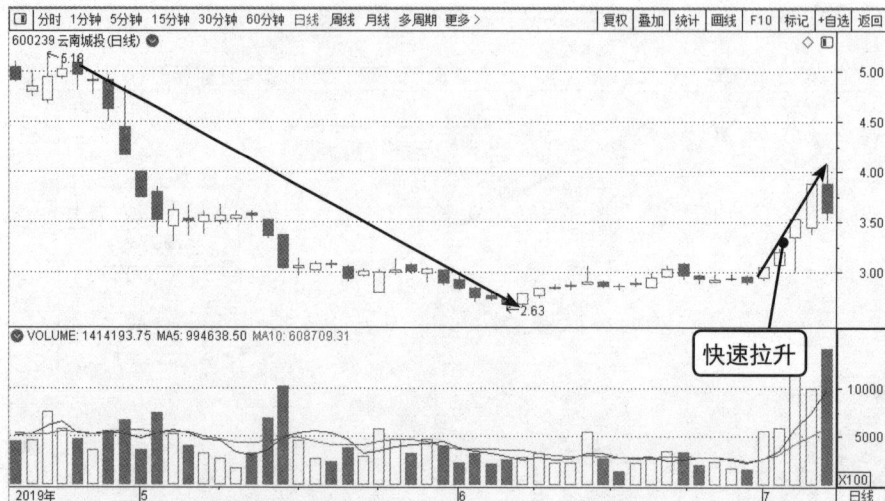

图 1-21　云南城投 2019 年 4 月至 7 月的走势图

第 11 招：在弱市中找到好买点

要想在市场处于弱市的前提下寻找好的买点，我们首先要解决的问题就是对于弱市进行判断。

弱市具有以下几个特点。

◆ 市场缺乏关注度，无论是主力机构，还是中小散户投资者都缺乏对市场的关注，这显示的是他们对于市场前景的不乐观态度。

◆ 市场表现低迷，这是由于缺乏有力关注度造成的，同时伴有成交量逐步萎缩，市场内交投不活跃。

◆ 市场可能处于一个似乎没有尽头的盘整阶段，整个行情走势不明朗。

我们买股票、做投资，目的就是要赚钱、获利。在强势走势的市场中，我们可以赚钱，那么在弱市中我们是否可以赚钱呢？结合弱势判断的 3 点是可以的。

那么如何在弱市中寻找到我们所说的好买点呢？下面就介绍在弱市中寻找买点的 3 个诀窍。

1. 关注低市值、盘子小的个股

哪种股票属于低市值、盘子小的个股？其标准是股价小于 15 元，而且流通股本在 5 000 万元以下的个股。

为什么要关注这一类的股票？在弱市中，由于此类股票市值低，盘子小，主力机构可以对这一类股票进行高度的控盘，所以很容易被主力机构青睐。结合中国股市的特征，这一类股票多出现在中小板和创业板之中。

2. 关注在大盘弱势时上市的新股

为什么要特别注意在大盘弱势时上市的新股呢？原因在于该类个股在整个市场不景气的时候上市，市场人气涣散，资金不敢大幅介入；而持有该股的一级市场投资者，对于该股后市走势没有信心，也急于压低股价套现离场。

综合以上两个原因，这一类股票的股价往往会出现下跌，而股价的下跌正是主力机构大举买入这一类股票的好时机，待主力机构收集到了充足的筹码，同时大盘开始起暖时，该股就会出现上涨。

3. 关注下跌到 30 日均线且未击破均线，并有企稳迹象的个股

为什么要关注这一类的个股呢？

强庄驻守的个股一般不会有效击破 30 日均线，因为 30 日均线也叫作主力机构的成本控制线。

所以当股价跌至此位置时，主力大多会进行护盘操作，促使其股价止跌回升。此类股票企稳上攻时便是最佳的买入时机。

第 12 招: 底部反转时的起涨点

当一只股票的底部形成之后, 该股的上涨就成了很自然的事情, 由此看来, 底部反转也是我们抓住起涨点的重要机会。

实例分析

中鼎股份 (000887) 的底部反转

图 1-22 所示为中鼎股份 2019 年 10 月至 2020 年 1 月的走势图。

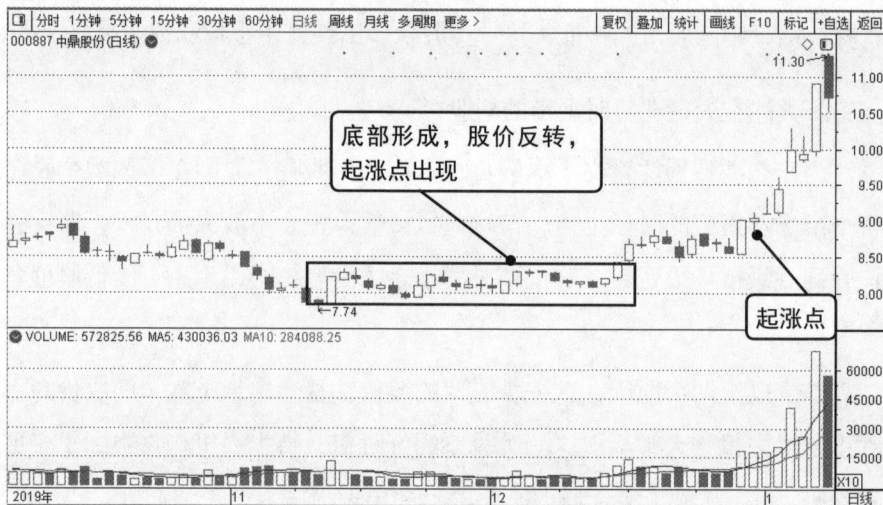

图 1-22　中鼎股份 2019 年 10 月至 2020 年 1 月的走势图

观察上图, 可以看到方框区域是该股的一个底部。这一底部是一个箱体震荡形态走势, 历时 1 个月之久, 同时在这一箱体震荡走势之中, 也是主力机构建仓吸筹的过程。

K 线走势展现出了箱体震荡的特征, 股价形成了三个明显的低位, 而且这三个价格低位在不断地小幅上移, 显示着该股的上涨欲望, 同时也是主力机构高控盘的表现。

当主力机构吸筹完成，该股的底部真正的形成后，该股便会开始大举上涨。

K线走势图的右侧区域，很明显就是该股的上涨走势。股价向上突破箱顶，成交量放大。在8.5元价位线上短暂调整后，K线收出一根大阳线，成交量放量，这一走势特征就告诉我们该股已经启动，同时预示着起涨点的出现，即是我们的买入机会。

从起涨点开始，该股一路上涨，短短几个交易日内股价上涨至11.3元，涨幅达到32.9%。

第13招：借助推荐找准起涨点

在股市中也存在一些有先见之明的分析师，他们的分析有时候能够为股民提供选股的方向，虽然不一定能够在短期内给股民带来利润，但是我们能够通过他们的分析来选择合适的时机买入股票，获得一定的利润。

实例分析

牧原股份（002714）经理推荐

根据A股2019年年报数据，A股108家上市公司现金分红，金额约392亿元，其中42家上市公司分红金额超亿元，中国平安的分红总额超百亿元，位列第一。此外，平安银行、中信特钢、宝丰能源、中公教育、牧原股份及济川药业等企业的现金分红总额超十亿元。

一家上市公司能够将所得收益用来分红，并且分红比率较高，这样的股票是不是更优秀？

以牧原股份为例，2014年1月28日上市，发行价为24.07元。公司经营范围包括畜禽养殖、购销、粮食购销、良种繁育、饲料加工销售、畜产品加工销售、畜牧机械加工销售以及猪粪处理；经营本企业自产产品及相关技术的进出口业务，但国家限定公司经营或禁止进出口的商品及技术除外，牧原食品股份有限公司对外投资 146 家公司，拥有 4 处分支机构。

股民在发现该股票后，剩下的就是何时买入了。图 1-23 所示为牧原股份 2019 年 3 月至 2020 年 1 月的走势图。

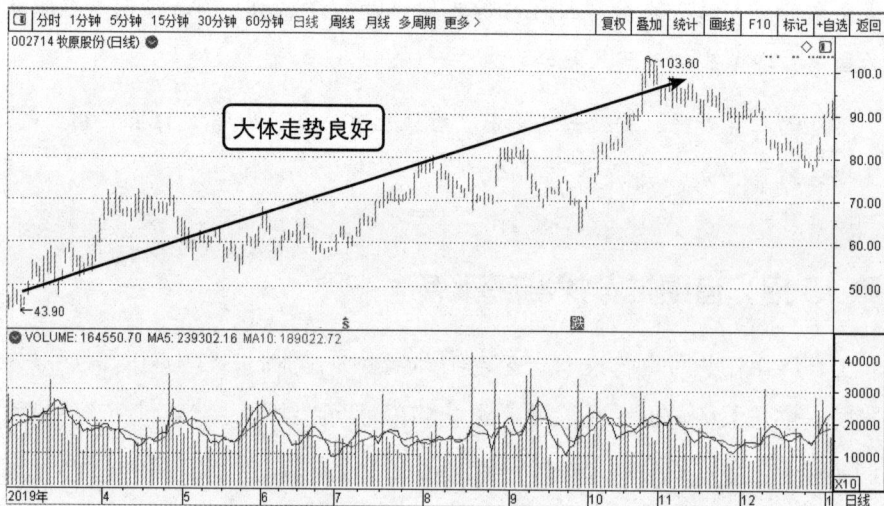

图 1-23　牧原股份 2019 年 3 月至 2020 年 1 月的走势图

根据观察，我们发现该股 2019 年的走势比较稳定，呈现出震荡向上的运行轨迹。11 月股价再次下跌回调，股价下跌缓慢，成交量表现活跃，没有明显的放量下跌迹象，说明盘内有庄家护盘，股价回调结束后还会继续之前的上涨行情。

图 1-24 所示为牧原股份 2019 年 10 月至 2020 年 1 月的走势图。

从图中可以看到，股价跌至 80 元价位线后止跌，12 月 27 日、30 日、31 日，连续三天 K 线收出上涨阳线，且成交量呈现放量，说明起涨点已经出现，后市看涨，投资者应抓住起涨点位置积极买进。

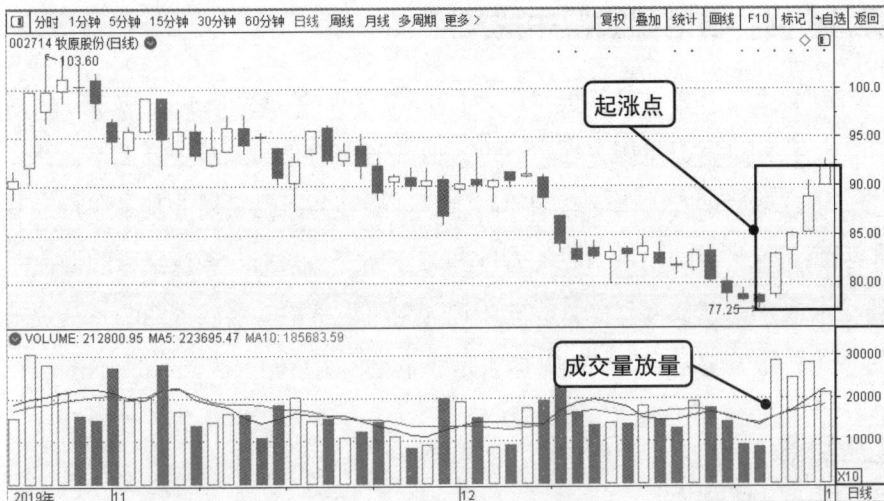

图 1-24　牧原股份 2019 年 10 月至 2020 年 1 月的走势图

图 1-25 所示为牧原股份 2019 年 9 月至 2020 年 3 月的 K 线走势。

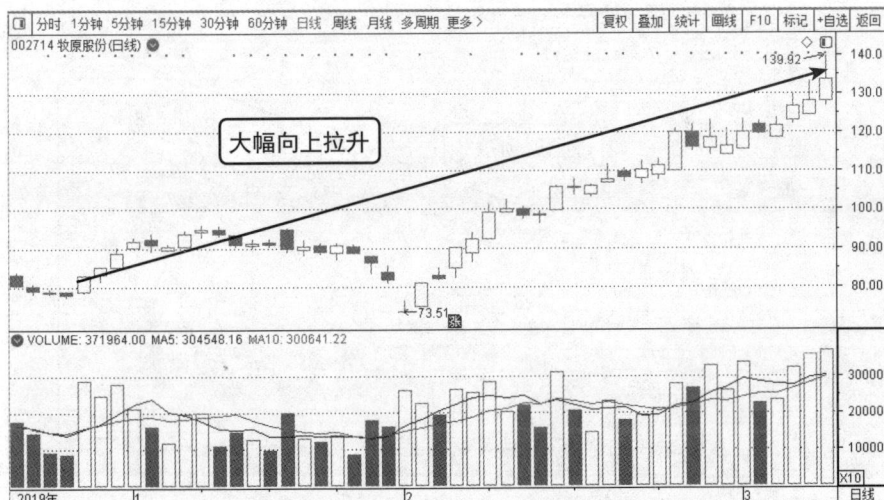

图 1-25　牧原股份 2019 年 9 月至 2020 年 3 月的 K 线走势

从图中可以看到，股价从 2020 年 2 月开始大幅上涨，股民在 80 元附近买入，1 个月左右的时间可以获得接近 75% 的收益。这次的投资属于一次比较成功的短期操作。

第14招：在明星股票中找买点

社会上有各种各样的追星族，有追歌星的、有追影星的，等等。在股市中，我们也有追星族存在，这部分股民追逐的是明星基金经理，为什么要追逐这些经理？因为这些明星基金经理能够为自己管理的基金赢得丰厚的利润。这些经理由于自己的管理和运作优秀，受到众多投资者的追捧。部分股民不愿意放弃自己炒股的乐趣，同时也希望能够向那些明星基金经理学习，跟着明星经理买股，这也是一个比较明智的选股、买股方法。

实例分析

格力电器（000651）

根据 2019 年披露的基金二季报数据，最受公募基金偏爱的并且已经大举买进的 10 只股票，格力电器便名列其中，如图 1-26 所示。

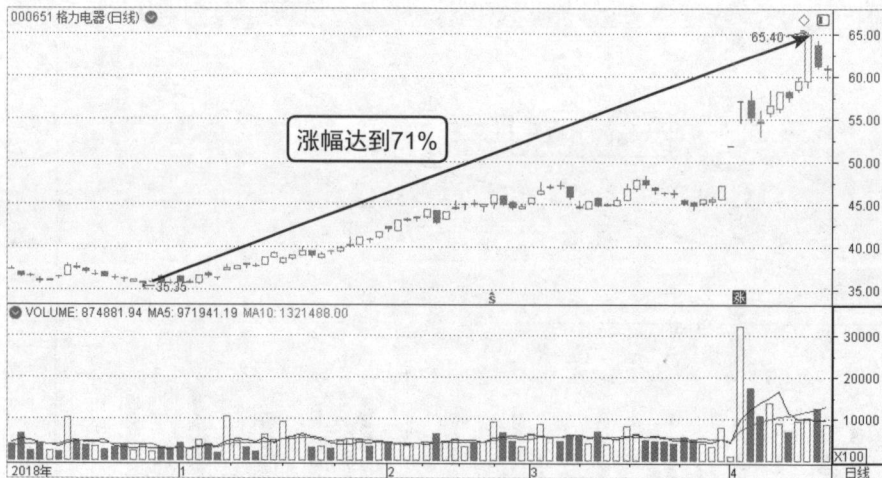

图1-26　格力电器 2018 年 12 月至 2019 年 4 月的走势图

格力电器从 2019 年 1 月开始转入上涨行情中，到 2019 年 4 月，股价上涨至 60 元附近，涨幅达到 71%。

如此丰厚的利润，说明基金随时都有可能逃离，但是格力电器属于国民品牌，属于行业领头企业，所以确信该股后市可能还会继续向好，毕竟这种股票不缺少市场炒作的机会和题材。但是此时股价已经处于近期高位，获利者随时都有可能逃离，此时不是最佳的进入时机。

果然，由于获利者开始离场，股价出现下跌，从65元一路下跌到51元附近，这并不是因为大盘下跌，而是成交量在4月中的下跌过程中出现了明显放量的情况，证明前期买入的机构开始频繁出货，图1-27所示为格力电器2019年4月至10月的走势图。

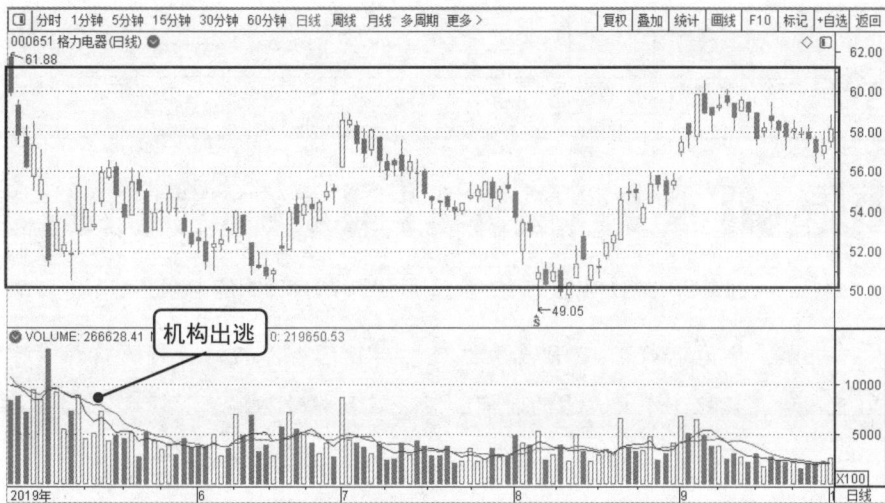

图1-27 格力电器2019年4月至10月的走势图

当股价跌至51元附近时，我们发现该股在此价位线上形成了一个短期盘整过程，随后股价出现多次反弹回落，最后股价在58元至60元区间做窄幅运动，而60元价位线成为股价上涨的阻力线。

仔细观察可以发现，58元价位线支撑力量较强，说明有强大买盘将股价支撑住，同时下方的成交量有逐渐活跃的趋势。说明该股市场依然被看好，随着到大盘的持续上涨，该股后市走势转好的可能性比较大。当成交量呈现放量，股价上涨时起涨点出现，希望中短期获利的股民可以在起涨点附近买入。

图 1-28 所示为格力电器 2019 年 11 月至 2020 年 1 月的走势图。

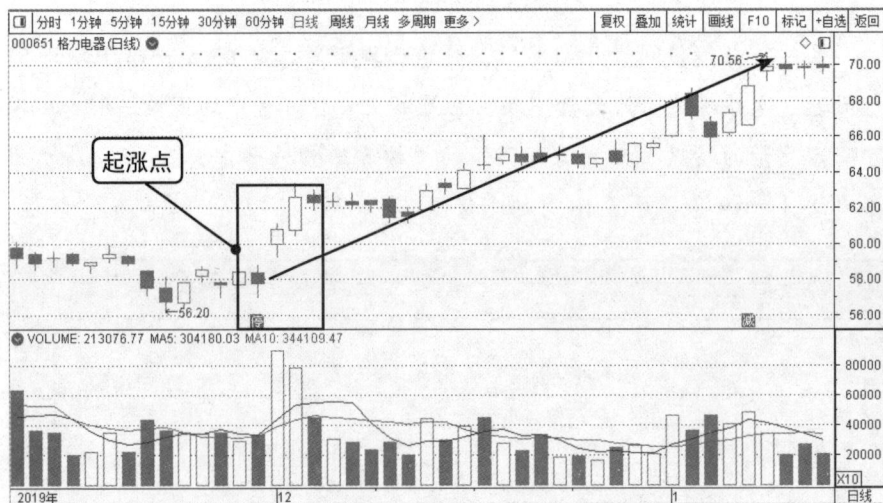

图 1-28　格力电器 2019 年 11 月至 2020 年 1 月的走势图

果然，格力电器在 12 月再次探底之后继续上涨行情，将股价拉升至 70 元附近，短短 1 个月左右的时间，股民获利超过 20%。

第 **2** 章

K线形态中的起涨点

K线形态是股票技术分析中最常见的一种技术形态，它是K线分析的基础。股价在每天的K线走势中透露出该股当天的走势变化情况，股价在连续的K线形态走势图中，展现出股价长期的变动规律。由此看来，K线形态很好地诠释了股价的上涨和下跌变化，因此我们必须学会在K线形态中寻找股价的起涨点。

K 线分析是技术分析中最常用的手段之一，灵活地运用好 K 线分析手法，能让我们清楚地发现市场的变化，并在这种变化来临之前，做好充足的准备。在寻找起涨点的技巧中，运用 K 线进行寻找是很有效果的。

2.1 双日 K 线组合的起涨点信号

K 线图中包括了行情走势的基本变化，只要我们认真地分析 K 线走势图，就可以很容易地找到我们所需要的起涨点信号，并根据这些起涨点进行买卖操作。

在 K 线实战分析中，利用两根 K 线可以得到比较准确的买入信号，这样的 K 线组合就叫作双日 K 线组合。本节将从两根 K 线的组合着手，根据各种双日 K 线形态找到起涨点信号。

第 15 招：待入线 K 线组合起涨点信号

发出买入信号的待入线是由前阴后阳两根 K 线组成的 K 线形态，如图 2-1 所示。

图 2-1　待入线组合

标准的待入线组合前面大阴后面小阳，并且有缺口。在股价下跌后的较低位置区域出现待入线K线组合，为股价起涨信号。由此投资者可以根据这样的信号，抓住有利机会进行抄底。

实例分析

南宁百货（600712）待入线

图2-2所示为南宁百货2018年11月至2019年2月K线走势。

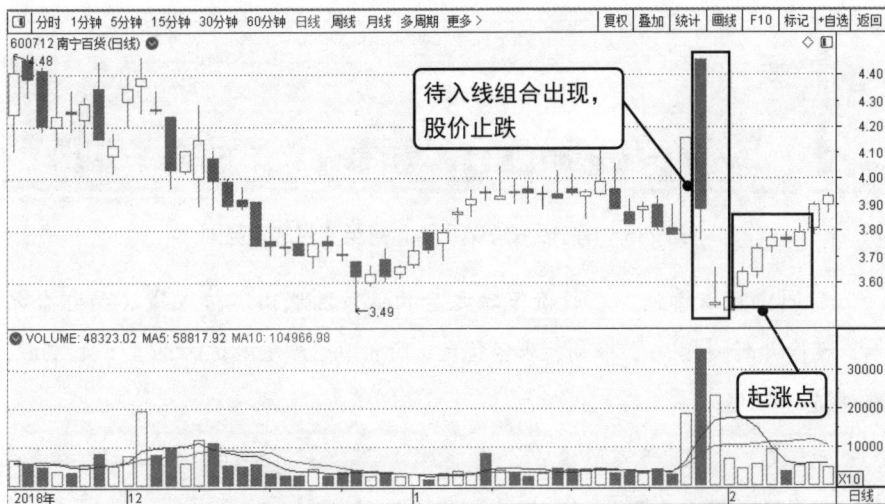

图2-2　南宁百货2018年11月至2019年2月的K线走势

从图中可以看到，该股从4.4元左右开始下跌，跌至3.6元附近时，股价止跌回升，但股价运行至4元时上涨受阻下跌。2019年1月30日K线收出一根跌幅超6%的大阴线，紧跟着1月31日K线收出一根跳空低开的小阳线，这两日的K线形成待入线K线组合。

随后股价止跌，K线连续收出多根小阳线，将股价从3.5元左右拉升至3.9元附近，说明该股的起涨点已经出现，后市将转入上升行情，投资者可以进行买入操作。

图 2-3 所示为南宁百货 2019 年 1 月至 4 月的走势图。

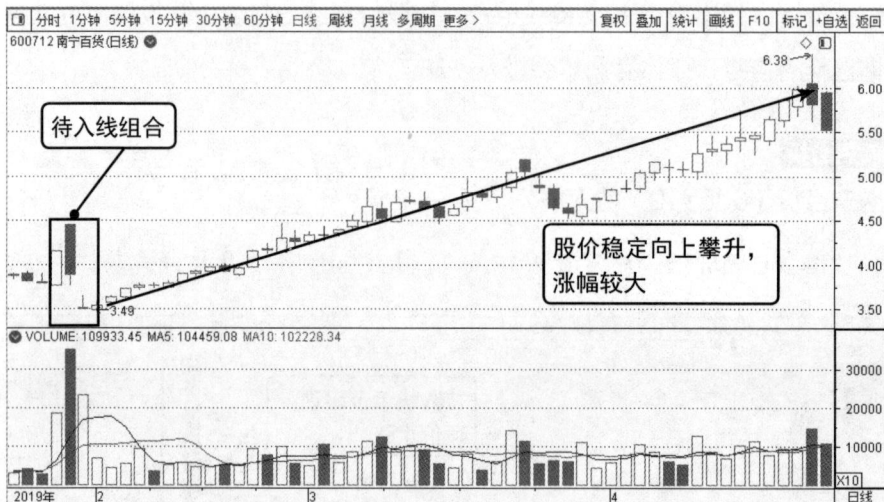

图 2-3　南宁百货 2019 年 1 月至 4 月的走势图

从图中可以看到，在股价下跌之后的低位区域出现待入线 K 线组合之后，股价开始慢慢向上推高，涨势稳定，股价从 3.5 元附近上涨至 6 元左右，涨幅达到 71%。

第 16 招：切入线 K 线组合起涨点信号

切入线组合与待入线组合相似，也是由前面一根阴线，后面一根阳线组成的 K 组组合，但是两者之间并没有缺口，而是小阳线实体略微进入大阴线的实体中。

图 2-4 所示为切入线组合示意图。

当切入线出现在股价的低位区域时，同样是一个可信的股价见底信号。由此投资者可以根据这样的信号，找到起涨点进行适当买入操作。

图 2-4　切入线组合

实例分析

雷科防务（002413）切入线

图 2-5 所示为雷科防务 2019 年 4 月至 8 月的走势图。

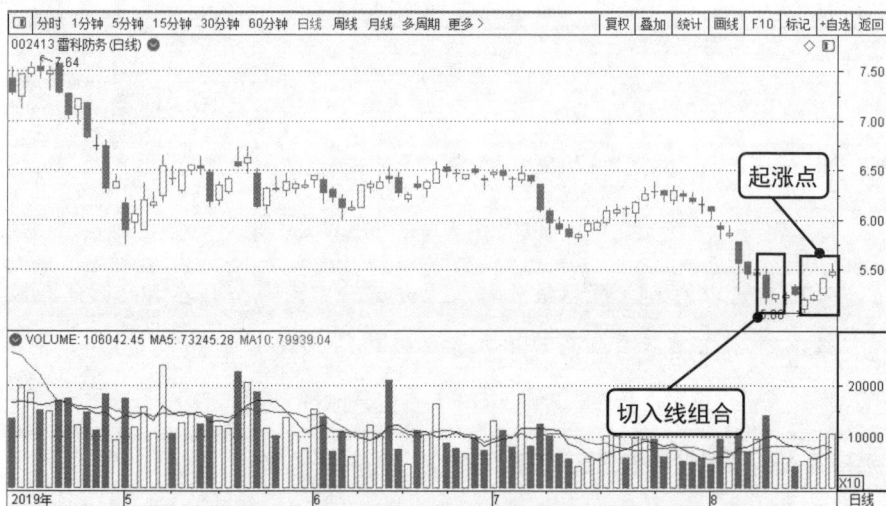

图 2-5　雷科防务 2019 年 4 月至 8 月的走势图

从图中可以看到，该股处于下跌行情，下跌使得该股股价处于较低位置，当股价运行至 5.5 元价位线附近时，8 月 9 日 K 线收出一根大阴线，随后 K 线又收出一根小阳线，小阳线的实体部分略微进入大阴线实体中，形成切入线。

切入线组合出现后股价止跌并横盘调整，说明此时的切入线为可靠的股价见底信号。8 月中旬，股价结束横盘，K 线连续收出多根阳线向上小幅拉升，伴随着成交量的放大，说明起涨点出现，投资者可以趁机买入。

图 2-6 所示为 2019 年 7 月至 9 月的走势图。

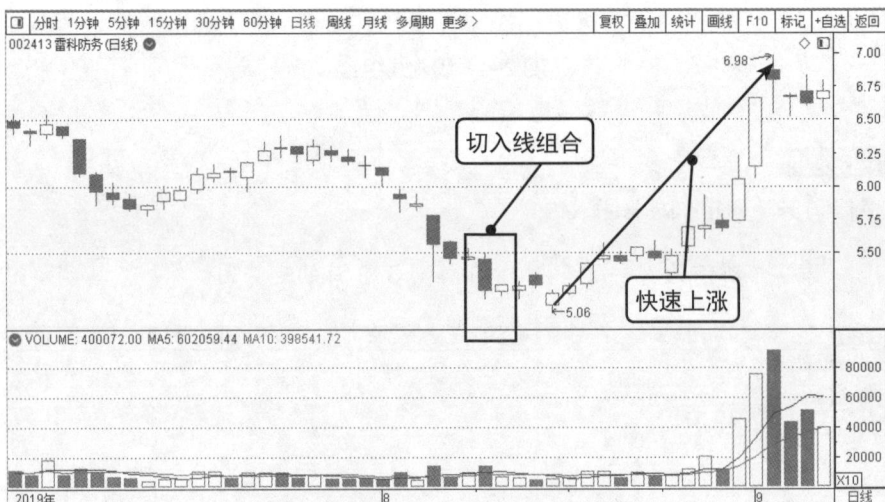

图 2-6　2019 年 7 月至 9 月的走势图

从图中可以看到，果然该股转入上升行情中，半个月左右的时间，股价从 5.06 元附近上涨至最高 6.98 元，涨幅达到 37.9%。

第 17 招：阴孕阳组合起涨点

长阴线带小阳线，就像母亲孕育着孩子，预示着新的希望即将来临。

阴孕阳通常由两根 K 线构成，其中第一根 K 线比第二根 K 线要长，通常完全包含第二根 K 线，形成孕形态，如图 2-7 所示。

图 2-7 阴孕阳示意图

前一个大实体线说明空头力量强大，可以将股价打压到更低价位，而第二根阳线，空头实力在前一个交易日已经消失殆尽，多头开始浮出水面。虽然反弹不大，但是短暂的反击也能提振市场信心，市场可能出现反转的迹象。

实例分析

中新赛克（002912）阴孕阳

图 2-8 所示为中新赛克 2019 年 3 月至 6 月的走势图。

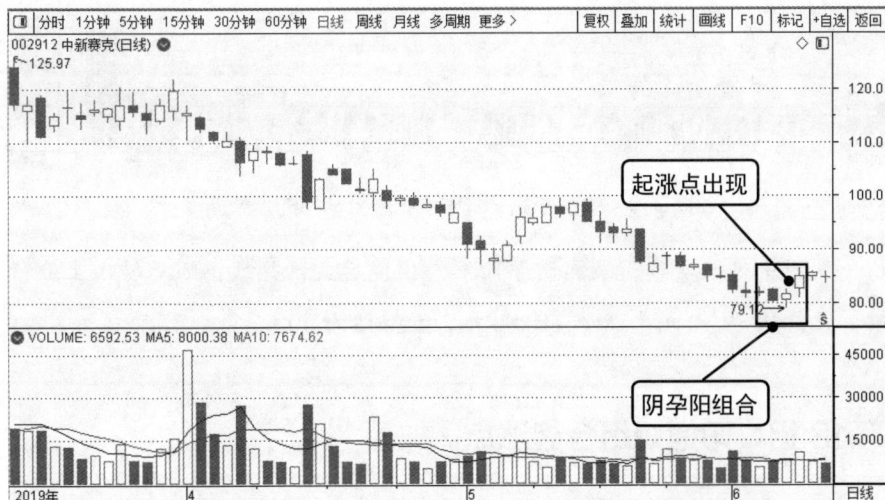

图 2-8 中新赛克 2019 年 3 月至 6 月的走势图

从图中可以看到，该股表现下跌行情，股价从 125.97 元一路下跌，跌至79.12元止跌，并出现小幅回升。此时是不是说明该股下跌行情已经结束，起涨点出现了呢？

我们仔细观看，发现6月10日股价创下79.12元新低，K线收出一根小阳线，且与前一日的阴线形成阴孕阳形态，阳线实体完全被阴线实体包裹。这是股价见底的信号，说明该轮下跌已经结束，起涨点已经出现，后市将迎来一波上涨行情。

图2-9所示为中新赛克2019年6月至9月的走势图。

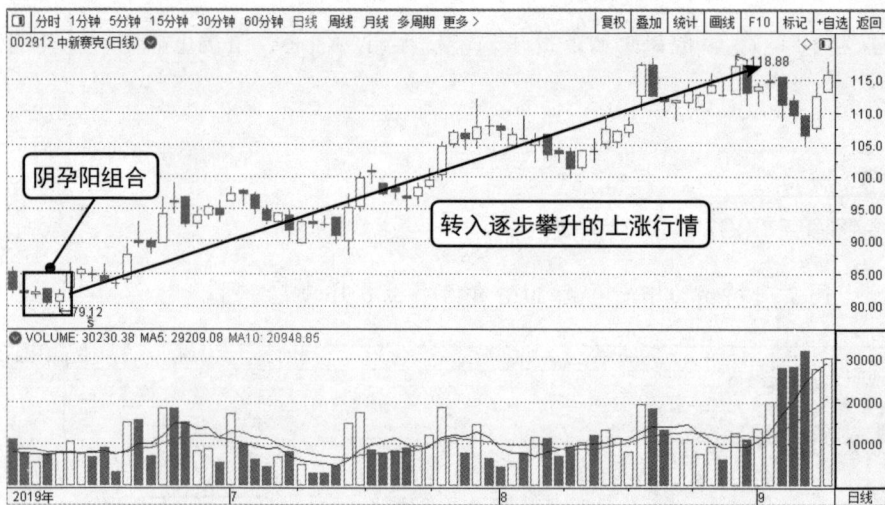

图2-9　中新赛克2019年6月至9月的走势图

从图中可以看到，果然阴孕阳形态出现后股价见底，随后转入上涨行情，股价从79.12元上涨至118.88元，涨幅达到50%。

第18招：阳抱阴组合起涨点

抱线也叫吞没线，看上去犹如"怀抱其中"，是常见的反转信号之一，其中，阳抱阴就是强烈的底部反转信号。阳抱阴线由大小阴阳K线组成，且大K线的开盘价低于小K线的收盘价，大K线的收盘价高于小K线的开盘价。大 K 线为阳线，则抱线为阳抱阴抱线，图 2-10 所示为阳抱阴组合示意图。

图 2-10　阳抱阴组合

实例分析

葵花药业（002737）的抱线组合

图 2-11 所示为葵花药业 2018 年 7 月至 2019 年 1 月的走势图。

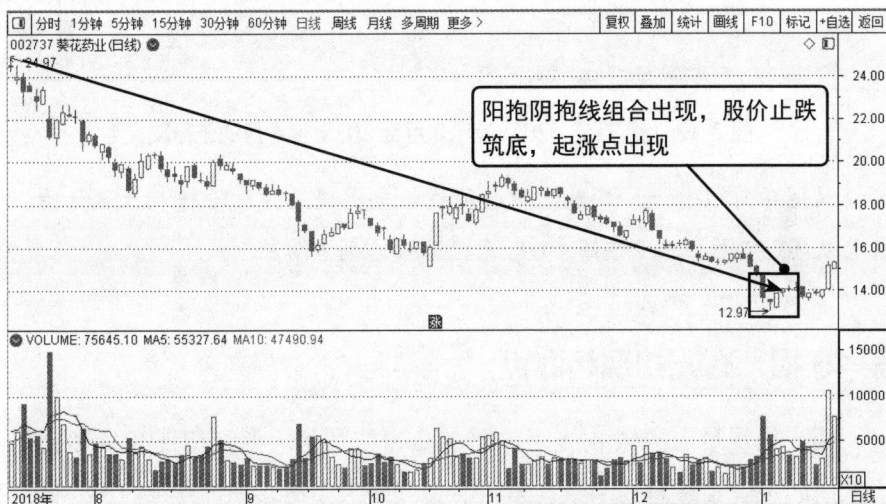

图 2-11　葵花药业 2018 年 7 月至 2019 年 1 月的走势图

从图中可以看到，该股股价处于下跌走势行情，股价从 24.97 元一路下跌。随后，K 线在 1 月 3 日收出一根长下影线阴线探底，并在 1 月 4 日 K 线又收出一根中阳线，阳线的开盘价低于阴线的收盘价，且收盘价高于阴线的开盘价，形成阳抱阴抱线组合。

阳抱阴抱线出现后股价下跌，并在 14 元价位线上横盘，说明股价筑底成功，后市将迎来上涨，起涨点出现，投资者可以趁机买入等待上涨。

图 2-12 所示为葵花药业 2018 年 12 月至 2019 年 4 月的走势图。

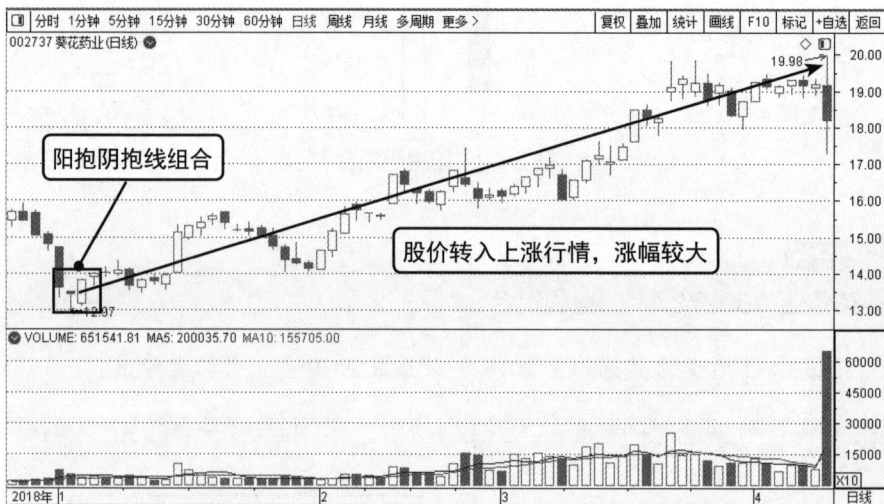

图 2-12　葵花药业 2018 年 12 月至 2019 年 4 月的走势图

从图中可以看到，果然阳抱阴抱线组合出现后，股价转入上涨行情，股价从 12.97 元上涨至最高 19.98 元，涨幅达到 54%。

第 19 招：曙光初现起涨点

曙光初现是由两根 K 线组合而成的 K 线形态，曙光初现 K 线形态组合的前面一根 K 线是大阴线；第二根 K 线是大阳线，并且其开盘价要低于前面大阴线的收盘价，而且收盘价要深入大阴线实体内。图 2-13 所示为曙光初现示意图。

图 2-13　曙光初现

曙光初现 K 线形态也是下跌即将结束的信号，出现曙光初现 K 线形态之后，股价一般会开启一轮较大幅度的上涨。

实例分析

深大通（000038）曙光初现

图 2-14 所示为深大通 2019 年 4 月至 8 月走势图。

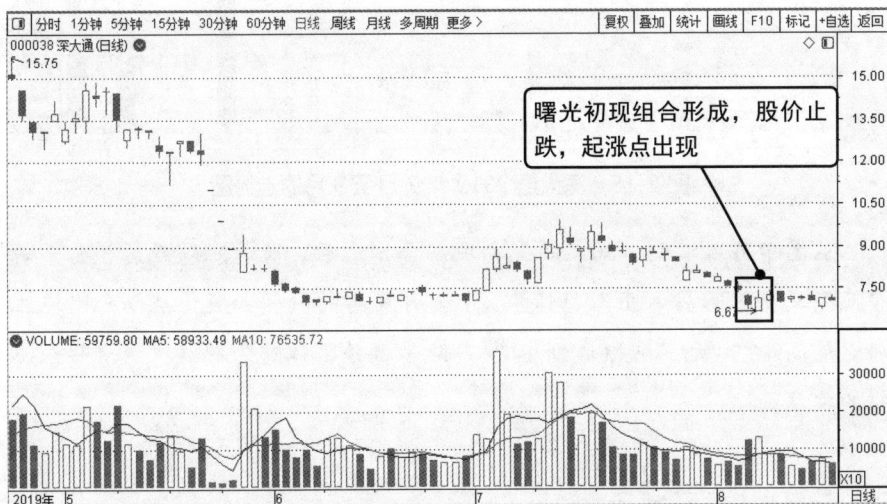

图 2-14　深大通 2019 年 4 月至 8 月走势图

从图中可以看到，该股处于下跌行情中，股价从 15.75 元快速下跌，跌至 7.5 元附近后止跌，随后小幅回升但很快被打压下去，继续下跌。此次下跌至前期低点位置便止跌横盘调整，是不是意味着有主力介入建仓，后市看涨呢？

我们发现在股价横盘调整的阶段中，8 月 6 日和 8 月 7 日 K 线收出两根一阴一阳的 K 线，阳线深入阴线实体内，形成曙光初现形态，说明股价见底，后市看涨。此时的曙光初现为起涨点，投资者可以在此处买入。

图 2-15 所示为深大通 2019 年 7 月至 9 月的走势图。

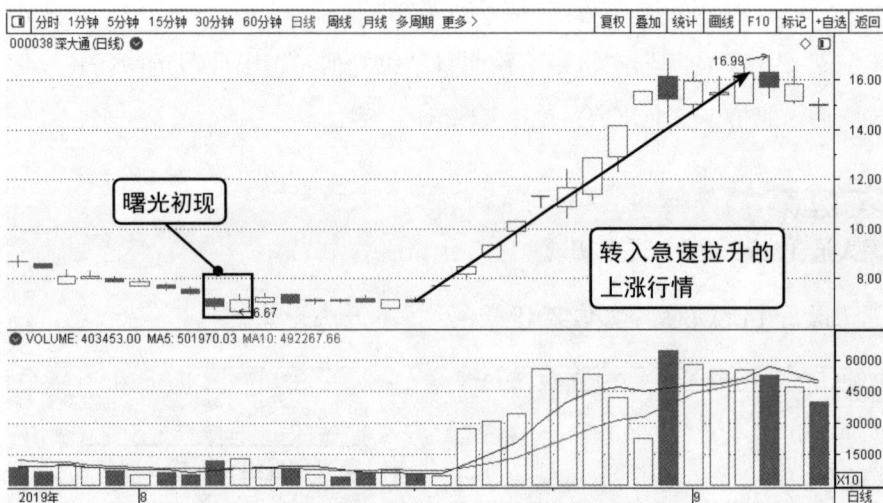

图 2-15　深大通 2019 年 7 月至 9 月的走势图

从图中可以看到，果然曙光初现组合出现后，股价止跌短暂横盘，调整几个交易日后转入上涨行情中，1 个月左右的时间，股价从 7 元附近上涨至最高 16.99 元，涨幅达到 142%。此番操作，能够为短线投资者带来不错的收益。

第 20 招：双针探底起涨点

双针探底，表明探底更加准确，反弹非常接近。双针探底这一底部支撑形态，就像两根探底针并排出现，说明多头多次将低位的股价拉升到开盘价附近，表明多头对后市继续看好，这种乐观态度超过探底针，如果出现这种双针探底的图示，通常意味后市反弹非常猛烈。双针探底如图 2-16

所示，类似两根大头针刺入底部，形成坚固的支撑。

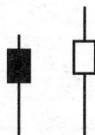

图 2-16　双针探底

双针探底的探底针不一定都有很长的下影线，但是两者最低价的价位几乎一致，这种一致的价位，通常多次反复出现，这就说明多头在该价位"寸土不让"，也就意味着形成支撑线。

实例分析

万泽股份（000534）双针探底

图 2-17 所示为万泽股份 2019 年 4 月至 7 月的走势图。

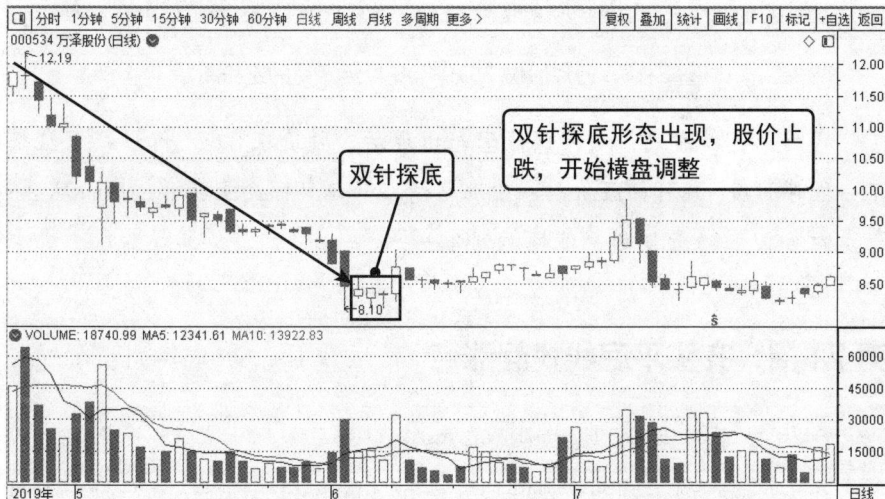

图 2-17　万泽股份 2019 年 4 月至 7 月的走势图

从图中可以看到，该股前期表现为下跌走势，6 月 7 日和 10 日 K 线收出两根长下影线阳线，且最低价都为 8.11 元，形成双针探底形态。双针探底形态出现后，股价止跌并在 8.5 元价位线上盘整，查看成交量发现成交量有放大趋势，说明股价在 8.5 元价位线筑底成功，后市可能出现一波上涨行情，投资者可以在 8.5 元价位线附近买进。

图 2-18 所示为万泽股份 2019 年 6 月至 9 月的走势图。

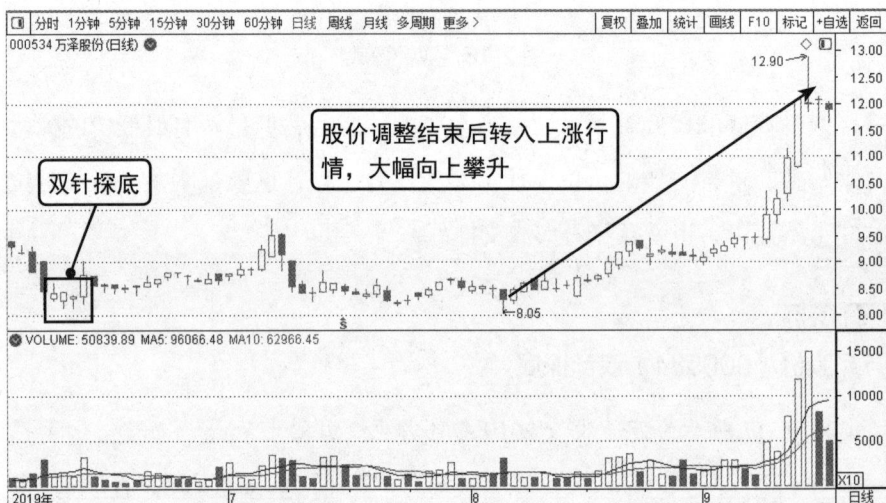

图 2-18　万泽股份 2019 年 6 月至 9 月的走势图

从图中可以看到，双针探底形态出现后，股价在 8.5 元价位线上盘整了一段时间后，8 月初股价转入上涨行情，开始大幅向上拉升，股价从 8.5 元左右上涨至 12 元附近，涨幅达到 41%。

第 21 招：齐头平底线找起涨点

齐头平底线，预示着底部出现，起涨点临近。

齐头平底线最主要的就是两根 K 线形成的底部和顶部大致一样，相差不大，如图 2-19 所示，这种两个底部和顶部同样高度，就意味着买卖双方心理平衡在该底部。

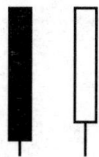

图 2-19　齐头平底

　　而且双方实力几乎瞬间转换，通常是前一根蜡烛图是大阴线，后一根
是大阳线，这一阴一阳说明前一日空头占据市场，能够将股价打压到底部，
而后一根蜡烛图说明多头实力猛增，将前一日的失利全部收回，而且还有
可能收复更多的失地。

实例分析

洪城水业（600461）齐头平底

　　图 2-20 所示为洪城水业 2019 年 4 月至 8 月的走势图。

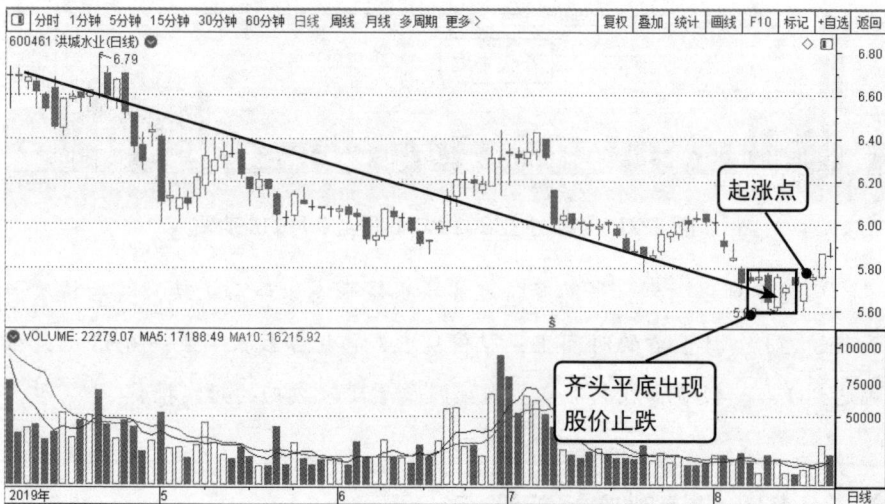

图 2-20　洪城水业 2019 年 4 月至 8 月的走势图

　　从图中可以看到，该股股价表现为下跌走势，8 月 6 日股价跌至 5.8
元时股价止跌并在 5.8 元位置横盘调整。但 8 月 9 日 K 线形成一根大阴线，

市场开始恐慌，随后 12 日的大阳线一举收复前日的失地，说明多方已经能够稳定吸货。

仔细观察 8 月 9 日和 12 日的 K 线发现，K 线几乎同高同低，形成了齐头平底形态，说明该股的这轮下跌行情已经结束，股价成功筑底，投资者可以在之后的起涨点位置买进该股。

图 2-21 所示为洪城水业 2019 年 6 月至 9 月的走势图。

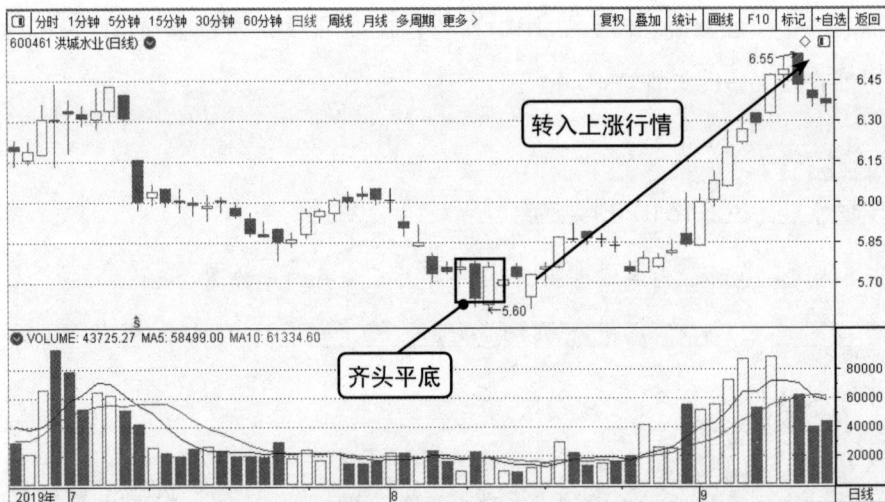

图 2-21 洪城水业 2019 年 6 月至 9 月的走势图

从图中可以看到，果然股价在齐头平底形态出现后止跌，随后转入上涨行情，1 个月左右的时间里，股价从 5.7 元左右上涨至最高 6.55 元，涨幅达到 15%。投资者在起涨点买入该股属于比较成功的短线操作。

第 22 招：向上跳空找起涨点

市场最激烈地波动不是大阳线，而是跳空运动。

向上跳空形态由两根 K 线组合而成，典型特征是第二根 K 线的实体和第一根K线的实体有明显缺口，两根K线就像原地跳高，显示一种上冲的爆发力，如图2-22所示。

图2-22 向上跳空

多头为了获得足够的筹码，刺激低迷的空头市场，最简单的方法就是抬高股价，这种股价跳空拉升，通常会带来市场的关注，关注必然会吸引股民进场，这是向上跳空对于市场心理的影响。

另外，市场出现跳空缺口也可能是受到消息刺激，在消息面突然出现异常的情况下，多头开始出现大量买入，股价就会出现急速上冲态势。

实例分析

太阳纸业（002078）向上跳空

图2-23所示为太阳纸业2019年4月至6月的走势图。

从图中可以看到，该股处于下跌行情之中，股价从8.73元开始下跌，跌至6元附近，股价止跌，出现小幅回升的走势。此时是否为股价起涨点呢？

仔细观察，可以看到在股价小幅回升的过程中，6月20日与21日K线连续收出两根阳线，且第二根阳线向上跳空，形成缺口。因此，两根阳线组成向上跳空组合，且成交量明显出现放量，可以视为股价起涨点，投资者可趁机买入。

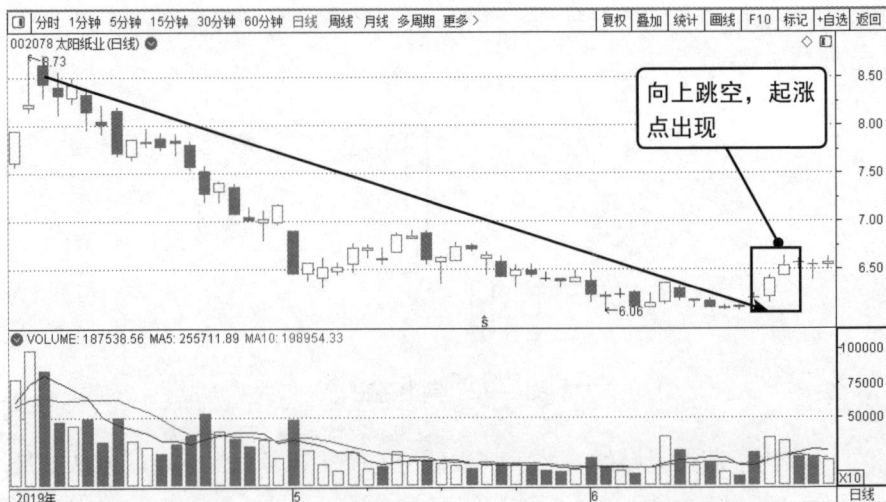

图 2-23 太阳纸业 2019 年 4 月至 6 月的走势图

图 2-24 所示为太阳纸业 2019 年 6 月至 9 月的走势图。

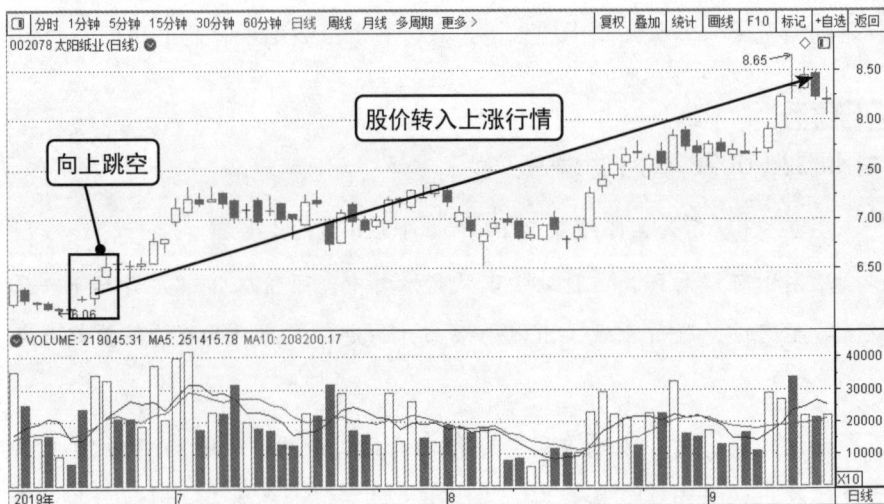

图 2-24 太阳纸业 2019 年 6 月至 9 月的走势图

从图中可以看到，向上跳空组合出现后股价转入稳定向上的上升行情中。如果投资者在向上跳空组合起涨点 6.5 元位置买入该股，涨至 8.65 元，可获得约 33% 的收益。

2.2 多日 K 线组合的起涨点信号

除了双日 K 线组合之外，多日 K 线也可以形成具有看涨意义的形态组合，且这些形态的可靠性更强。

第 23 招：早晨之星起涨点

早晨之星又称为启明星，是由 3 根 K 线组合而成的 K 线形态，如图 2-25 所示。

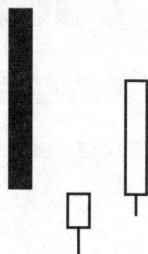

图 2-25 早晨之星

早晨之星出现在股价下跌的末期，是一个看涨信号，预示着股价将会出现上涨行情。

也就是说，当 K 线图中出现早晨之星时，说明该股的股价可能转入上涨行情。

实例分析

科伦药业（002422）早晨之星

图 2-26 所示为科伦药业 2019 年 4 月至 6 月的走势图。

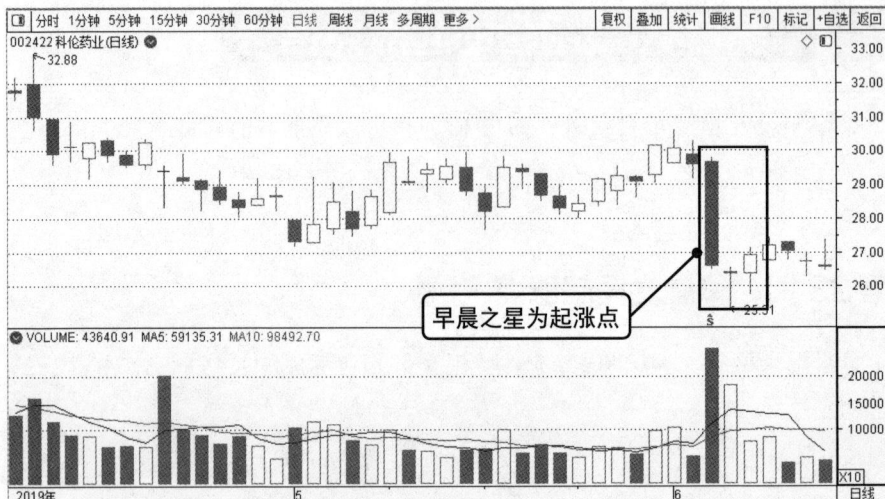

图 2-26　科伦药业 2019 年 4 月至 6 月的走势图

从图中可以看到，科伦药业经过缓慢下跌后，在 2019 年 6 月 5 日、6 月 6 日和 6 月 10 日出现早晨之星 K 线组合，预示股价结束下跌，开始重新步入上升通道。

早晨之星 K 线形态的出现，就是该股的起涨点。根据起涨点，我们可以进行买入操作。

图 2-27 所示为科伦药业 2019 年 6 月至 8 月的走势图。

从图中可以看到，早晨之星出现后，股价迎来一轮上涨行情，短线投资是有利的。投资者以早晨之星作为起涨点，在 27 元附近买入该股，涨至 33.5 元，可得到 24% 左右的收益。

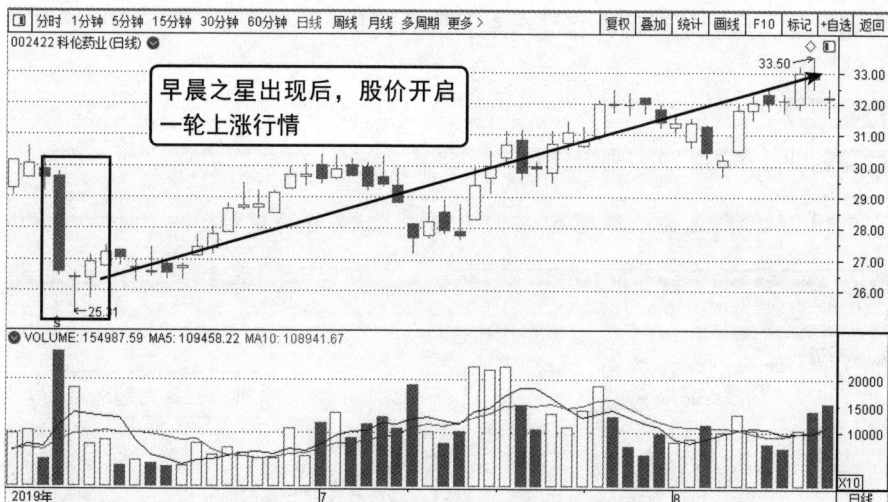

图 2-27 科伦药业 2019 年 6 月至 8 月的走势图

第 24 招：前进三兵起涨点

前进三兵形态由连续出现的 3 根阳线组成，它们的收盘价依次上升，形成一个稳健的走势，如图 2-28 所示。

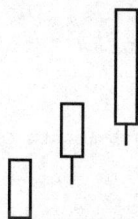

图 2-28 前进三兵

前进三兵形态意味着多头开始进攻，空头开始放弃的过程。多头不断抬升股价，而空头无法控制股价,只有节节败退。股价在不断上涨的过程中，也开始吸引市场的注意，更多的散户跟进买入，逐步打破股价下跌的态势，股价也将迎来强烈的反弹，这种走势将会带动市场心理向好，如果结合成交量增加，这种三兵形态将会带来股价的飙升。

实例分析

西藏药业（600211）前进三兵

图 2-29 所示为西藏药业 2019 年 8 月至 12 月的走势图。

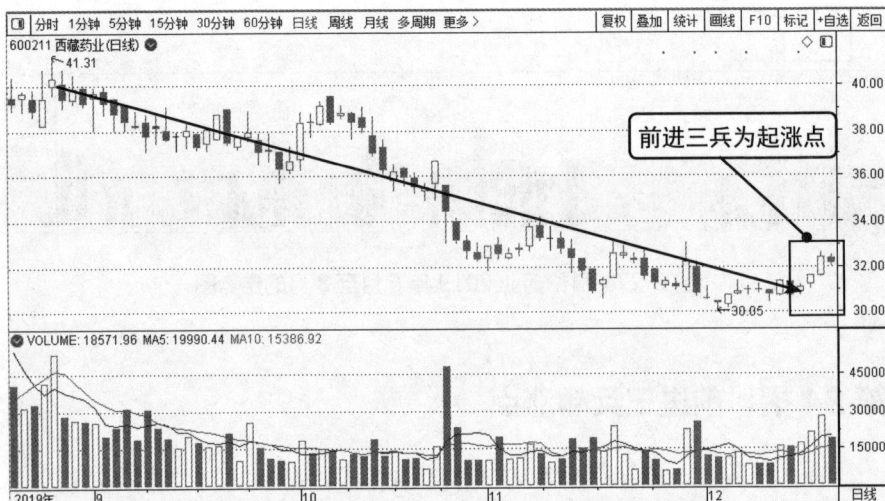

图 2-29　西藏药业 2019 年 8 月至 12 月的走势图

从图中可以看到，该股表现为下跌走势，股价从 41.31 元开始下跌，跌至 30.05 元后止跌横盘。随后 12 月 13 日、16 日和 17 日 K 线连续收出三根收盘价依次上升的阳线，组成前进三兵组合，且成交量表现放量。

说明该股的这轮下跌行情已经结束，后市即将迎来一轮上涨行情，此时的前进三兵组合为起涨点信号，投资者可以在此位置积极买入，等待后市上涨。

图 2-30 所示为西藏药业 2019 年 12 月至 2020 年 3 月的走势图。

从图中可以看到，果然前进三兵形态出现后，该股股价转入上涨行情之中，股价从 30 元附近，涨至最高 42 元，涨幅达到 40%。

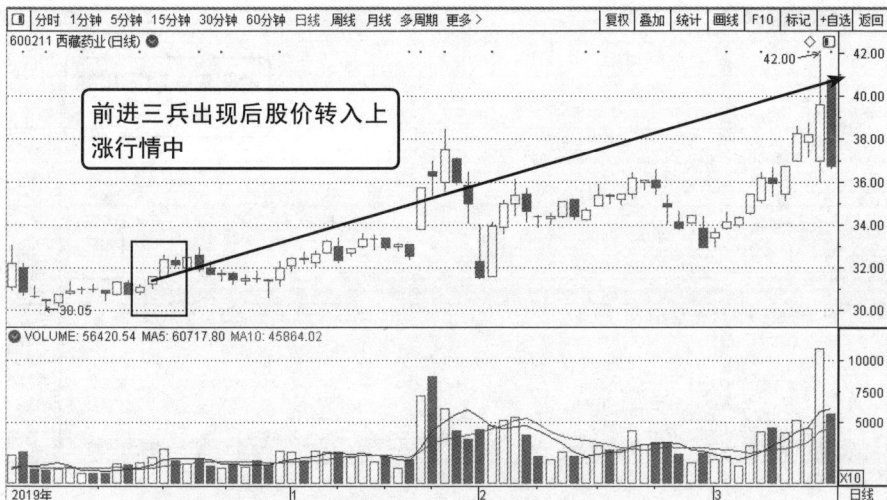

图 2-30 西藏药业 2019 年 12 月至 2020 年 3 月的走势图

第 25 招：两阳夹一阴三川线起涨点

三川线指的是 3 根 K 线并排组合而成的 K 线组合形态，两阳夹一阴三川线是经典三川线中的一种。两阳夹一阴三川线由 3 根 K 线组合而成，中间一根是阴线，两边的是阳线，3 根 K 线实体并排分布，如图 2-31 所示。

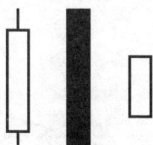

图 2-31 两阳夹一阴三川线

实例分析

华数传媒（000156）两阳夹一阴三川线

图 2-32 所示为华数传媒 2018 年 11 月至 2019 年 2 月的走势图。

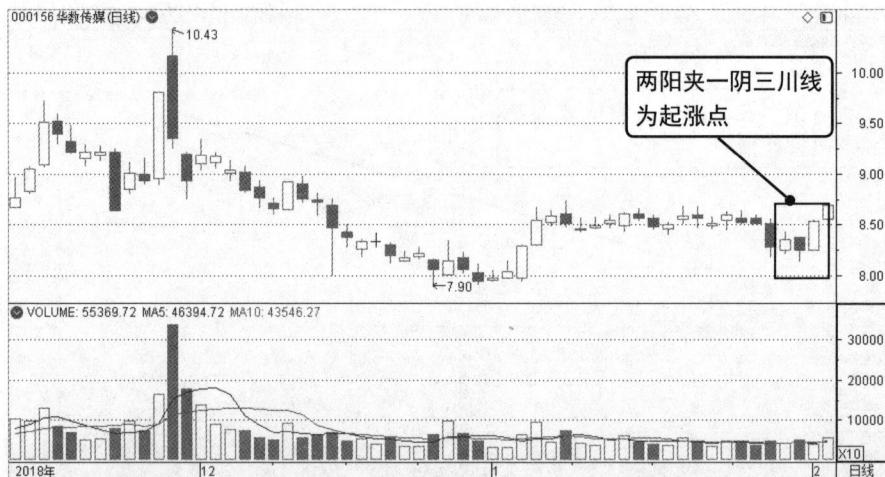

图 2-32　华数传媒 2018 年 11 月至 2019 年 2 月的走势图

　　从图中可以看到，该股表现为下跌行情，股价从 9.5 元下跌 8 元后企稳止跌，开始在 8.5 元表现为横盘走势，并在 8.5 元附近形成两阳夹一阴三川线，说明股价的整理已经结束，后市将迎来新一轮上涨，此时的两阳夹一阴三川线为起涨点，投资者可以在 8.5 元价位买进。

　　图 2-33 所示为华数传媒 2019 年 1 月至 3 月的走势图。

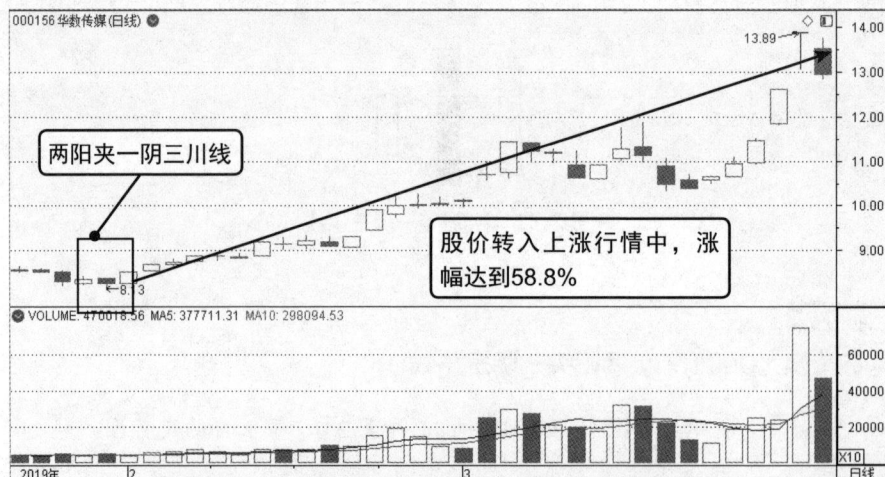

图 2-33　华数传媒 2019 年 1 月至 3 月的走势图

从图中可以看到，两阳夹一阴三川线出现后，股价一改之前的沉闷走势，股价开启了大幅上涨的走势，股价从 8.5 元上涨至 13.5 元附近，涨幅近 58.8%。说明两阳夹一阴三川线为有效的起涨信号点。

第 26 招：低位上涨二星线起涨点

上涨二星线由 3 根 K 线组合，第一根是上涨的阳线，后面两根是小 K 线。低位上涨二星线指的是出现在股价低位区域的上涨二星线，如图 2-34 所示。

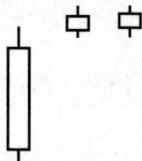

图 2-34　低位上涨二星线

在股价运行的低位区域，K 线走势出现涨二星线时，发出了较好的买入信号，是一个可靠的起涨点信号，投资者可以根据这种信号择机买入股票。

实例分析

泸州老窖（000568）低位上涨二星线

图 2-35 所示为泸州老窖 2018 年 7 月至 2019 年 2 月的走势图。

从图中可以看到，该股前期表现为下跌走势，股价从 57.78 元开始下跌，跌至 40 元价位线后止跌，然后在该位置线上下波动整理，说明该股此轮下跌的动能已经衰竭，股价已经见底。

K 线在 2 月 11 日收出一根上涨的大阳线，随后紧跟两根上涨的小阳线，形成上涨二星线，进一步证实了股价见底上涨的信号。投资者可以在该位置附近买入，等待后市上涨。

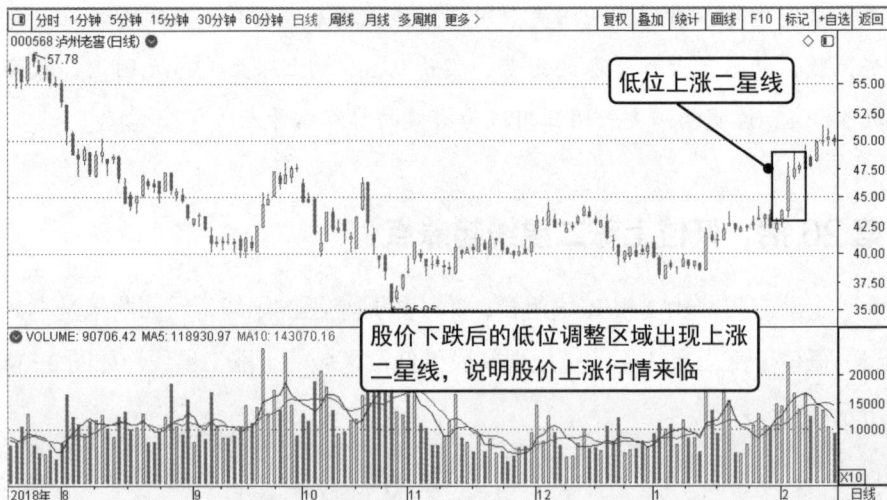

图 2-35 泸州老窖 2018 年 7 月至 2019 年 2 月的走势图

图 2-36 所示为泸州老窖 2019 年 2 月至 7 月的走势图。

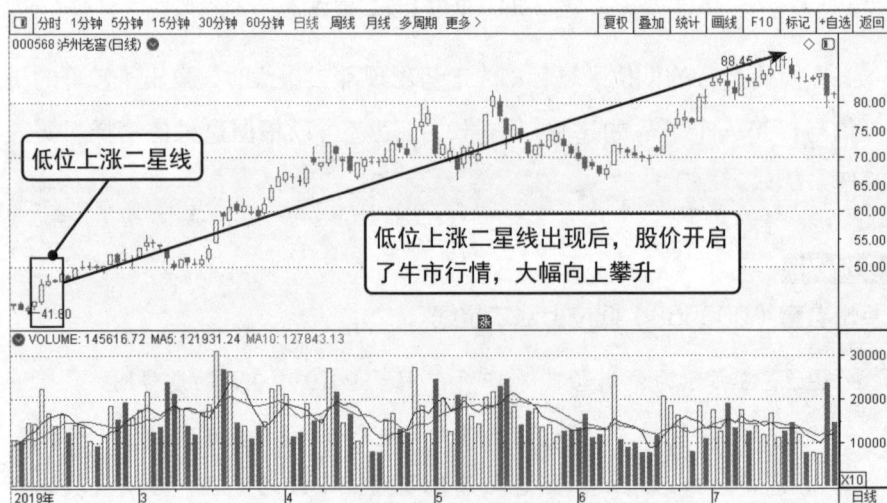

图 2-36 泸州老窖 2019 年 2 月至 7 月的走势图

从图中可以看到，在股价低位区域出现上涨二星线后，该股开启了一轮牛市行情，股价大幅向上攀升，创下新高。投资者在上涨二星线起涨点附近 45 元买入，当股价上涨至 88.45 元时，可得到涨幅 96.5% 的收益。

第 27 招：三次触底不破起涨点

三次触底不破是由 3 根带有下影线的 K 线组成的 K 线组合，三次触底不破线不要求必须为连续 3 根阳线或连续 3 根阴线，如图 2-37 所示。

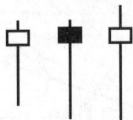

图 2-37　三次触底不破

实例分析

奥赛康（002755）三次触底不破

图 2-38 所示为奥赛康 2019 年 4 月至 8 月的走势图。

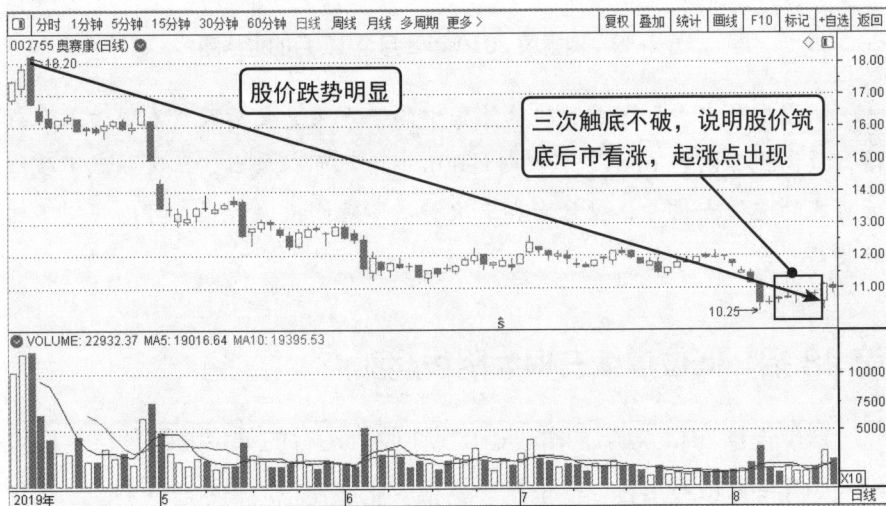

图 2-38　奥赛康 2019 年 4 月至 8 月的走势图

从图中可以看到，该股表现为下跌走势，股价从18元的高位区开始下跌，跌至11元附近后，K线收出3根下影线但都没有跌破10.26元的最低价，形成三次触底不破线，说明股价下跌的动力已经衰竭，后市看涨，此时的三次触底不破线为起涨点。

图2-39所示为奥赛康2019年8月至11月的走势图。

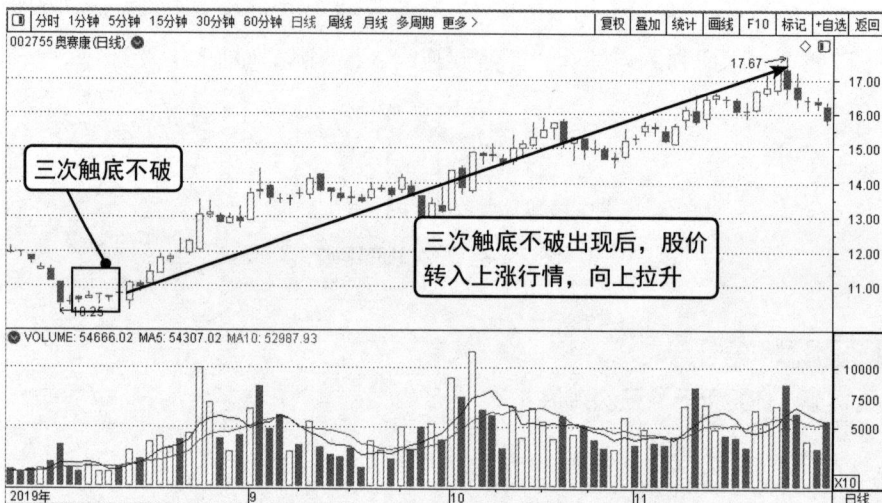

图 2-39　奥赛康 2019 年 8 月至 11 月的走势图

从图中可以看到，该股的确见底于10.25元处，之后股价表现为上涨行情，最高上涨到17.67元，涨幅超过60%。由此可以看出，三次触底不破线为可靠的起涨点信号，投资者在三次触底不破线出现后买入可以获得不错的收益。

第28招：低位连续三根大阴线起涨点

低位连续三根大阴线指的是出现在股价运行的低位，且是连续出现3根大阴线的K线组合，低位连续三根大阴线使得股价快速下探，3次创出新低。图2-40所示为低位连续三根大阴线示意图。

图 2-40　低位连续三根大阴线

通过连续出现的 3 根大阴线，市场卖方力量快速释放，使得股价获得上涨的动力。所以当股价在下跌阶段出现连续 3 根大阴线时，显示了股价下跌走势即将结束，投资者可以在起涨点出现时积极买入。

实例分析

名雕股份（002830）低位连续三根大阴线

图 2-41 所示为名雕股份 2018 年 6 月至 2019 年 2 月的走势图。

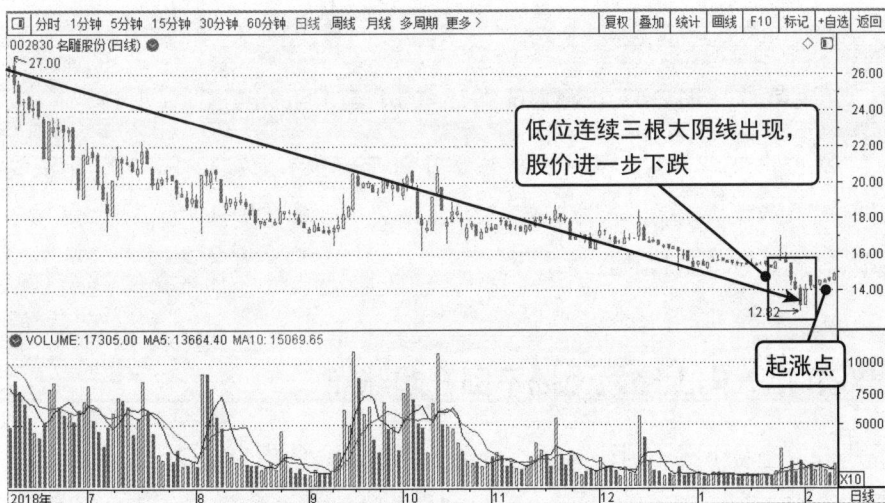

图 2-41　名雕股份 2018 年 6 月至 2019 年 2 月的走势图

从图中可以看到，该股股价出现了巨大的下跌幅度，从 27 元跌至

12.82 元，跌幅达到了 52% 之多。1 月底，K 线连续收出 3 根大阴线更是加剧了下跌，成交量表现缩量，说明连续的下跌释放了卖方力量，股价已经跌无可跌，股价的底部已经出现。2 月初，股价小幅回升为新一轮股价上升的起涨点，投资者可以在此买入。

图 2-42 所示为名雕股份 2019 年 1 月至 4 月的走势图。

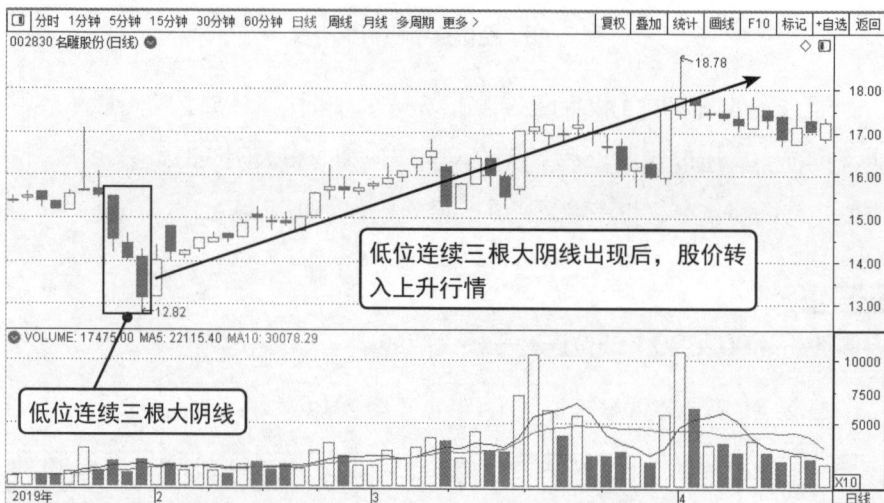

图 2-42　名雕股份 2019 年 1 月至 4 月的走势图

从图中可以看到，果然股价从 2 月初开始转入上涨行情，2 个月左右的时间，估计从 12.82 元上涨至最高 18.78 元，涨幅达到 46.5%。由此看来，此番投资是一次不错的短期操作。

第 29 招：向上空跳上扬不回补起涨点

向上空跳上扬不回补 K 线组合至少由 3 根 K 线组合而成，即前面是两根阳线后面是一根下跌阴线，向上空跳形成缺口，之后股价上扬并没有回补缺口，反而进一步上扬，如图 2-43 所示。

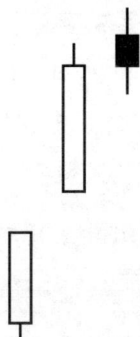

图 2-43　向上空跳上扬不回补

实例分析

新能泰山（000720）向上空跳上扬不回补

图 2-44 所示为新能泰山 2018 年 10 月至 2019 年 3 月的走势图。

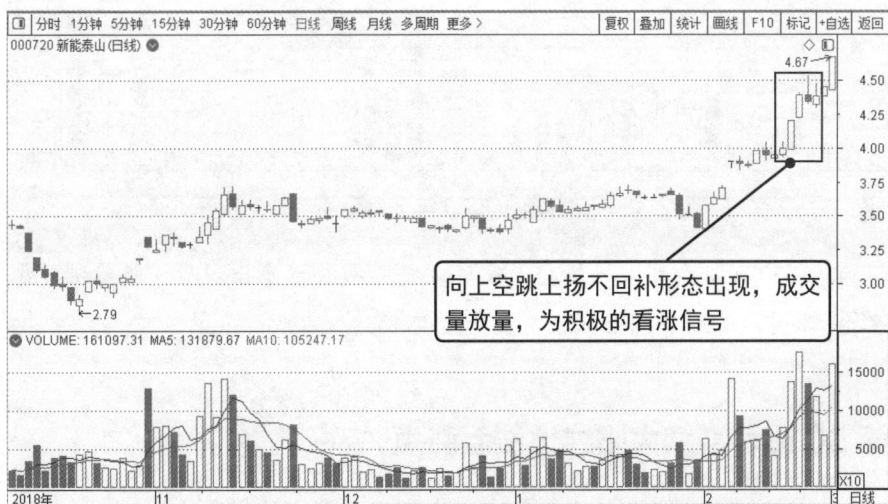

向上空跳上扬不回补形态出现，成交量放量，为积极的看涨信号

图 2-44　新能泰山 2018 年 10 月至 2019 年 3 月的走势图

从图中可以看到，虽然该股从 2018 年 11 月中旬开始转入上涨行情，但是上涨幅度较低，股价从 2.79 元上涨至 3.5 元后便止涨横盘，开始了长达 3 个月左右的调整。

2019 年 2 月初，股价出现上涨迹象，但仅仅上涨至 4 元，便又开始横盘。随后在 2 月 22 日、25 日和 26 日，K 线收出两根大阳线和一根小阴线，形成向上空跳上扬不回补形态，且成交量呈现放量。此时为积极的起涨点信号，投资者应该大胆进行买入操作。

图 2-45 所示为新能泰山 2019 年 2 月至 4 月的走势图。

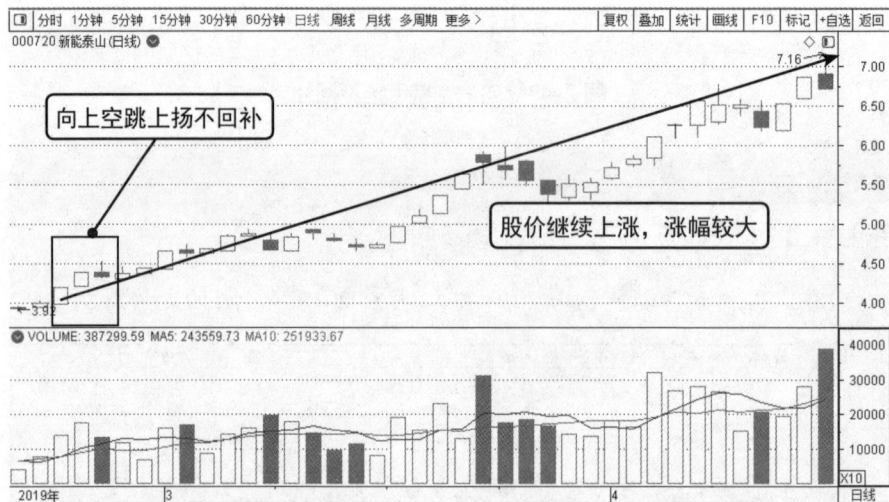

图 2-45　新能泰山 2019 年 2 月至 4 月的走势图

从图中可以看到，果然向上空跳上扬不回补形态出现后，股价继续上涨，2 个月左右的时间上涨至 7.16 元，涨幅达到 59%。

第 30 招：连续大阳线上涨起涨点

连续大阳线上涨指的是连续出现大阳线拉升，使得股价强势上涨。连续的大阳线上涨，包含至少 3 根大阳线，特别是连续的跳空大阳线具有更强的市场意义，如图 2-46 所示。

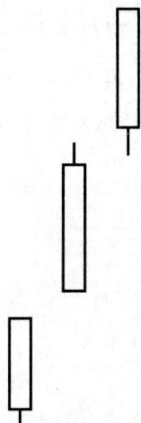

图 2-46 连续大阳线上涨

实例分析

山大华特（000915）连续大阳线上涨

图 2-47 所示为山大华特 2018 年 12 月至 2019 年 2 月的走势图。

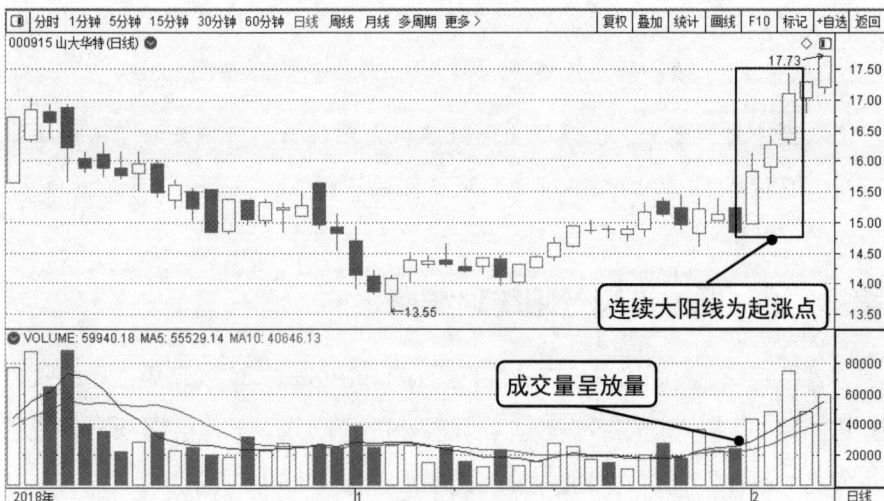

图 2-47 山大华特 2018 年 12 月至 2019 年 2 月的走势图

从图中可以看到，股价前期表现为下跌走势，跌至 13.55 元止跌，转入上涨行情，但涨幅较小。2 月初，K 线突然收出连续跳空大阳线，且成交量呈现放量，说明该股上涨动力十足，后市将迎来一波上涨行情，此时的连续大阳线为起涨点，投资者可以积极买入。

图 2-48 所示为山大华特 2019 年 1 月至 4 月的走势图。

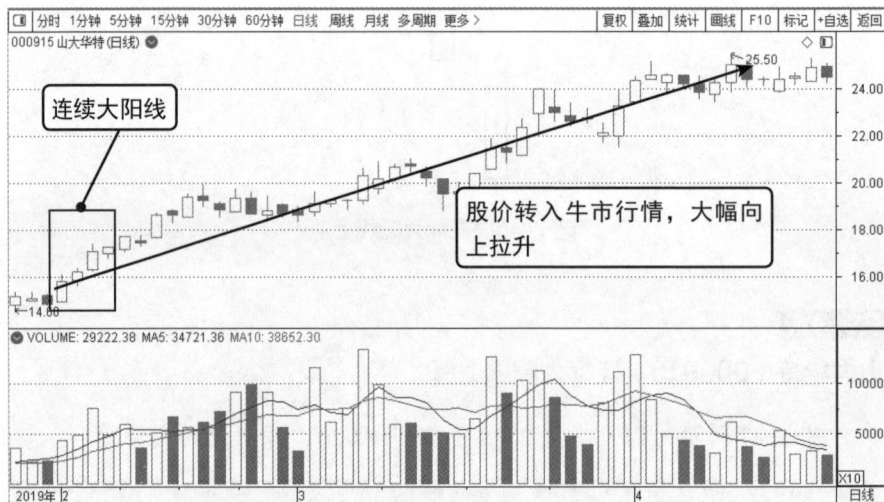

图 2-48　山大华特 2019 年 1 月至 4 月的走势图

从图中可以看到，K 线收出连续多根大阳线后，股价开启了一轮牛市行情，股价从 18 元上涨至 24 元附近，涨幅达到 33%。

第 31 招：低位连续五阳线起涨点

低位连续五阳线指的是在股价运行的低位区域，K 线走势上连续收出 5 根阳线，且每一根阳线一般为实体较小的小阳线。低位五阳线出现说明买方实力正在聚集，为可靠的股价起涨点，如图 2-49 所示。

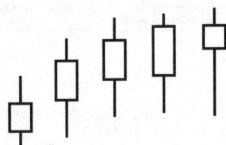

图2-49　低位连续五阳线

实例分析

大族激光（002008）低位五阳线

图2-50所示为大族激光2019年4月至8月的走势图。

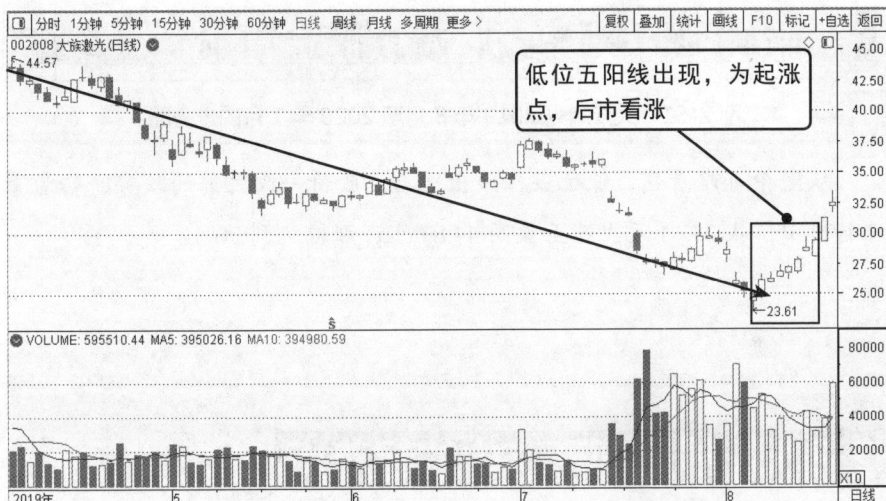

图2-50　大族激光2019年4月至8月的走势图

从图中可以看到，股价表现为下跌行情，从44.57元一路下跌，跌至23.61元后股价止跌回升，K线连续收出多根小阳线，形成低位五阳线，成交量呈现放量。说明场内的买方力量正在聚集，后市即将迎来一波上涨行情，此时的低位五阳线为可靠的起涨点。

图2-51所示为大族激光2019年8月至2020年1月的走势图。

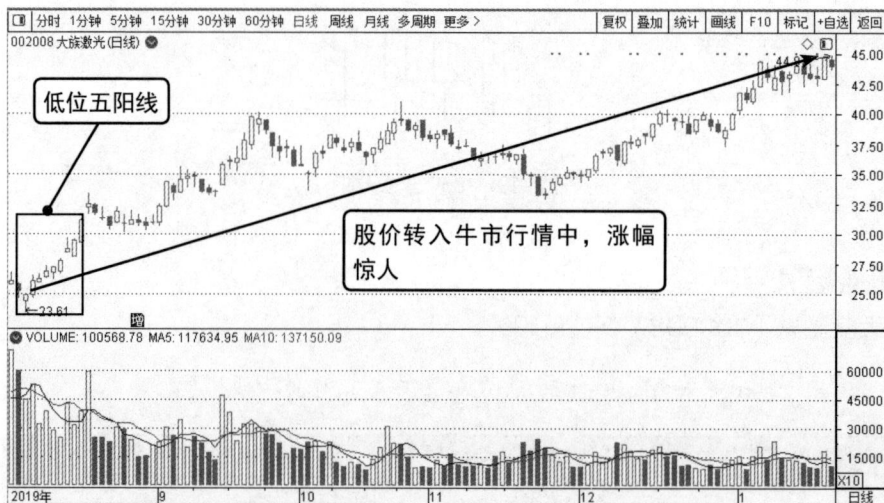

图 2-51　大族激光 2019 年 8 月至 2020 年 1 月的走势图

从图中可以看到，低位五阳线出现后，股价一改之前的跌势，转为上涨行情中，从 23.61 元上涨至最高 44.87 元，涨幅达到 90%。

2.3　K 线底部形态中的起涨点

任何股票的上涨都要有一个 K 线底部，无论是中长线底部还是短期底部。原因在于只有在 K 线底部奠定了一定的基础后，股价才有上涨的动力准备。

由此，长期底部积蓄的能量大，所以带来长期的上涨走势；短期底部积蓄的能量有限，只能带来短线的上涨机会。

所以，我们寻找起涨点的位置，发现股价运行的 K 线底部就是一个重要的步骤。由此可知，在不同的底部形态中，我们能够找到不同的起涨点位置，并能根据这些起涨点进行买卖操作。

第32招：三重底起涨点

简单地说，三重底是指股价在低位区域形成的 3 个低价位，是一个非常可信的股价底部形态。3 个股价低价位应该大致在一条水平线上，即 3 个低价位的最低价不能相差太大，并且 3 个低价位之间有间隔，即相互之间存在着至少 3 个交易日的间隔，当然相互之间的间隔越大，则三重底见底信号越强。

实例分析

会畅通讯（300578）三重底

图 2-52 所示为会畅通讯 2018 年 7 月至 2019 年 2 月的走势图。

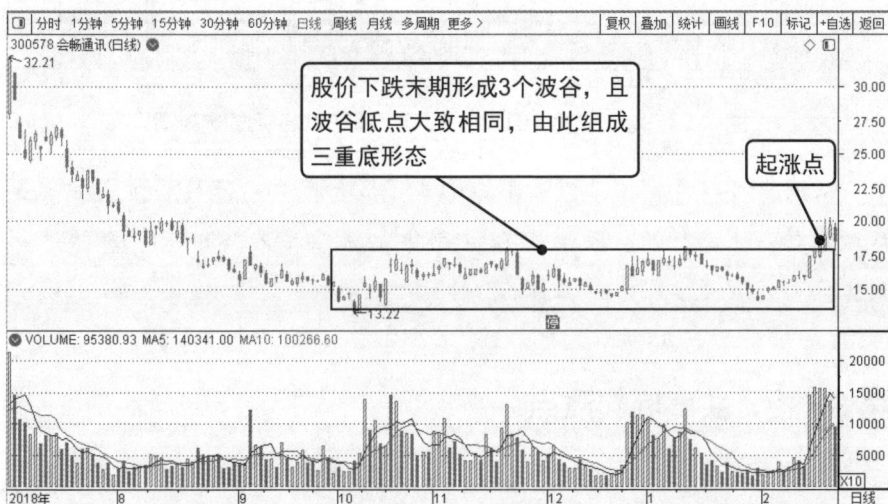

图 2-52　会畅通讯 2018 年 7 月至 2019 年 2 月的走势图

从图中可以看到，该股处于下跌行情中，股价从 32 元附近的高位区域开始下跌，跌至 16 元后止跌，并在该价位线上下波动，形成了 3 个波谷，波谷低位分别为 13.22 元、14.37 元和 14 元，这三个价位基本相当，形成三重底形态。三重底形态为股价构筑了结实的底部，当股价向上突破颈线时为起涨点，投资者可以在此位置积极买入。

图 2-53 所示为会畅通讯 2018 年 9 月至 2019 年 5 月的走势图。

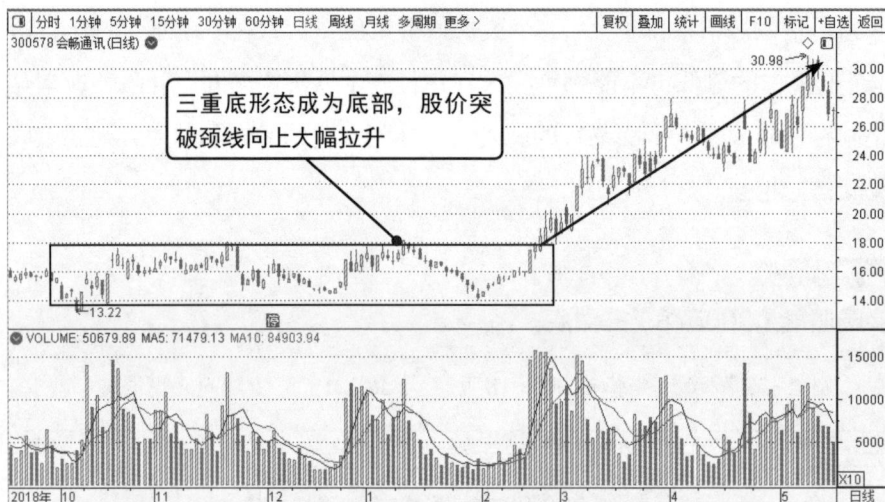

图 2-53　会畅通讯 2018 年 9 月至 2019 年 5 月的走势图

从图中可以看到，三重底形态形成了股价底部，随后股价突破三重底颈线转入上涨行情，股价从 18 元附近上涨至最高 38.88 元，涨幅达到116%。

第 33 招：头肩底起涨点

头肩底外在形态与三重底外在形态相似，头肩底形态同样处于股价运行的低位区域，也是由股价的 3 个相对低价位组成，只是两边的两个股价低位处于较高的位置上。

所谓头肩底形态，其 3 个低价位中最低的一个形成"头"，两边位置相对较高的形成"肩"。头肩底形态也有颈线，也是头肩底形态中两个相对高点的连线。

实例分析

洲明科技（300232）头肩底

图 2-54 所示为洲明科技 2018 年 5 月至 2019 年 2 月的走势图。

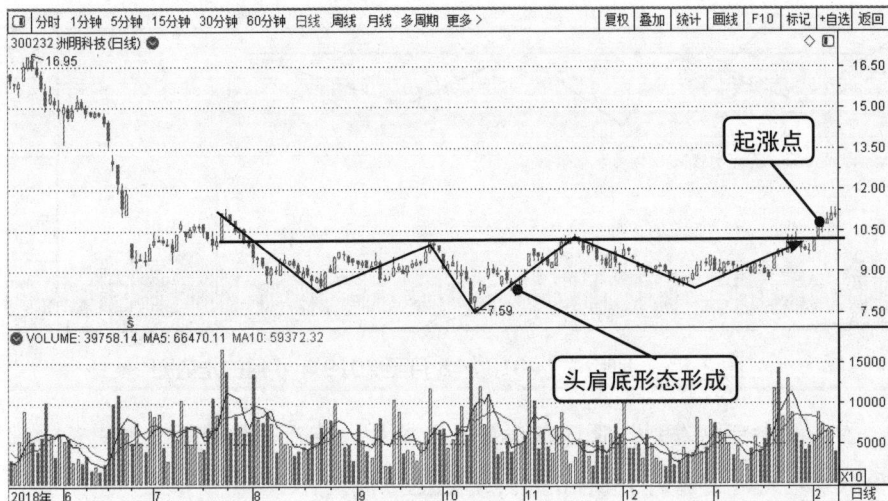

图 2-54　洲明科技 2018 年 5 月至 2019 年 2 月的走势图

从图中可以看到，该股从 16.95 元开始下跌，跌至 9 元价位线后止跌，并在该价位线上下波动调整，随后 K 线走势形成了一个标准的头肩底形态，其 3 个低价位分别为 8.33 元、7.59 元和 8.4 元。

头肩底形态处于股价下跌后的低位区域，为可靠的股价底部信号，当股价向上突破颈线时为起涨点信号，投资者可以大举买入。

图 2-55 所示为洲明科技 2018 年 8 月至 2019 年 4 月的走势图。

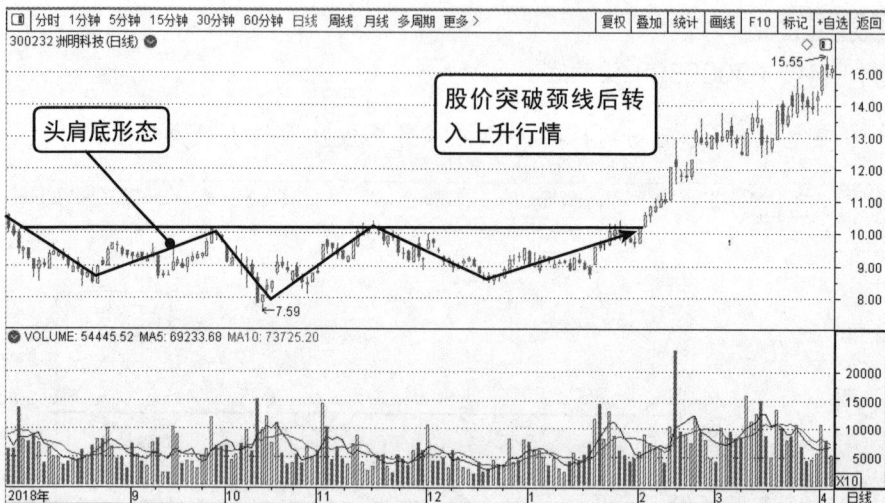

图 2-55　洲明科技 2018 年 8 月至 2019 年 4 月的走势图

从图中可以看到，股价在头肩底形成后，展开了强势的上涨走势，股价从 9 元左右上涨到 15 元附近，股价表现不俗。

第 34 招：W 底起涨点

顾名思义，W 底指的是外在形态像字母 "W" 的 K 线形态。由两个位置相当的股价低价位组成，第二个低位比第一个低位要高，同时两个低价位之间有一个相对较高的高点。W 底出现在股价下跌后的低位时，才具有可信的见底信号。

实例分析

北新建材（000786）W 底

图 2-56 所示为北新建材 2018 年 8 月至 2019 年 2 月的走势图。

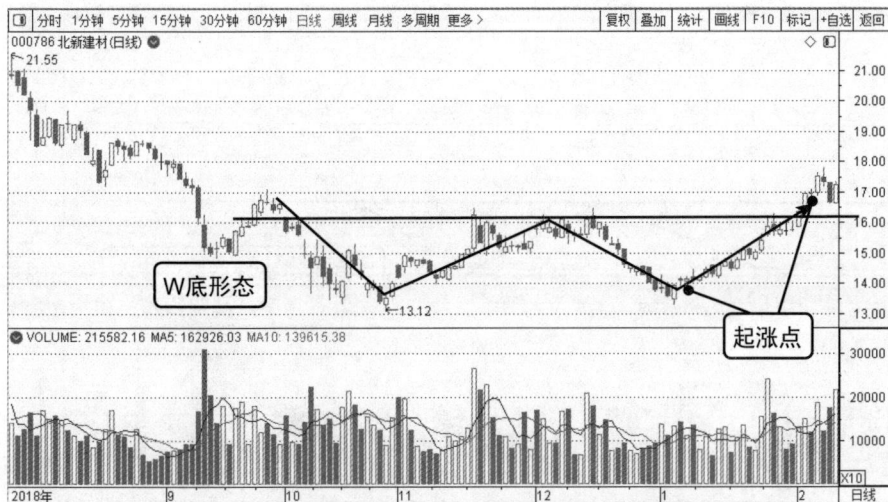

图 2-56　北新建材 2018 年 8 月至 2019 年 2 月的走势图

从图中可以看到，该股处于下跌走势，股价从 21.55 元开始下跌，跌至 13.12 元，创下新低后止跌回升，形成一个低点。然后股价上涨至 16 元附近后扭头向下，在 13.26 元附近止跌，形成第二个低点，两个低点位置大致相同，形成了标准的 W 底形态，并且出现在股价下跌后的相对低位区域，为可靠的底部信号，预示后市股价将反转上升。

W 形态的筑底形成了两次较好的起涨点，即第二个低位区域和股价上涨突破颈线的位置，抓住这两处位置进行布局，投资者可以很好地实行买入计划。

图 2-57 所示为北新建材 2018 年 10 月至 2019 年 4 月的走势图。

从图中可以看到，股价在 W 底形成之后出现了大幅度的上涨，从 14 元上涨到了 22 元附近，涨幅达 57%，投资者在起涨点位置买入可以得到不错的回报。

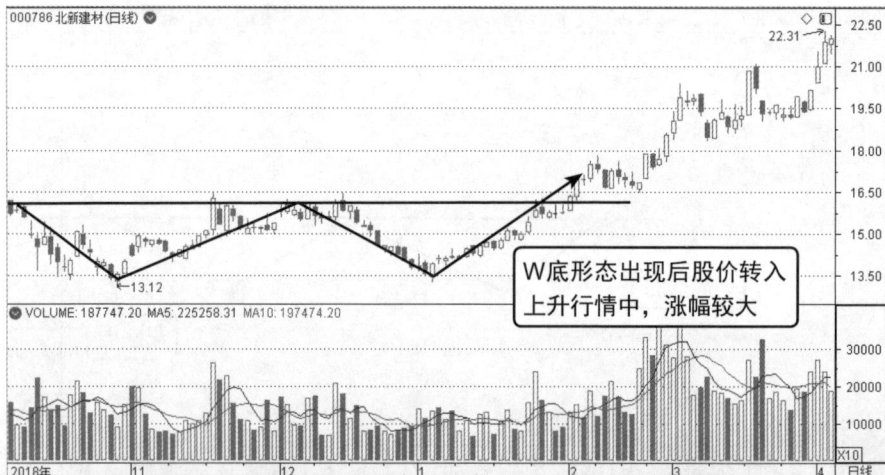

W底形态出现后股价转入
上升行情中，涨幅较大

图 2-57　北新建材 2018 年 10 月至 2019 年 4 月的走势图

第 35 招：V 形底起涨点

V 形底是很常见的 K 线底部形态，其外形像字母 "V"，出现在股价下跌的末端位置区域，是一个见底信号，当 K 线形成 V 形底后，投资者应该及时买入股票。

实例分析

穗恒运 A（000531）V 形底

图 2-58 所示为穗恒运 A 2018 年 3 月至 11 月的走势图。

从图中可以看到，该股处于下跌行情中，股价从 7.5 元附近开始下跌，跌至 5 元价位线附近时，股价止跌并在该价位线上开始了长达 3 个月之久的横盘。10 月初，K 线突然收出十多根阴线，股价急速下跌，紧接着 K 线收出多根高开高走的大阳线，使股价向上拉升。

这一急跌急升形成了 V 形底形态，同时成交量呈现放量，说明后市将迎来一轮上涨行情。当股价向上突破前期 5 元阻力位时为可靠的起涨信号，投资者可以大胆买入。

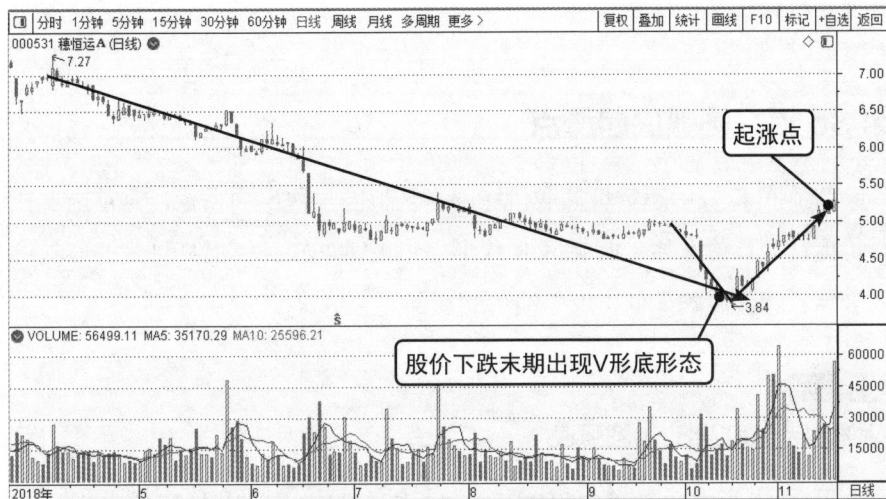

图 2-58　穗恒运 A 2018 年 3 月至 11 月的走势图

图 2-59 所示为穗恒运 A 2018 年 10 月至 2019 年 4 月的走势图。

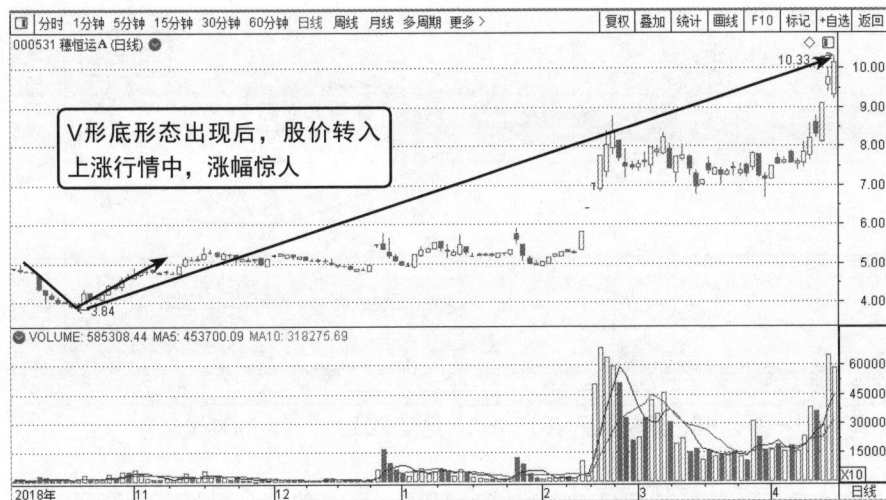

图 2-59　穗恒运 A 2018 年 10 月至 2019 年 4 月的走势图

从图中可以看到，V 形底形态出现后，该股转入上涨行情中，股价从最低价 3.84 元涨至最高 10.33 元，涨幅达到 169%。可见，V 形底形态果然为可靠的股价见底信号。

第 36 招：圆弧底起涨点

圆弧底 K 线形态构筑的股价底部，其形态呈现出圆弧状，常常出现在股价运行的低位区域。圆弧底 K 线形态形成时间较长，但其见底的信号可信度高，圆弧底的最低点就是股价的底部。

实例分析

双塔食品（002481）圆弧底

图 2-60 所示为双塔食品 2017 年 10 月至 2019 年 3 月的 K 线走势。

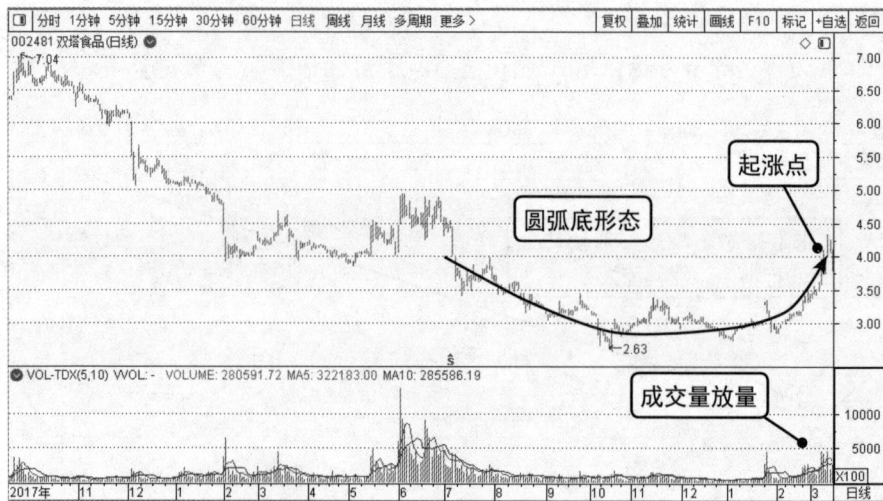

图 2-60　双塔食品 2017 年 10 月至 2019 年 3 月的 K 线走势

从图中可以看到，该股表现下跌行情，股价从 7 元附近开始快速下跌至 3.5 元价位线后跌势渐缓，成交量表现缩量。在缓慢下跌的过程中，K线逐渐形成圆弧底形态。圆弧底形态表示当前股价见底，为可靠的底部信号，说明后市股价将迎来一波上涨行情。

在圆弧底部成交量最低，一旦成交量出现明显放量，这是主力吸筹信号，是投资者买进的最好时间点。

图 2-61 所示为双塔食品 2018 年 6 月至 2019 年 9 月的 K 线走势。

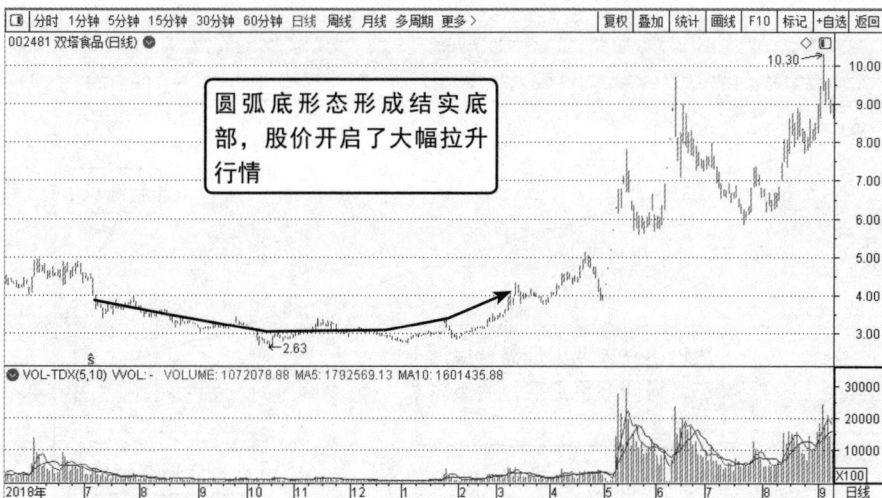

图 2-61　双塔食品 2018 年 6 月至 2019 年 9 月的 K 线走势

从图中可以看出，在 3 元价位线附近，K 线形成了一个标准的圆弧底形态，由此使得股价筑底成功，为之后的上涨打下了基础。

圆弧底筑底成功后，股价开始了大幅向上拉升，投资者在起涨点 4 元位置买进，当股价上涨至 10.3 元时，可获得 157% 的涨幅收益。

第 37 招：岛形底起涨点

岛形底由被孤立起来的 K 线组成，孤立则指股价两侧都出现了缺口，岛形底形态出现在股价的下跌尽头，左侧股价跳空低开，右侧股价跳空高开，由此使得中间的几根 K 线被孤立。

出现在股价下跌尽头的岛形底形态是一个可信的见底信号，在股价低位区域，K 线出现这样的形态时，投资者就应该积极进行买入操作。

实例分析

保利联合（002037）岛形底

图 2-62 所示为保利联合 2018 年 4 月至 11 月的走势图。

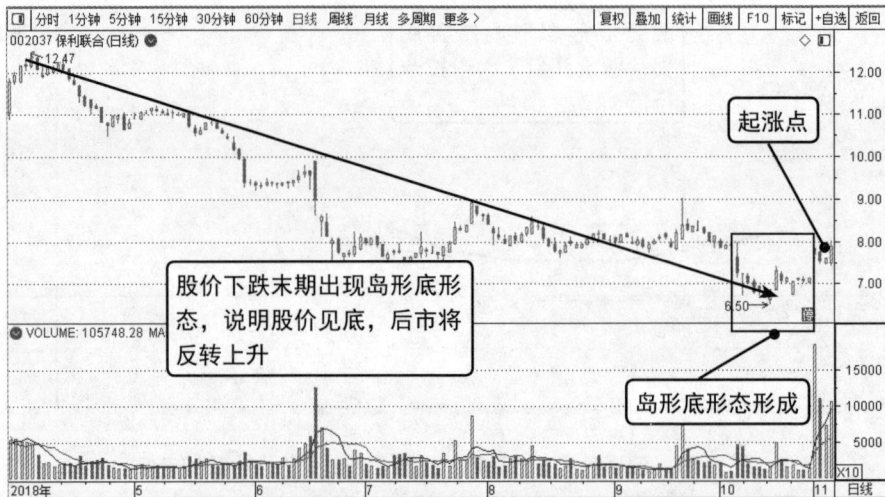

图 2-62　保利联合 2018 年 4 月至 11 月的走势图

从图中可以看到，该股处于下跌行情中，股价下跌至 8 元价位线后止跌，并在该价位线上横盘调整。10 月 11 日 K 线收出一根跳空低开低走的大阴线，将股价下跌至 7 元附近，并在该价位线上开始了横盘整理走势，11 月 8 日 K 线收出一根高开高走的长下影线阳线，至此形成了标准的岛形底形态。

岛形底形态的形成说明股价见底，后市股价将表现上涨。岛形底形态为可靠的起涨点信号，投资者可以在该位置积极买入。

图 2-63 所示为保利联合 2018 年 10 月至 2019 年 4 月的走势图。

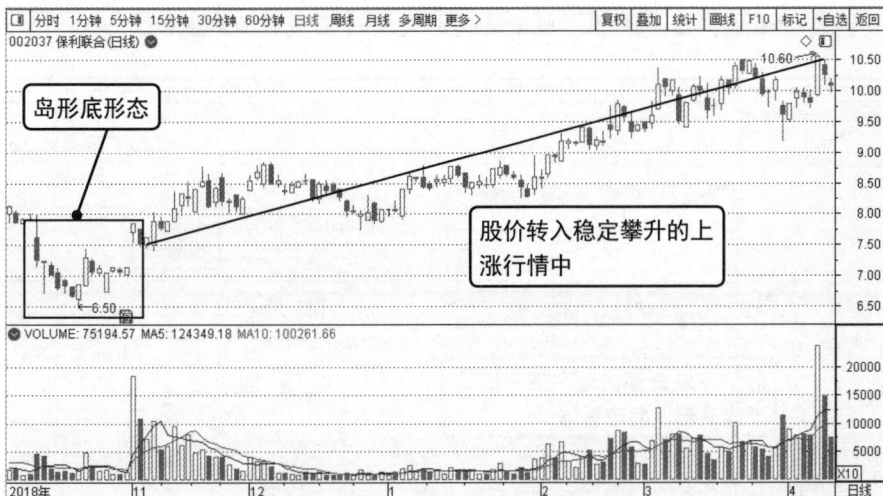

图 2-63　保利联合 2018 年 10 月至 2019 年 4 月的走势图

　　从图中可以看到，岛形底形态形成后，股价一改之前的下跌颓势，转入上涨行情，股价从 7.5 元上涨至 10.5 元附近，涨幅达到 40%。

第 38 招：平底形态起涨点

　　平底 K 线形态是比较常见的 K 线形态之一，其由多根 K 线在水平位置横向排列组成，这多根 K 线不分阴阳。当 K 线走势出现平底形态，之后又被拉起，远离之前的横盘整理区域时，显示了股价已经见底，起涨点出现，后市将会出现上涨走势，投资者可以买入股票。

实例分析

ST 利源（002501）平底形态

　　图 2-64 所示为 *ST 利源 2019 年 5 月至 9 月的走势图。

　　从图中可以看到，该股处于下跌行情，股价跌至 1 元附近后止跌，并在该价位线上横向运行，形成平底 K 线形态。说明股价下跌的动能已经衰竭，股价见底，后市看涨。股价远离横盘整理区域时为起涨点。

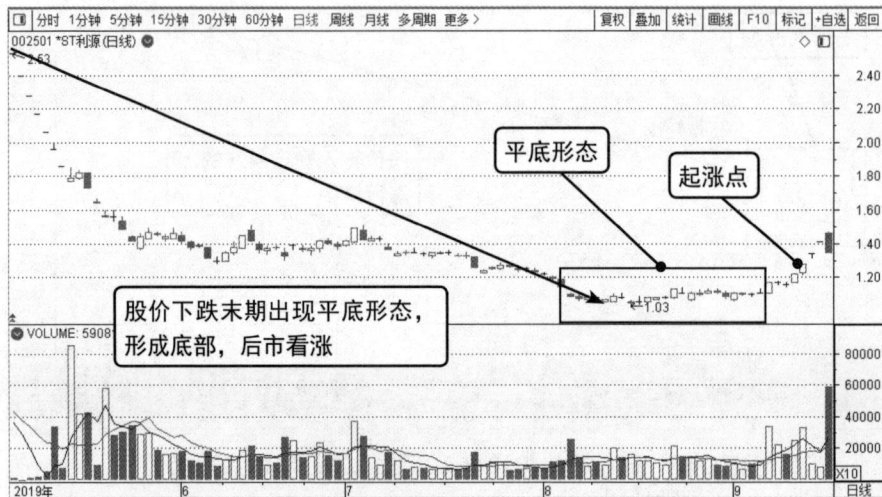

图 2-64 *ST 利源 2019 年 5 月至 9 月的走势图

图 2-65 所示为 *ST 利源 2019 年 8 月至 2020 年 1 月的走势图。

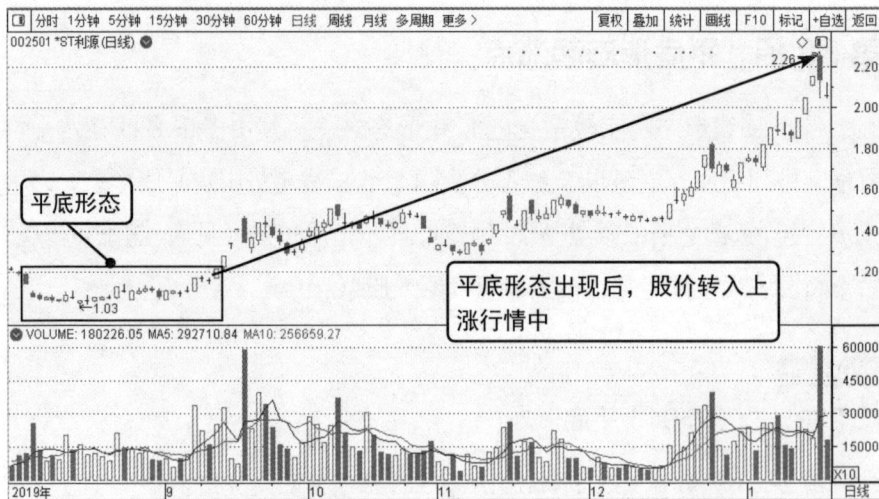

图 2-65 *ST 利源 2019 年 8 月至 2020 年 1 月的走势图

从图中可以看到，平底形态形成了股价底部，股价转入大幅上涨行情中，涨势喜人。可见平底形态为可靠的底部信号。

第 **3** 章

起涨点相关的技术指标

尽管分析股价走势的方法和理论很多，但是运用得最为普遍且最适合一般投资者的还是技术分析。在技术分析中，各种技术指标为我们的分析带来了极大的方便，同时也给我们的分析提供了可靠的信息支撑，利用技术指标寻找起涨点是本章主要介绍的内容。

技术指标是指经过特定数学公式计算得出的股票数据集合，具有操作简单、实用价值高等特点。我们寻找股价的起涨点不能离开技术指标，而且还要在技术指标的指导下，去寻找股价的起涨点位置。

3.1 常用技术指标中透露的起涨点

一些常用的技术指标正确反映了股价的变化，我们可以根据这些常用的技术指标线寻找起涨点，往往会收到意想不到的效果。

第 39 招：DIF 和 DEA 在 0 轴上方并向上运行

MACD 指标属于趋势型指标的一种，由 DIF 和 DEA 两条曲线以及 MACD 彩色柱状线组成，是技术分析中使用较多的一种指标。

当 DIF 和 DEA 在 0 轴上方并向上运行，表示当前市场为多头市场，两曲线向上运行，说明股价仍会继续上涨，为起涨点信号。

实例分析

梦网集团（002123）DIF 和 DEA 在 0 轴以上向上运行

图 3-1 所示为梦网集团 2018 年 4 月至 2019 年 1 月的走势图。

从图中可以看到，该股处于弱势行情中，DIF 和 DEA 从 0 轴上方向下运行至 0 轴以下，并在 0 轴下方波动维持了 8 个月左右，股价也从 12 元附近下跌至 7 元左右。

2019 年 1 月，DIF 和 DEA 上穿 0 轴，并在 0 轴上方向上运行，说明市场已经发生了改变，转为多头市场，后市将迎来一波上涨行情。此时为股价可靠的起涨点，投资者可积极买入待涨。

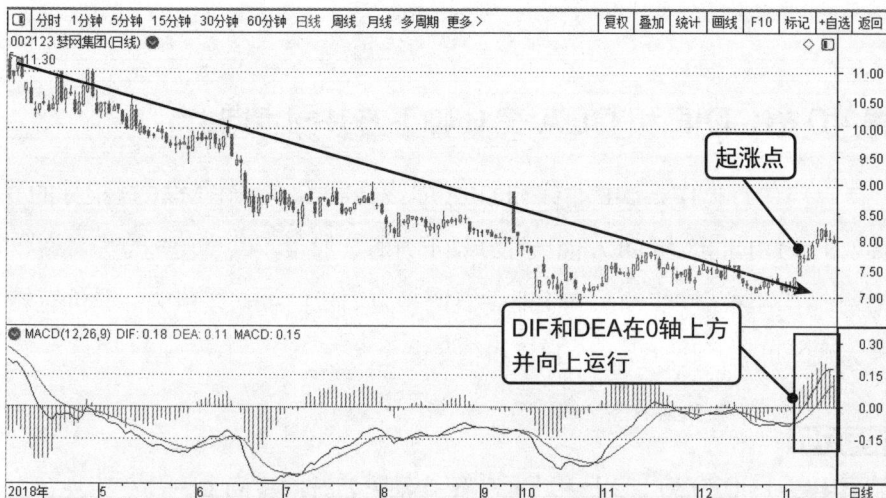

图 3-1　梦网集团 2018 年 4 月至 2019 年 1 月的走势图

图 3-2 所示为梦网集团 2018 年 12 月至 2019 年 4 月的走势图。

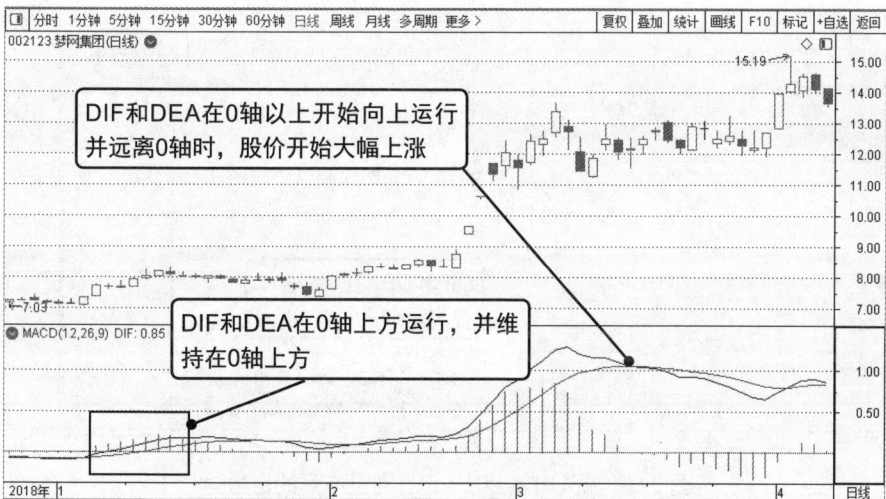

图 3-2　梦网集团 2018 年 12 月至 2019 年 4 月的走势图

从图中可以看到，DIF 和 DEA 在 0 轴以上开始向上运行并远离 0 轴时，股价开始大幅上涨，从 7.5 元上涨至 13.5 元附近，涨幅达到 80%。投资者在起涨点位置买入可以获得不菲收益。

第 40 招：DIF 和 DEA 在 0 轴下方并同步向上

在空头行情中，DIF 曲线和 DEA 曲线会同步运行在 MACD 指标的 0 轴以下。DIF 曲线和 DEA 曲线在 0 轴下方时，股价下跌会使多方力量逐步集聚，当两曲线同步掉头向上时，表明多方力量已经初显苗头，股价有转跌为涨的可能，此时为一个起涨点信号。

实例分析

航天电器（002025）DIF 和 DEA 在 0 轴下方并同步向上

图 3-3 所示为航天电器 2019 年 3 月至 6 月的走势图。

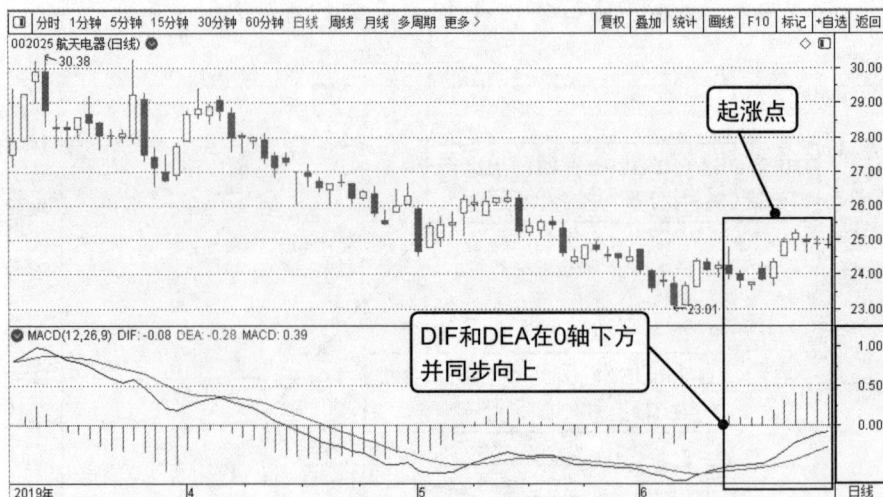

图 3-3　航天电器 2019 年 3 月至 6 月的走势图

从图中可以看到，股价处于下跌行情中，MACD 指标的两条曲线同步下行，运行到 0 轴以下，随后一直在 0 轴下方运行，股价大幅下跌。6 月上句 DIF 和 DEA 在 0 轴下方掉头，并同步向上运行，直逼 0 轴，此时股价止跌，小幅向上攀升。说明该股的这轮下跌行情已经筑底，后市将反转上涨，起涨点出现。

图 3-4 所示为航天电器 2019 年 6 月至 9 月的走势图。

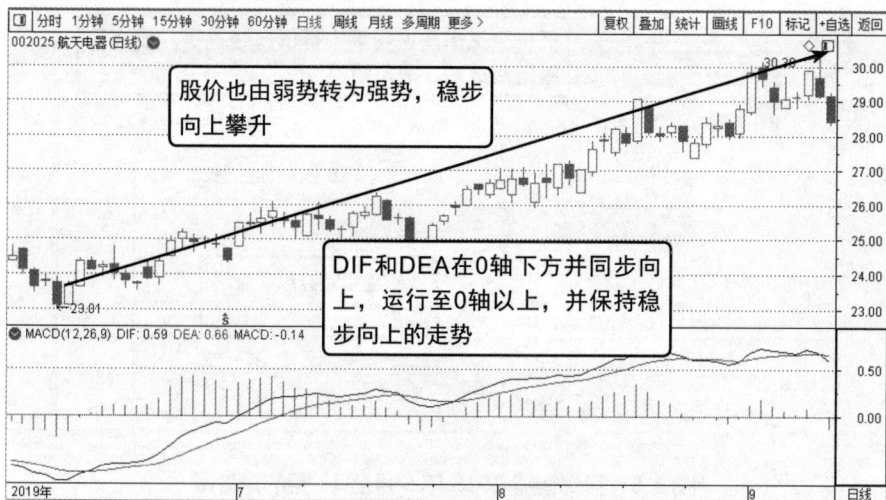

图3-4　航天电器 2019 年 6 月至 9 月的走势图

从图中可以看到，DIF 和 DEA 在 0 轴下方掉头同步向上运行，运行至 0 轴以上，并保持稳步向上的走势。此时股价也止跌转入稳步上涨的牛市行情中，股价从 23.01 元上涨至最高 30.3 元，涨幅达到 31.7%。

第41招：MACD 的低位金叉起涨点

MACD 指标的 DIF 曲线和 DEA 曲线同步运行在 0 轴下方，当 DIF 曲线从下向上穿破 DEA 曲线形成交叉时，即为 MACD 的低位金叉。MACD 的低位金叉为可靠的起涨点信号，投资者可以积极买入。

实例分析

日海智能（002313）MACD 低位金叉

图 3-5 所示为日海智能 2018 年 6 月至 11 月的走势图。

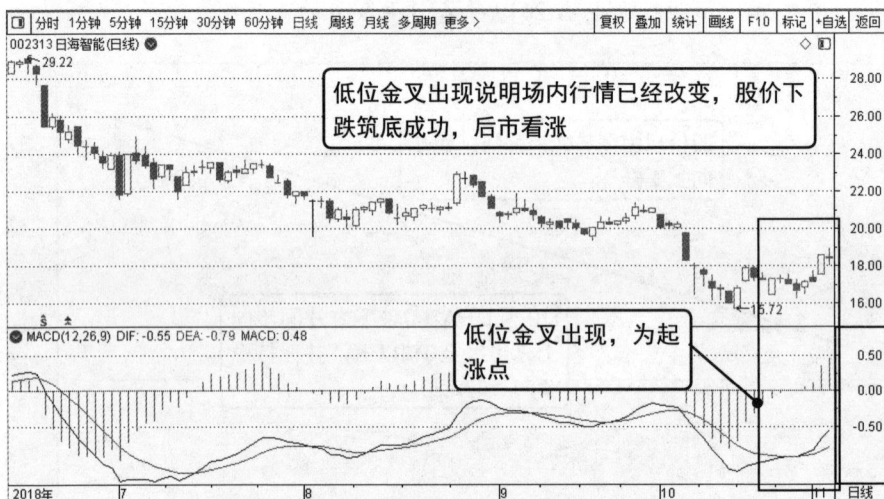

图 3-5　日海智能 2018 年 6 月至 11 月的走势图

从图中可以看到，该股处于下跌行情中，股价从 28 元附近下跌至 16 元附近止跌横盘，跌幅达到 42%，说明此轮下跌已经达到相对低点位置。此时查看 MACD 发现，原本 0 轴下方运行的 DIF 和 DEA，DIF 掉头上行穿过止跌平行的 DEA，形成低位金叉。

低位金叉为可靠的起涨点信号，说明后市即将迎来一波上涨行情，投资者可以积极买入，持股待涨。

图 3-6 所示为日海智能 2018 年 10 月至 2019 年 4 月的走势图。

从图中可以看到，MACD 出现低位金叉后股价止跌回升，走出稳定上涨的行情。股价从 15.72 元上涨至最高 28.38 元左右，涨幅达到 80.5%。

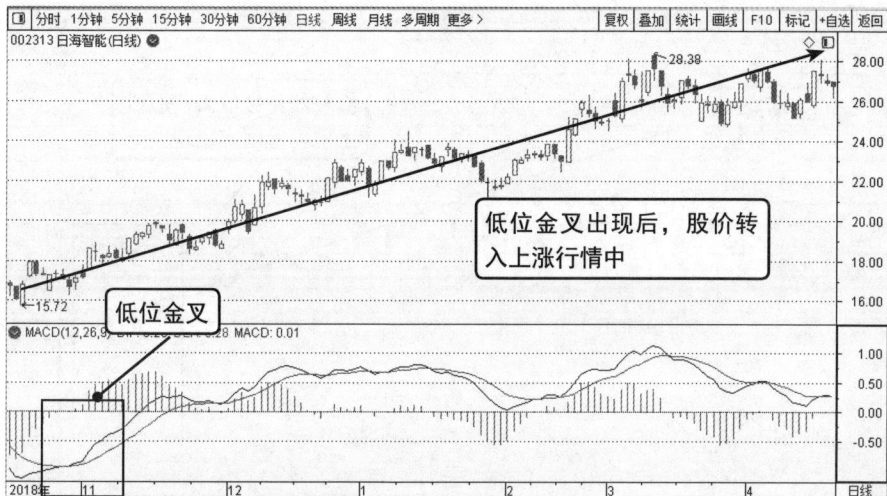

图 3-6 日海智能 2018 年 10 月至 2019 年 4 月的走势图

第 42 招：红柱线持续放大起涨点

当 MACD 指标的 DIF 曲线运行在 DEA 曲线上方时，MACD 柱线显示为红色，红色柱线持续放大，表示 DIF 曲线在向上远离 DEA 曲线。

当 MACD 曲线由绿转红时，表示多方力量已占据上风，股价有起死回生的可能，激进型投资者即可在此时入手。如果红色柱线持续增大，说明股价上涨动力强劲，起涨点出现，投资者可大胆买入。

实例分析

东华软件（002065）MACD 红柱线持续放大

图 3-7 所示为东华软件 2019 年 4 月至 9 月的走势图。

从图中可以看到，在股价长时间下跌后的低位区域，发现 MACD 绿柱线缩小，而红柱线持续放大，说明该股这轮跌势已经结束，场内行情已经发生改变，起涨点出现，投资者可以买进。

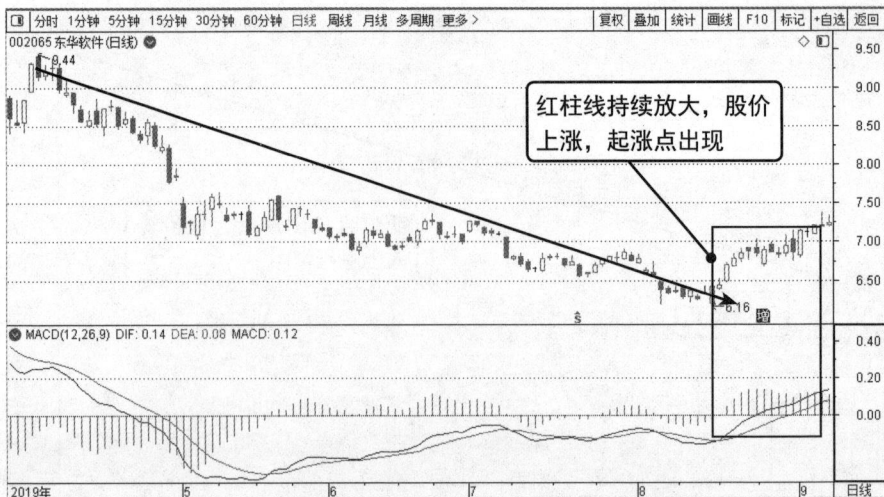

图 3-7 东华软件 2019 年 4 月至 9 月的走势图

图 3-8 所示为东华软件 2019 年 8 月至 2020 年 1 月的走势图。

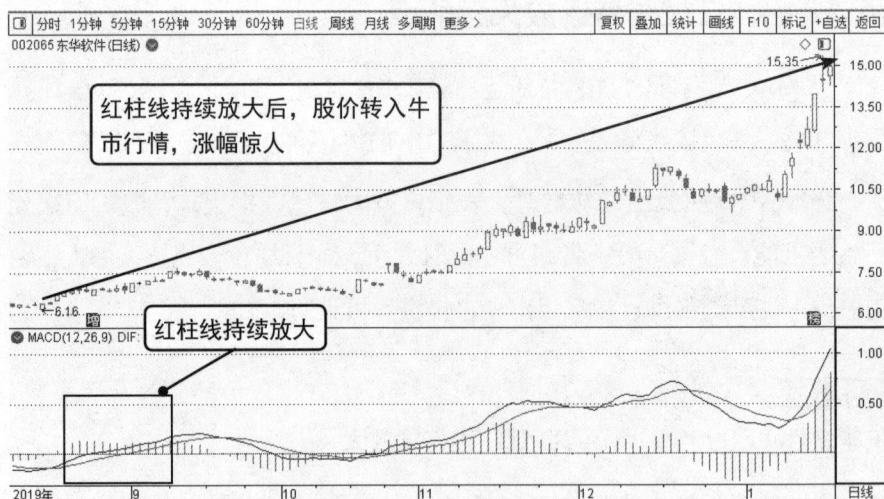

图 3-8 东华软件 2019 年 8 月至 2020 年 1 月的走势图

从图中可以看到，红柱线持续放大之后，该股开始转入上升行情之中，经过一段时间的小幅回调之后，进入了大幅上涨的走势中。股价从最低 6.16 元涨至最高 15.35 元，涨幅达到 149%，涨幅惊人。

第43招：MACD和股价的底背离

股价在下跌过程中不断创出新低，而MACD指标的DIF曲线却在相同时间没有创出新低，则与股价形成底背离行情。

底背离行情是股价大涨的前兆，通常情况下，在MACD和股价第二次形成低点确认背离行情时，即为起涨点，投资者可以大胆买入。

实例分析

游族网络（002174）MACD和股价的底背离

图3-9所示为游族网络2018年4月至11月的走势图。

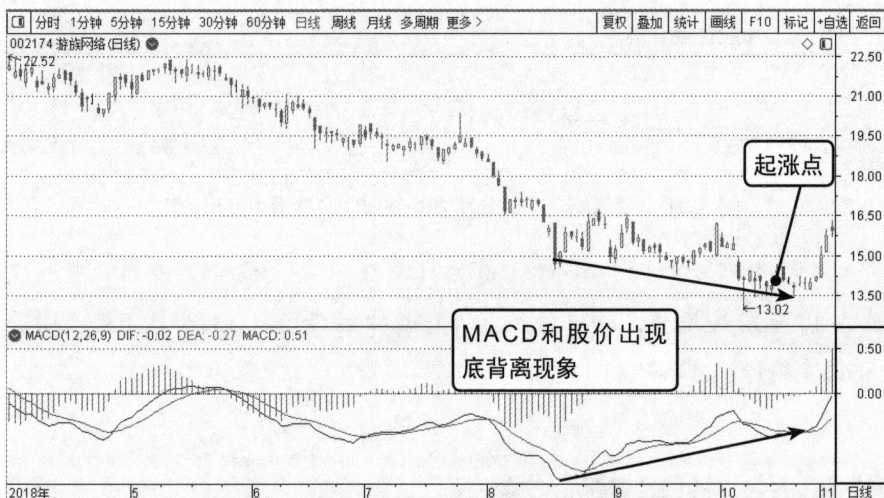

图3-9　游族网络2018年4月至11月的走势图

从图中可以看到，该股处于下跌行情之中，在股价长时间下跌后的相对低位区，股价继续震荡下跌但跌势渐缓，形成两个比较显明的低点，右侧低点明显低于左侧低点。

与此同时，查看MACD发现，DIF掉头向上运行，形成两个低点，但右侧低点明显高于左侧低点，与股价形成底背离行情。

MACD 和股价第二次形成低点确认背离行情时，为起涨点，即在 13.5 元价位线附近，投资者可以积极买入。

图 3-10 所示为游族网络 2018 年 8 月至 2019 年 3 月的走势图。

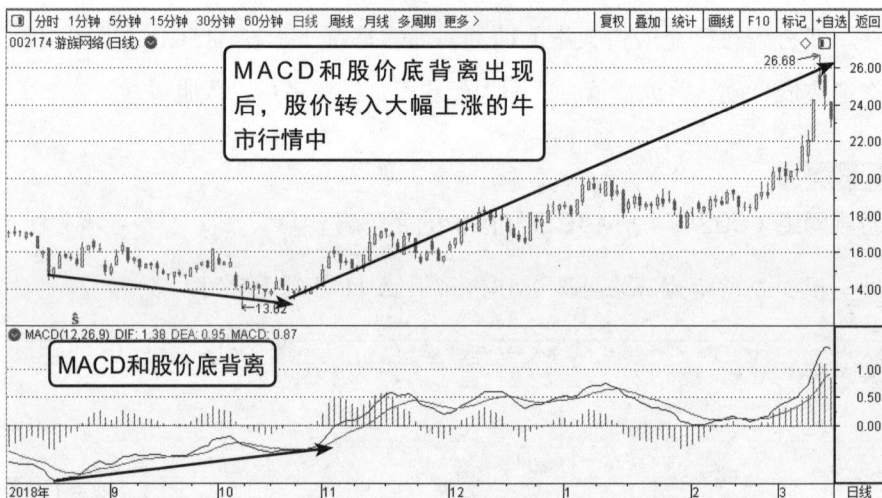

图 3-10　游族网络 2018 年 8 月至 2019 年 3 月的走势图

从图中可以看到，当 MACD 指标与股价发生底背离以后，股价果然在 14 元附近筑底，随后转入上升行情中。股价从 13.02 元上涨至最高 26.68 元附近，涨幅达到 104%。

第 44 招：KDJ 指标超卖

KDJ 指标又叫随机指标，它是根据股价在当天交易日中或者是在最近几个交易日中的最高价、最低价和收盘价的价格波动变化的波幅计算得到的指标，由 K 线、D 线和 J 线组成。

在 K 线、D 线指标线的数值处于 20 以下时，是一个超卖信号。当 KDJ 指标发出超卖信号时，就意味着股价的见底，那么接下来就是起涨点的出现时机。

实例分析

美盈森（002303）KDJ 超卖现象

图 3-11 所示为美盈森 2019 年 5 月至 8 月的走势图。

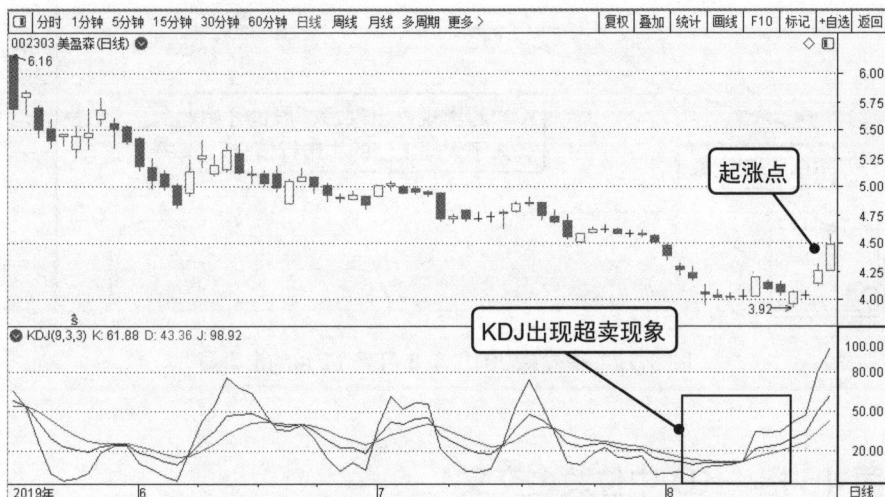

图 3-11　美盈森 2019 年 5 月至 8 月的走势图

从图中可以看到，该股处于下跌行情中，股价一路下跌。此时，K、D、J 线不断向下，KDJ 值不断下跌。随后在 8 月中旬 K、D 值跌至 20 轴线以下，出现超卖现象，说明后市即将迎来上涨行情。此时股价筑底，当股价远离底部小幅上涨时说明起涨点出现。

图 3-12 所示为美盈森 2019 年 8 月至 11 月的走势图。

可以看到，KDJ 出现 KD 值跌至 20 轴线以下的超卖信号后，股价开启了一轮上涨行情，将股价从 3.92 元拉升至 6.77 元附近，涨幅达到 72%。

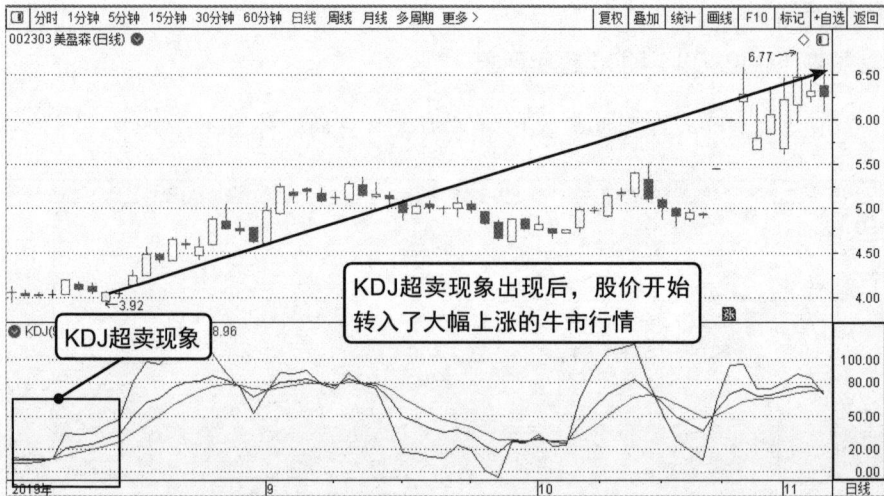

图 3-12　美盈森 2019 年 8 月至 11 月的走势图

第 45 招：KD 中位黄金交叉

KDJ 指标运行在 50 线附近时，对股价行情没有明确的指导意义，但如果 KD 曲线在 50 线附近形成黄金交叉，则预示着短期的上涨行情到来。

中位金叉出现在股价低位盘整或上涨过程中的横盘整理末期，在股价整理期间，KDJ 指标需要运行于 50 线附近，当 K 线自下而上突破 D 线形成交叉时，即为中位金叉，表明行情正处于或即将进入强势上涨中，投资者可以趁机买入。

实例分析

生益科技（600183）KD 中位金叉

图 3-13 所示为生益科技 2018 年 12 月至 2019 年 6 月的走势图。

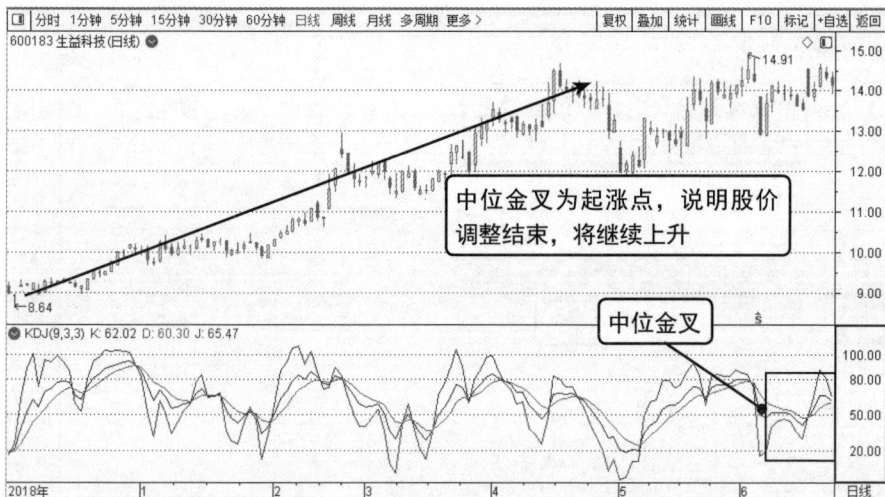

图 3-13　生益科技 2018 年 12 月至 2019 年 6 月的走势图

从图中可以看到，该股处于上升行情之中，股价从 8.64 元附近上涨至 14 元附近后止涨，并在 14 元价位线上下波动调整，此时涨幅已经达到62%。很多持股的投资者开始慌张，担心股价转入下跌行情，那么后市是否会下跌呢？

我们查看 KDJ 可以发现，股价调整时 KDJ 曲线一直在 50 线附近上下波动，6 月 19 日时 K 线由下上穿 D 线，形成中位金叉，预示着前期的上涨行情还未结束，股价还有上涨的空间。而此时的中位金叉为股价起涨点，投资者可以买进追涨。

图 3-14 所示为生益科技 2019 年 5 月至 9 月的走势图。

从图中可以看到，在 KD 曲线中位金叉形成以后，股价继续前期的上涨趋势，从 14 元附近上涨至 30 元附近，涨幅达到 114%。由此可知，KD中位金叉为可靠的股价上涨信号。

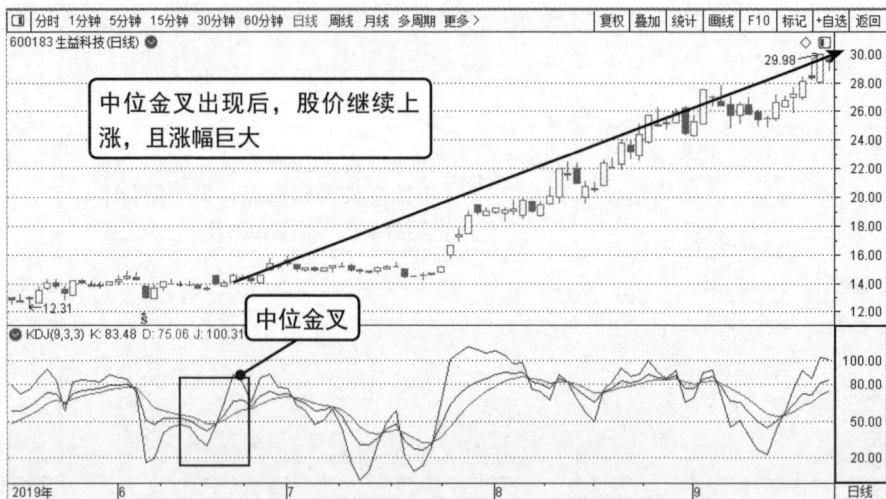

中位金叉出现后，股价继续上涨，且涨幅巨大

中位金叉

图 3-14　生益科技 2019 年 5 月至 9 月的走势图

第 46 招：KDJ 和股价的底背离

K 线图中股价的总体运行方向是在一波一波下跌，而 KDJ 指标的总体运行方向却并没有下跌甚至有所上涨，就会形成 KDJ 指标与股价的底背离。

KDJ 指标与股价的底背离预示着卖方力量正在逐渐减弱，买方力量已初显苗头，行情反弹已经不远。等待起涨点出现，投资者可以趁机买进。

实例分析

柳药股份（603368）KDJ 和股价的底背离

图 3-15 所示为柳药股份 2018 年 11 月至 2019 年 1 月的走势图。

从图中可以看到，该股处于下跌行情，股价下跌至 26 元价位线后跌势渐缓，与此同时，KDJ 指标的运行低点一个比一个高，与股价形成了非常明显的底背离。

图 3-15　柳药股份 2018 年 11 月至 2019 年 1 月的走势图

根据 KDJ 指标与股价形成底背离，股价即将见底反弹的操作理论预测，股价不会再有大幅度的下跌，后市看涨。1 月下旬，股价小幅上涨，起涨点出现，投资者可以趁机买入。

图 3-16 所示为柳药股份 2018 年 12 月至 2019 年 5 月的走势图。

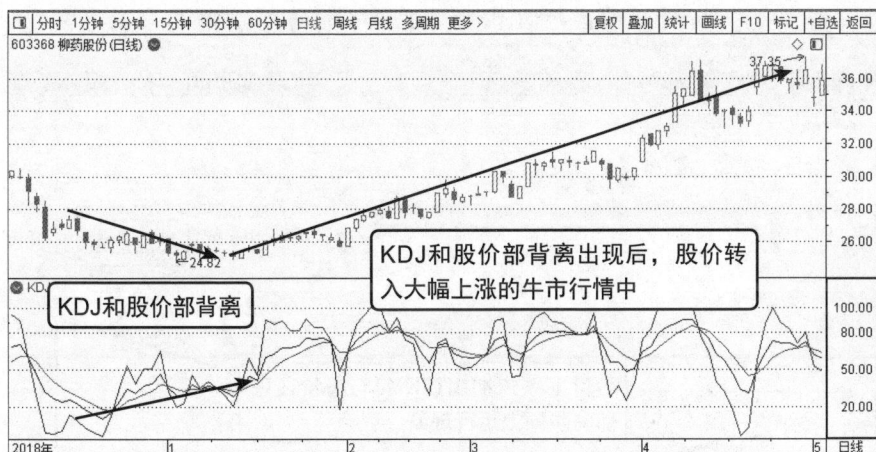

图 3-16　柳药股份 2018 年 12 月至 2019 年 5 月的走势图

从图中可以看到，KDJ 与股价发生底背离之后，股价在 25 元价位线附近筑底，随后转入强势上涨行情中，股价从 24.82 元上涨至最高 37.35 元左右，涨幅达到 50%。由此可见，KDJ 与股价底背离为可靠的股价反转上涨信号。

第 47 招：KDJ 与股价在底部同步向上运行

股价在经过一段时间的下跌后，运行到一个较低的位置，股价反转向上的同时，KDJ 指标也与股价同步快速上升。

KDJ 指标的运行方向通常都是与股价相同的，但如果 KDJ 指标的 3 条曲线与股价同向发展的过程中相互交错，则参考意义不大。股价在经过一段时间的下跌过程后，KDJ 指标也在一个较低位置徘徊，当股价在低位反弹，而同时 KDJ 指标的 3 条曲线也同步向上运行，则可能出现短期强势拉升的行情。

实例分析

乐普医疗（300003）KDJ 与股价在底部同步向上

图 3-17 所示为乐普医疗 2019 年 3 月至 6 月的走势图。

图 3-17 乐普医疗 2019 年 3 月至 6 月的走势图

从图中可以看到，4月初该股转入下跌行情，股价从28.5元附近下跌至20.55元后，止跌回升。与此同时观察KDJ发现，KDJ向下运行，从80线运行到20线，然后在20线附近徘徊下运行半个月左右后突然掉头向上。股价与KDJ在底部同步向上运行，说明该股的下跌行情已尽，后市股价将反转上涨。此时的股价与KDJ的同步上行为起涨点信号，投资者可趁机买进。

图3-18所示为乐普医疗2019年6月至11月的走势图。

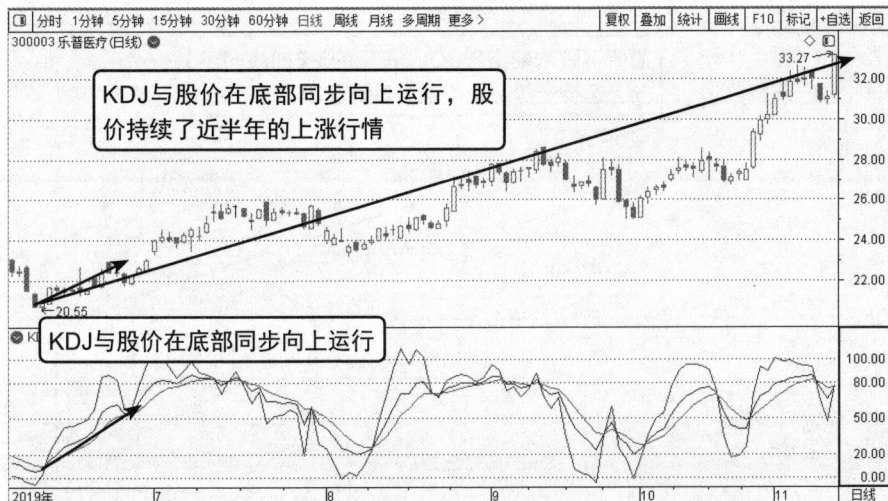

图3-18　乐普医疗2019年6月至11月的走势图

从图中可以看到，在20线下低位KDJ的3条曲线同步向上运行，股价也由跌转涨，持续了近半年的上涨行情。股价从20.55元上涨至最高33.27元，涨幅达到61%。

第48招：BOLL上中下轨线同时向上运行

BOLL指标的3条曲线构成了一个股价运行的通道，股价绝大多数时间都处于这个通道内运行，指标的上轨线有阻力作用，下轨线对股价有支撑作用，3 条轨线的运动方向对股价的未来发展有很大的参考作用。

如果 BOLL 指标形成 3 条曲线同步向上运行的状态，说明强势上涨行情已经形成，是坚决持股待涨或逢低买入的信号。

实例分析

大北农（002385）BOLL 指标的 3 条曲线同步向上运行

图 3-19 所示大北农 2018 年 6 月至 2019 年 3 月的走势图。

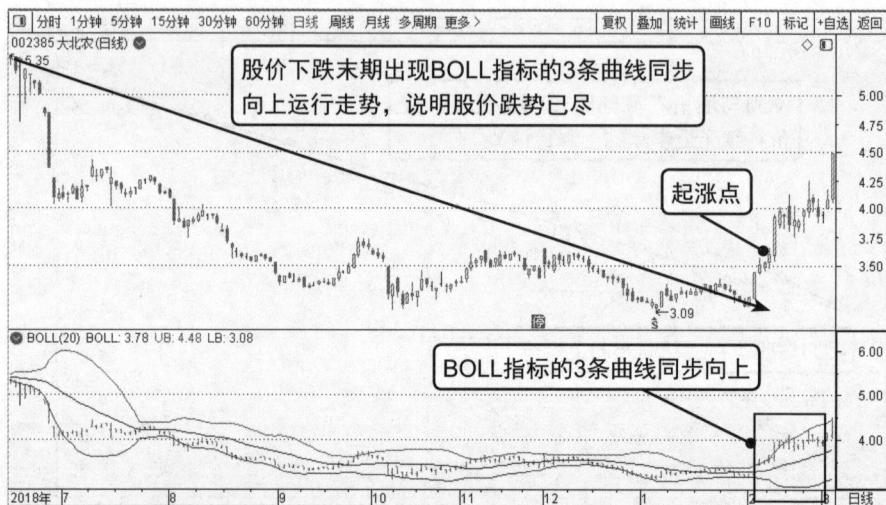

图 3-19　大北农 2018 年 6 月至 2019 年 3 月的走势图

从图中可以看到，该股处于下跌行情中，BOLL 指标的 3 条曲线与股价同步下行。2 月初，股价止跌回升，BOLL 指标的 3 条曲线掉头同步向上运行，且股价运行至中轨线上方，说明场内的行情已变，跌势已尽，后市看涨。此时 BOLL 指标与股价的同步向上为起涨点。

图 3-20 所示为大北农 2019 年 1 月至 4 月的走势图。

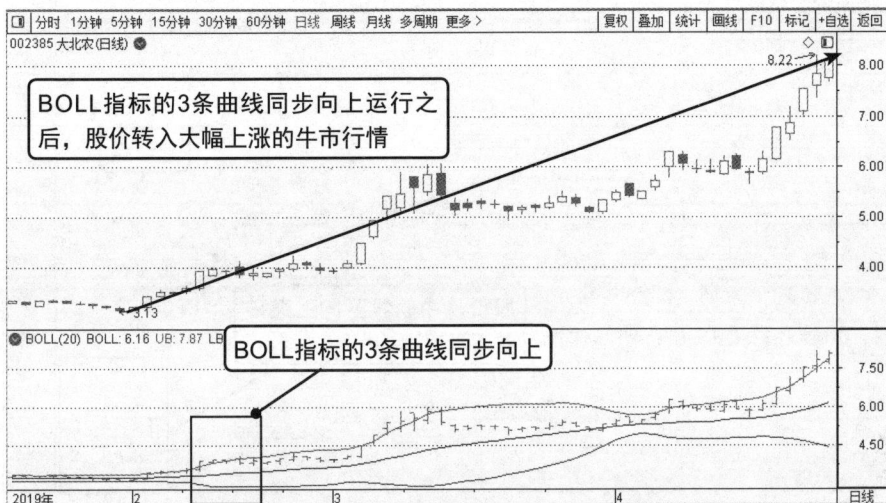

图 3-20　大北农 2019 年 1 月至 4 月的走势图

从图中可以看到，BOLL 指标的 3 条曲线同步向上运行之后，股价转入大幅上涨的牛市行情，股价从 3.13 元最高上涨至 8.22 元，涨幅达到 162%。

第 49 招：股价从 BOLL 中轨下向上突破

BOLL 指标的中轨线是市场强弱的分水岭，当股价从 BOLL 指标的中轨线以下向上突破中轨线时，表示行情由弱转强。

股价运行在 BOLL 指标的中轨线以下，表示市场处于弱势行情中，当股价从下向上突破 BOLL 指标的中轨线时，表示多方力量已初显苗头，如果股价上穿 BOLL 线中轨线后并不急于返回中轨线以下，则后市将迎来上涨。

实例分析

中电兴发（002298）股价从中轨线下向上突破

图 3-21 所示为中电兴发 2018 年 5 月至 11 月的走势图。

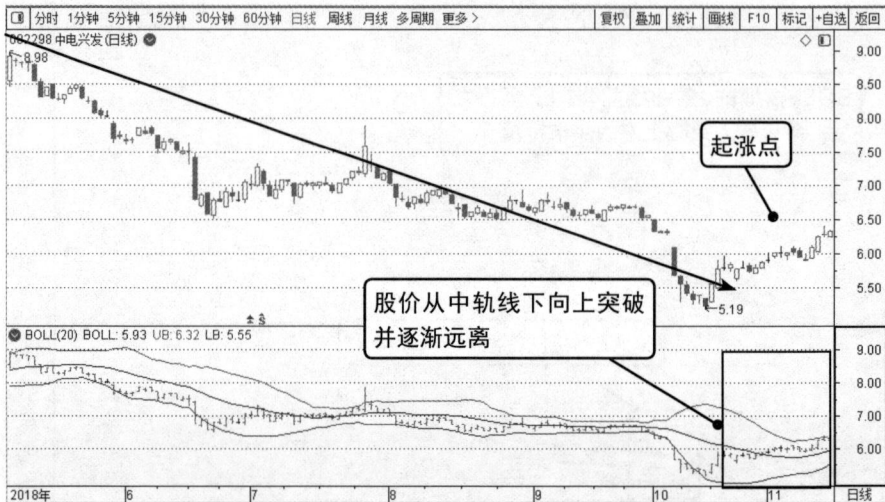

图 3-21　中电兴发 2018 年 5 月至 11 月的走势图

从图中可以看到，该股处于下跌行情中，股价从 2018 年 5 月末开始下跌，一直持续到 7 月初开始走平。该走势维持了 3 个月左右后，10 月初股价突然急速下跌，创下新低 5.19 元后止跌回升。

期间股价大都运行在 BOLL 指标的中轨线以下。11 月初，一根跳空高开的十字线，从 BOLL 指标中轨线以下向上突破中轨线，且之后股价继续向上远离中轨线，说明后期股价将继续走强。此时为股价起涨点，投资者可以积极买入。

图 3-22 所示为中电兴发 2018 年 10 月至 2019 年 3 月的走势图。

从图中可以看到，股价在突破 BOLL 指标中轨线以后继续向上运行，股价从 5.19 元上涨至最高 8.28 元，涨幅达到 59%。

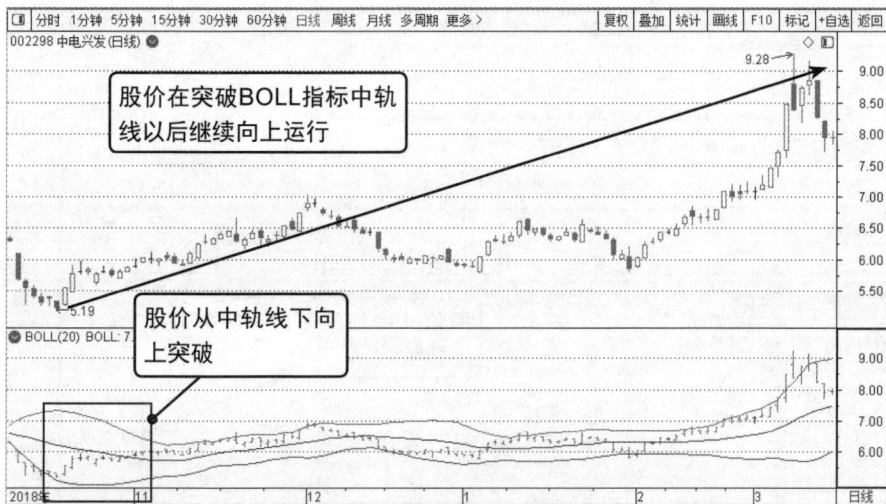

图 3-22　中电兴发 2018 年 10 月至 2019 年 3 月的走势图

第 50 招：股价从 BOLL 中轨线下向上突破上轨

股价在弱势下跌行情中，某些突变因素导致股价快速上涨，则会出现股价从中轨线以下快速突破中轨线后继续向上突破上轨线的情况。

股价从 BOLL 指标中轨线以下向上先后突破中轨线和上轨线，并运行在上轨线以上，表示行情强势上涨，但这种行情通常持续不了很长时间，适合短线操作。

实例分析

TCL 科技（000100）股价从中轨线下向上突破上轨线

图 3-23 所示为 TCL 科技 2018 年 8 月至 2019 年 1 月的走势图。

从图中可以看到，该股处于下跌行情中，股价一路下跌，跌至 2.27 元止跌小幅回升后，在 2.5 元价位线上下波动调整。1 月初股价突然急速拉升，突破前期 2.6 元阻力位。此时是不是买入机会呢？

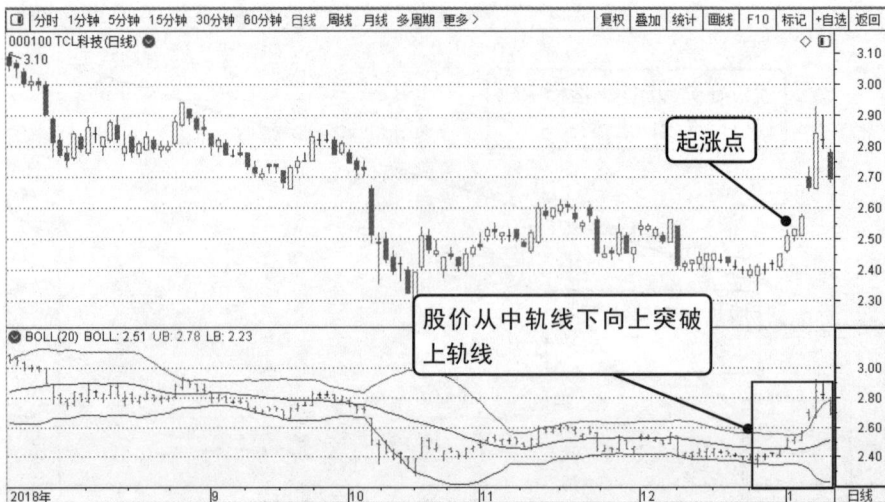

图 3-23　TCL 科技 2018 年 8 月至 2019 年 1 月的走势图

　　我们查看 BOLL 指标发现，该阶段中股价大多在中轨线和下轨线之间向下运行，12 月底股价由下上穿中轨线，1 月初继续上行穿过上轨线，然后维持了几个交易日后下行，但是没有跌破中轨线。说明该股的这一轮下跌行情已经结束，盘内的下跌动能已经完全释放，后市看涨。

　　图 3-24 所示为 TCL 科技 2018 年 12 月至 2019 年 4 月的走势图。

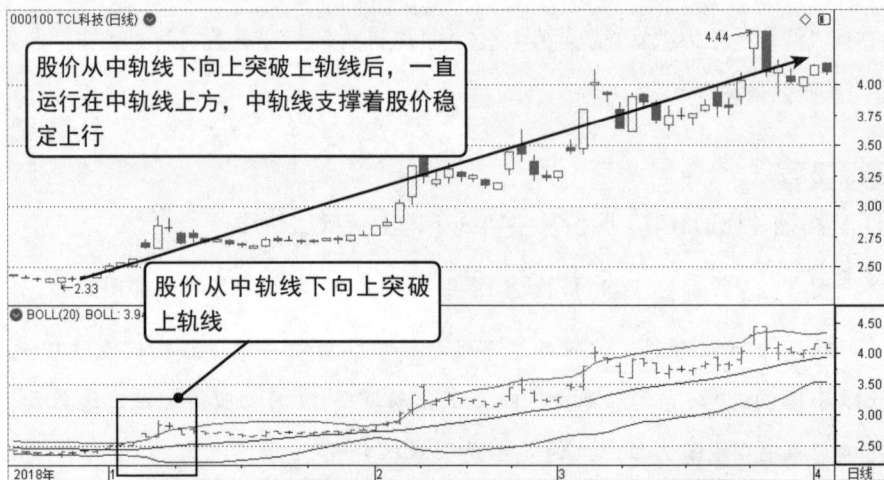

图 3-24　TCL 科技 2018 年 12 月至 2019 年 4 月的走势图

从图中可以看到，股价从中轨线下向上突破上轨线后，一直运行在中轨线上方，中轨线支撑着股价稳定上行。股价从 2.33 元上涨至最高 4.44 元，涨幅达到 90%。

第51招：WR 取值在超卖区

WR 又称威廉指标，是一种兼具超买超卖和强弱分界的指标。当 WR 高于 80，即处于超卖状态，通常表明行情正在加速见底，应当考虑买入。

超卖区间表明股价处于卖方人气过剩，而买方人气不断聚集，通常是短线逐步走强并出现一定上涨的重要表现。

实例分析

海辰药业（300584）WR 取值在超卖区

图 3-25 所示为海辰药业 2019 年 3 月至 6 月的走势图。

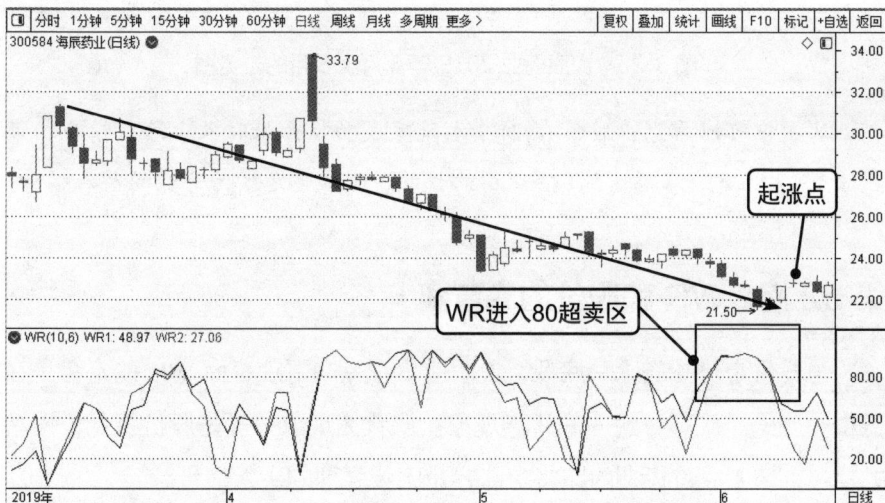

图 3-25　海辰药业 2019 年 3 月至 6 月的走势图

从图中可以看到，股价表现为下跌行情，一路下跌，当股价下跌至

21.5 元时止跌，并出现小幅上涨。此时是不是股价筑底呢？

我们查看 WR 指标发现，股价下跌至 21.5 元时，WR 进入 80 超卖区间，说明场内多方势力聚集，后市看涨。起涨点出现，投资者可以趁机买入。

图 3-26 所示为海辰药业 2019 年 6 月至 8 月的走势图。

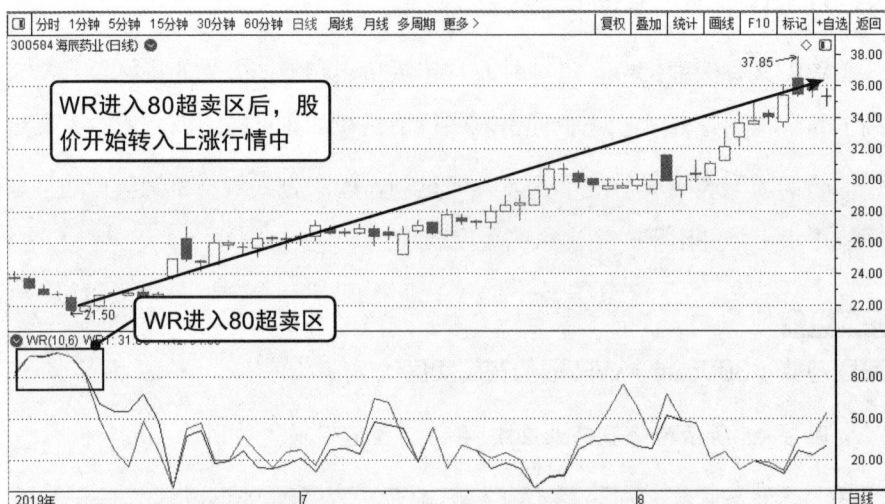

图 3-26　海辰药业 2019 年 6 月至 8 月的走势图

从图中可以看到，股价在 21.5 元筑底成功，开始转入上涨行情中，最高涨至 37.85 元，涨幅达到 76%。由此说明，WR 超卖区为可靠的买入信号。

第 52 招：WR 和股价的底背离

当股价走势一底比一底低，说明股价正在向下跌，而 WR 的走势是在低位一底比一底高，这叫底背离现象。底背离现象一般是股价将低位反转的信号，表明股价短期内即将上涨，是比较强烈的买入信号。

实例分析

富煌钢构（002743）WR 和股价底背离

图 3-27 所示为富煌钢构 2019 年 4 月至 8 月的走势图。

图 3-27　富煌钢构 2019 年 4 月至 8 月的走势图

从图中可以看到，该股表现为下跌行情，股价从 7.8 元开始下跌，跌至 6 元价位线后止跌，并在该价位线长期横盘调整。8 月初，股价忽然急速下跌。

此时 WR 在 80 线附近波动，且走势是在低位一底比一底高，股价与 WR 在低位区域出现底背离，说明股价即将见底，后市看涨。起涨点即将出现，投资者可在起涨点买进。

图 3-28 所示为富煌钢构 2019 年 7 月至 10 月的走势图。

从图中可以看到，股价与 WR 在低位区域出现底背离现象后，股价随后在 5.36 元位置触底，转入上涨行情，最高涨至 7.1 元，涨幅达到 32%。说明 WR 和股价的底背离现象为可靠的低位反转信号。

WR和股价底背离

WR和股价底背离出现后，股价快速触底，转入回升行情

图 3-28　富煌钢构 2019 年 7 月至 10 月的走势图

第 53 招：BRAR 指标中 AR 值小于 40

BRAR 指标属于能量型指标的一种，在一般的炒股软件中都显示在 K 线图的副图区中，默认参数为 26（即 26 日 BRAR）。BRAR 指标以 100 为基准点上下波动，当指标数值过大时表示能量消耗过多，股价有回调的可能；当指标数值过小时表示能量有一定的集聚，股价有反弹的可能。

如果 AR 指标向下达到了 40 以下的低点，说明市场可能存在严重的超卖现象，行情随时可能反弹，投资者应把握时机逢低吸入，特别是在 AR 曲线掉头向上穿破 40 线并继续强势上行的情况下，投资者可以大胆买入。

实例分析

浙富控股（002266）AR 值小于 40

图 3-29 所示为浙富控股 2017 年 11 月至 2018 年 7 月的走势图。

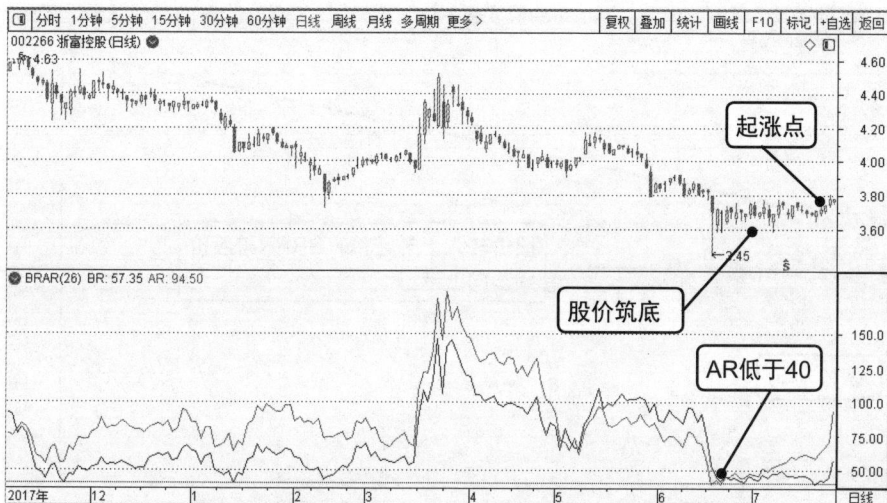

图 3-29　浙富控股 2017 年 11 月至 2018 年 7 月的走势图

从图中可以看到，股价从 4.63 元开始逐步下跌，跌至 2018 年 3 月，股价出现小幅回升。但此次反弹力度不大，很快便被打压下去，继续下跌。此时 BRAR 指标也出现反弹回升，冲高至 150 线后迅速下跌，向下运行。

AR 曲线一路下行，运行至 50 线下，一度小于 40，观察此时股价发现股价在 3.7 元附近横盘，说明股价筑底，这一轮的下跌行情已经见底，后市股价将反转回升。投资者可以在横盘后的起涨点位置买进。

图 3-30 所示为浙富控股 2018 年 6 月至 2019 年 3 月的走势图。

从图中可以看到，AR 值小于 40 后，股价在 3.7 元附近筑底，随后转入上升通道中，最高上涨至 4.73 元，涨幅达到 27%。BRAR 也一改之前的下跌走势，与股价同步向上运行。

由此说明当 AR 曲线达到 40 以下时，表示市场人气极度低迷，股价通常会在这个时候横盘筑底，为可靠的买入信号。

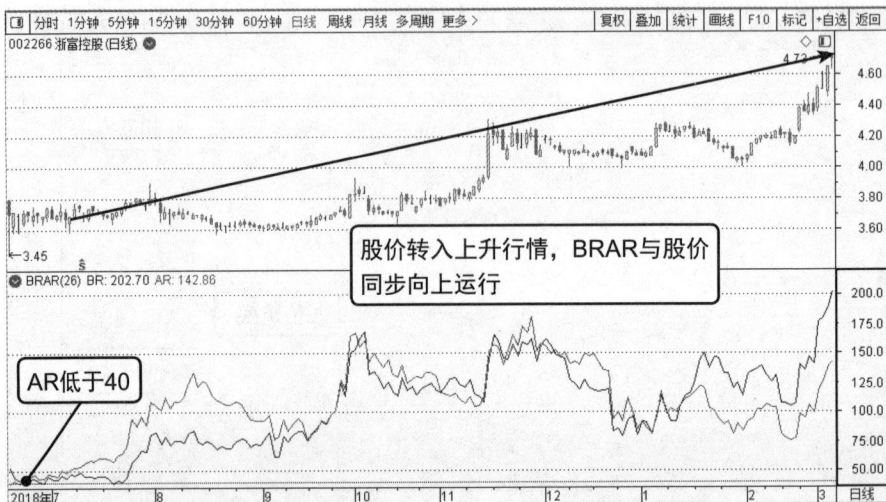

图 3-30 浙富控股 2018 年 6 月至 2019 年 3 月的走势图

第 54 招：AR 值与股价形成底背离

股价形成低点时，AR 曲线也在低位区形成两个相对低点，但右侧低点明显要高于左侧低点，与股价形成底背离行情，此后股价转跌为涨，迎来一轮反弹行情。

AR 曲线与股价的底背离是典型的买入信号，要求两者都出现在一个相对低位，并形成两个或两个以上相对低点。

实例分析

ST 罗顿（600209）AR 值在低位与股价形成底背离

图 3-31 所示为 ST 罗顿 2018 年 6 月至 11 月的走势图。

从图中可以看到，该股处于下跌行情中，跌势明显。在下跌过程中，股价形成明显的两个低点，与此同时，AR 曲线在运行过程中形成两个低点，但右侧低点略高于左侧低点，整体呈上涨趋势，与股价形成底背离行情。说明股价即将触底，后市看涨，股价小幅回升起涨点出现，投资者即可买进。

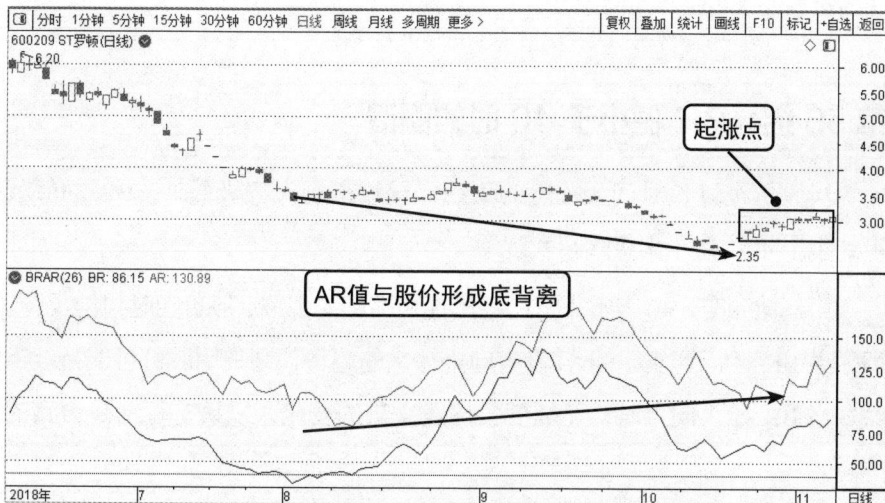

图 3-31　ST 罗顿 2018 年 6 月至 11 月的走势图

图 3-32 所示为 ST 罗顿 2018 年 8 月至 2019 年 4 月的走势图。

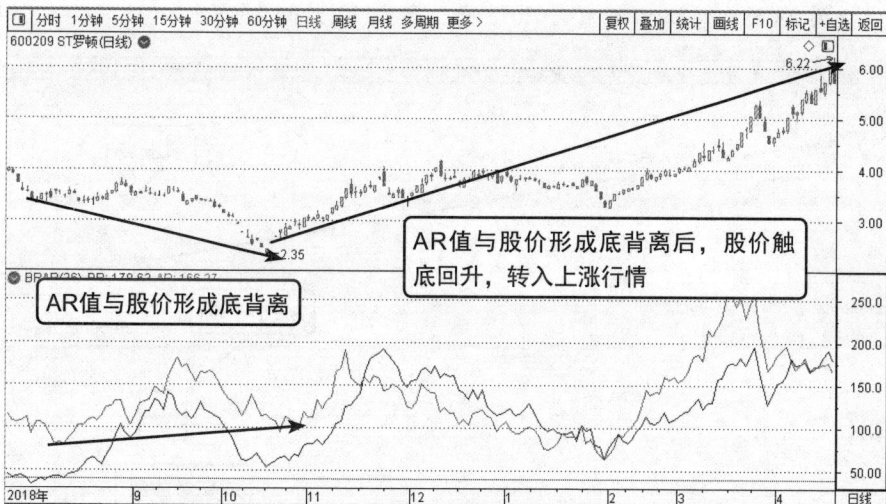

图 3-32　ST 罗顿 2018 年 8 月至 2019 年 4 月的走势图

从图中可以看到，当 AR 曲线与股价形成底背离走势以后，股价随即在 2.35 元触底后回升，转入上涨行情中。股价从 2.35 元上涨至最高 6.22 元，涨幅达到 164%。

第 55 招：BR 值小于 40 时的图谱

当股价经过长时间大幅度的下跌，导致市场人气极低时，BR 的值就可能小于 40，显示出极端超卖现象。

BR 指标低于 40 表示行情已经出现极端超卖现象，股价随时可能反弹。但如果 BR 运行到 40 以下并没有向上掉头的趋势，则说明股价可能持续下跌。当 BR 掉头向上时，还需要关注成交量的变化，以确定行情是否真的好转。

实例分析

长源电力（000966）BR 值小于 40

图 3-33 所示为长源电力 2018 年 3 月至 11 月的走势图。

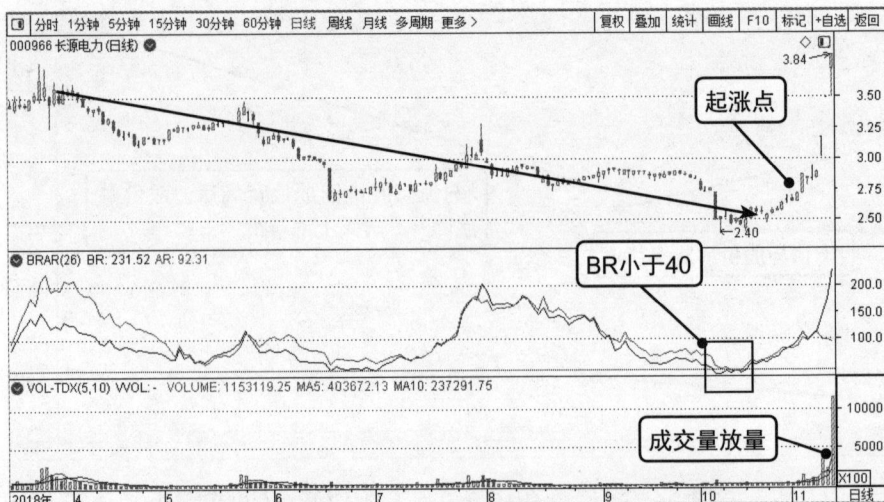

图 3-33　长源电力 2018 年 3 月至 11 月的走势图

从图中可以看到，该股表现下跌行情，股价震荡向下。经过长时间的下跌后，股价运行至 2.5 元附近止跌横盘。此时观察 BR 曲线发现，BR 曲线运行到 40 以下，随后 AR 与 BR 掉头同步向上运行，突破 40 线同时成交量明显放量，说明该轮下跌已经结束，行情反转，后市看涨，投资者可在起涨点位置买进。

图 3-34 所示为长源电力 2018 年 10 月至 2019 年 4 月的走势图。

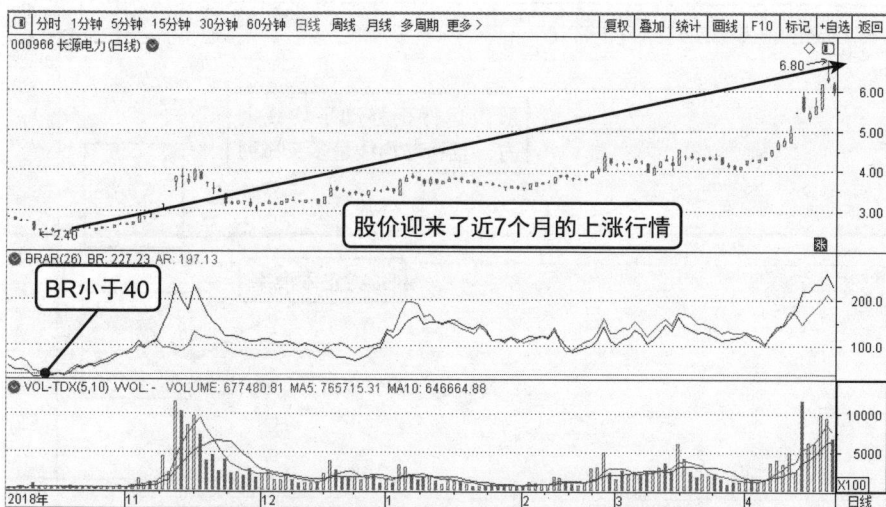

图 3-34　长源电力 2018 年 10 月至 2019 年 4 月的走势图

从图中可以看到，当 BR 跌破 40，随后掉头向上远离 40 线以后，股价结束了前期的下跌行情，迎来了近 7 个月的上涨行情。股价从 2.4 元上涨至最高 6.8 元，涨幅达到 183%。

第 56 招：BIAS 正乖离率

BIAS 指标又称乖离率指标，或 Y 指标，是属于超买超卖型指标之一，该指标由 3 条不同周期的曲线组成，其参数就是它的计算周期。

在强势行情中，股价运行于移动平均线之上，共对应周期的 BIAS 指标也会运行在0轴以上，如果短、中、长期BIAS指标同时大于0，并且长时间处于0轴以上，表示股价正在强势上涨。

实例分析

武汉凡谷（002194）BIAS正乖离率伴随股价强势上涨

图3-35所示为武汉凡谷2018年4月至11月的走势图。

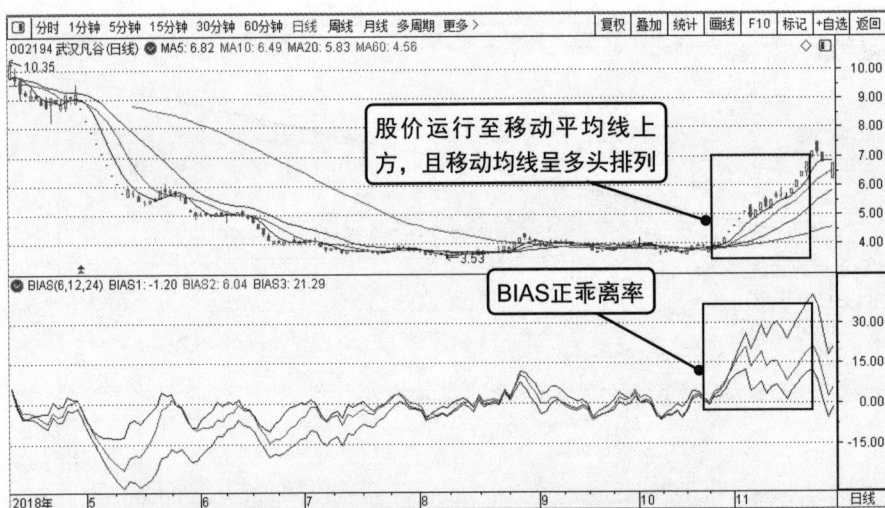

图3-35 武汉凡谷2018年4月至11月的走势图

从图中可以看到，该股股价前期在4元价位线上表现长期横盘的整理走势，随后在10月底股价一改之前的沉闷走势，向上运行先后突破了短、中、长期移动均线，且移动均线呈多头排列。

此时查看BIAS指标发现，不同周期的BIAS曲线也运行到0轴以上，并在0轴上方稳定运行。这是股价强势上涨的信号，说明后市股价将表现为上涨行情，投资者应在起涨点位置趁机买进。

图3-36所示为武汉凡谷2018年10月至2019年4月的走势图。

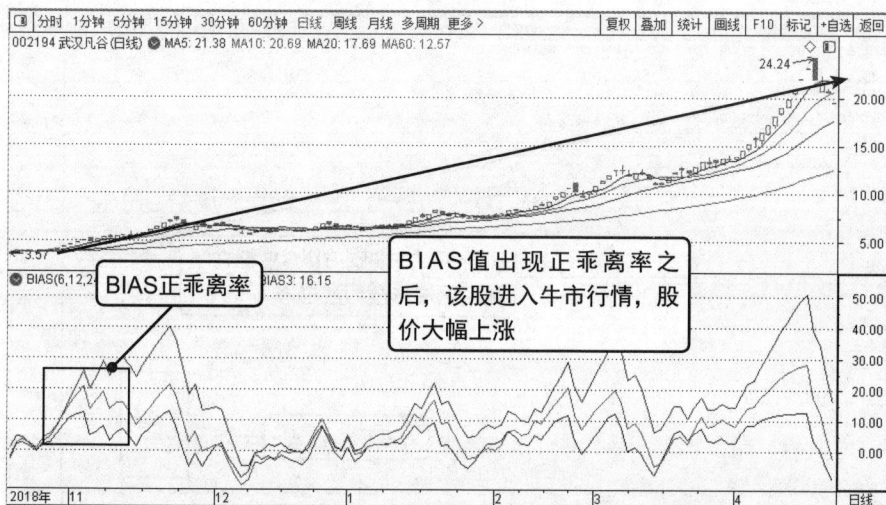

图 3-36 武汉凡谷 2018 年 10 月至 2019 年 4 月的走势图

从图中可以看到，BIAS 值出现正乖离率之后，该股进入了一轮大牛市行情，股价表现出强势上涨的走势，股价从 5 元附近向上攀升至 24.24 元附近，且该轮上涨持续了半年之久。

第 57 招：BIAS 在低位形成 W 底的图谱

BIAS 指标运行到一个较低位置，经过一次反弹后再次回调到反弹的起点，然后再次反弹，本次反弹超越前次反弹高点形成一个类似大写的 "W" 形态。要使用 W 底形态来判断行情的反弹，关键在于判断股价和 BIAS 指标是否都在底部。

实例分析

世荣兆业（002016）BIAS 指标的 W 底迎来反弹行情

图 3-37 所示为世荣兆业 2019 年 4 月至 8 月的走势图。

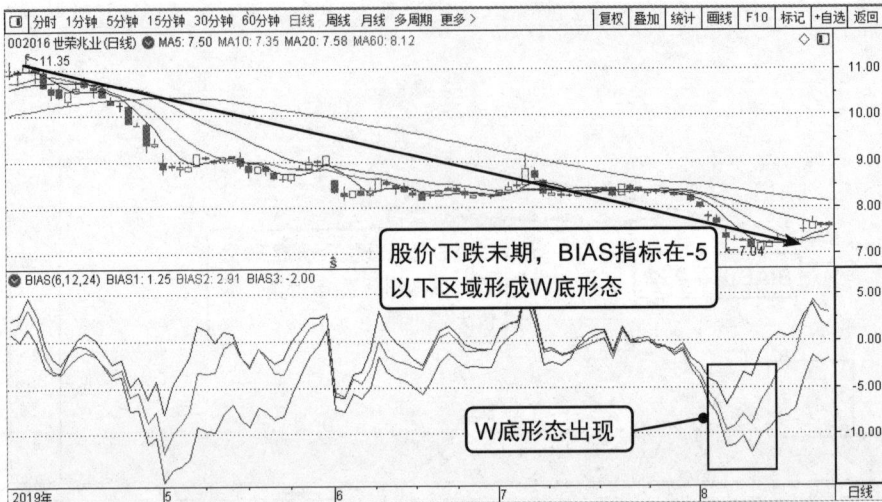

图 3-37　世荣兆业 2019 年 4 月至 8 月的走势图

从图中可以看到,该股处于下跌行情中,股价一路下跌至8.5元后止跌,并在8.5元附近持续了一个月左右的横盘走势,8月初K线突然收出连续阴线股价急速下跌7元后止跌,出现小幅回升,此时是不是一个可靠的股价起涨点呢?

我们查看BIAS指标,发现BIAS指标运行至 -5 以下区域走出下跌-反弹-下跌-反弹的走势,且第2个低点可以略高于第1个低点,形成典型的 W 底形态。预示着行情已经见底,后市看涨。起涨点已出现,投资者可以买进。

图 3-38 所示为世荣兆业 2019 年 8 月至 12 月的走势图。

从图中可以看到,当 BIAS 指标在低位形成 W 底以后,快速上冲,直接上穿到 0 轴以上,与此同时,股价也结束了下跌行情,转入上涨行情,涨势可观。

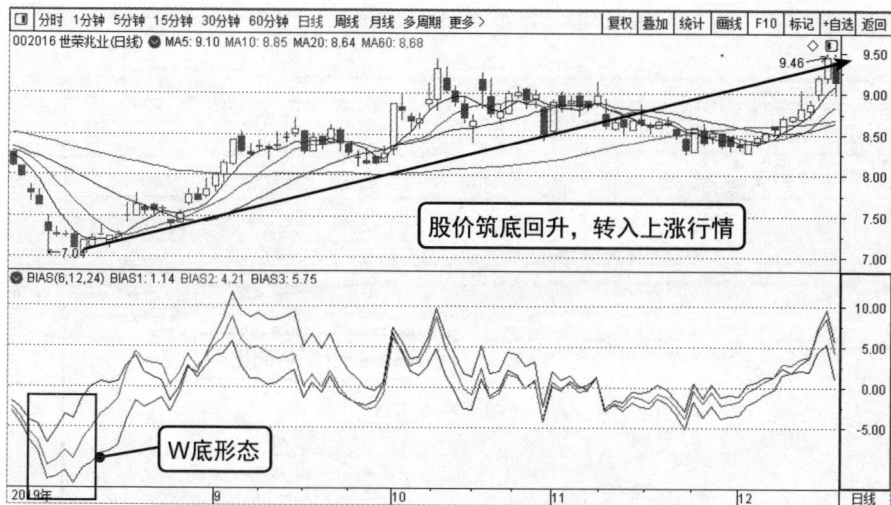

图 3-38　世荣兆业 2019 年 8 月至 12 月的走势图

第 58 招：BIAS 和股价的底背离

股价在下跌途中走出一底比一底低的走势，而对应时间的 BIAS 指标却走出一底比一底更高的走势，就形成了 BIAS 指标和股价的底背离。

当 BIAS 指标与股价产生底背离行情时，说明股价的下跌趋势即将结束，后市有望反弹。

实例分析

东华软件（002065）BIAS 与股价的底背离

图 3-39 所示为东华软件 2019 年 4 月至 8 月的走势图。

从图中可以看到，该股处于下跌行情中，股价跌至 6.16 元后止跌小幅回升，此时为股价起涨点吗？仔细观察发现，7 月至 8 月，股价在下跌过程中，形成两个逐渐下跌的低点，同时观察 BIAS 发现，BIAS 在波动过程中逐渐上行，形成两个逐渐上升的高点，由此 BIAS 与股价形成底背离，说明后市看涨，该起涨点可靠，投资者可以买进。

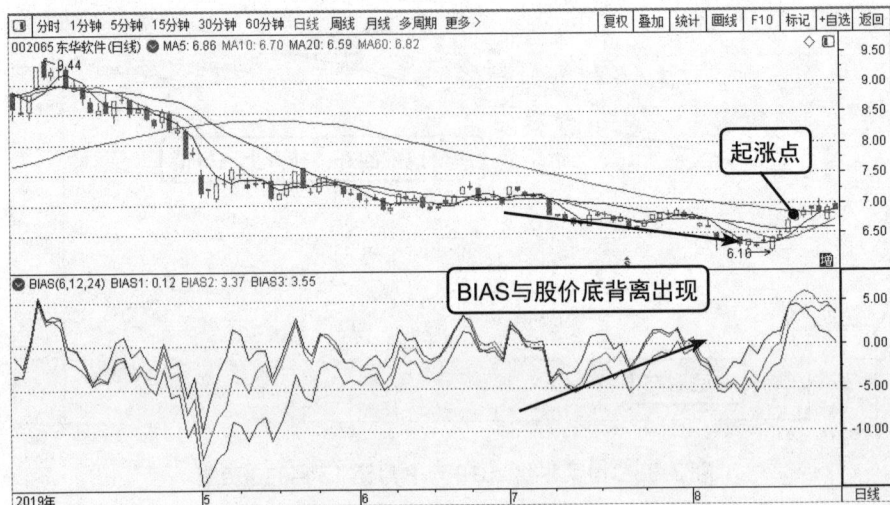

图 3-39　东华软件 2019 年 4 月至 8 月的走势图

图 3-40 所示为东华软件 2019 年 7 月至 2020 年 2 月的走势图。

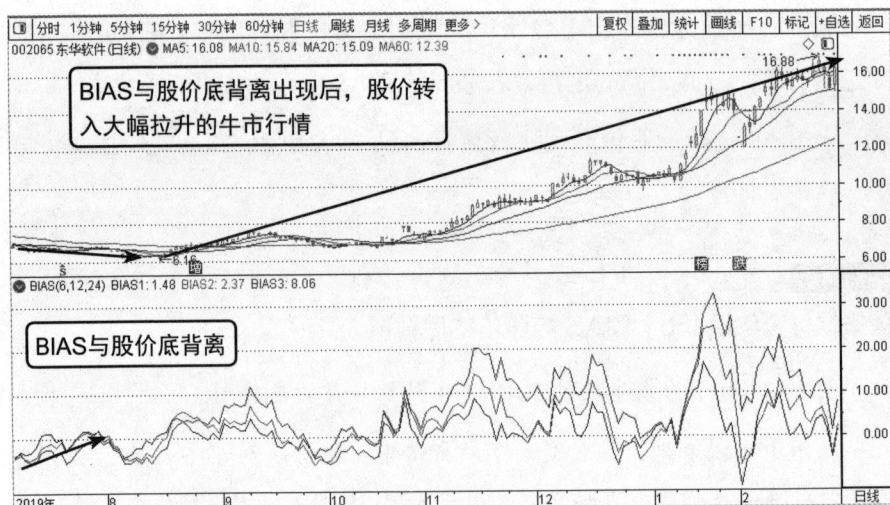

图 3-40　东华软件 2019 年 7 月至 2020 年 2 月的走势图

从图中可以看到，BIAS 与股价底背离出现后，股价转入大幅拉升的牛市行情，股价最高涨至 16.88 元，涨幅达到 174%。

3.2 移动平均线透露的起涨点

移动平均线是我们进行技术分析最常用的分析工具之一，运用其寻找起涨点有助于我们更准确地判断股价走势。

第59招：移动平均线低位金叉

当股价经过一段较长时间的下跌后开始反弹，其短期移动平均线会最先掉头向上，当其上穿正在掉头或止跌走平的中长期移动平均线形成黄金交叉时，就是最佳的买入时机，如果此时有放大的成交量配合，则后市上涨的可能性更大。

实例分析

精艺股份（002295）移动平均线低位金叉

图3-41所示为精艺股份2018年3月至11月的走势图。

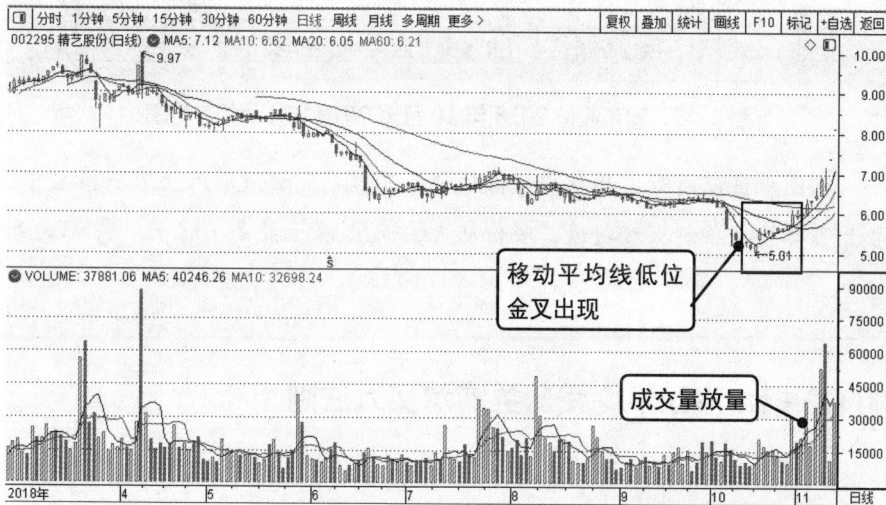

图3-41 精艺股份2018年3月至11月的走势图

从图中可以看到，股价处于下跌走势之中，股价从 10 元附近下跌至 5 元后止跌，并出现小幅回升。此时是不是股价起涨的信号呢？

查看 MA 发现，MA5 掉头止跌向上运行，先后穿过中期均线和长期均线，形成低位金叉，同时伴随着成交量放量。说明场内行情发生了变化，下跌动能已经完全释放，金叉为起涨点，后市看涨。

图 3-42 所示为精艺股份 2018 年 10 月至 2019 年 4 月的走势图。

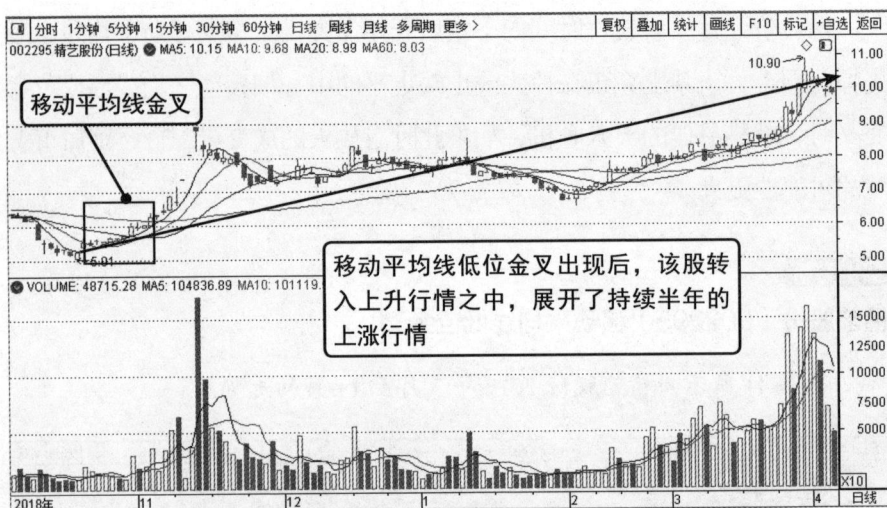

图 3-42　精艺股份 2018 年 10 月至 2019 年 4 月的走势图

从图中可以看到，移动均线低位金叉出现后，该股转入上升行情之中，展开了持续半年的上涨行情，股价从 5.01 元上涨至最高 10.9 元，涨幅达到 116%。

第 60 招：移动平均线葛兰威尔买入法则 1

股价经过一段时间的下跌后，移动平均线开始走平或掉头向上，股价也从移动平均线下方向上穿破移动平均线，此为第 1 个买入点。

使用葛兰威尔买入法则第 1 条，必须要在股价经过一段较长时间或较大幅度的下跌行情以后，股价需要运行在其移动平均线下方。并且股价掉头向上后，移动平均线也应该走平或者向上，如果股价上穿移动平均线时，移动平均线仍保持向下趋势，则不可视为买入信号。

实例分析

全筑股份（603030）应用葛兰威尔买入法则 1

图 3-43 所示为全筑股份 2019 年 4 月至 8 月的走势图。

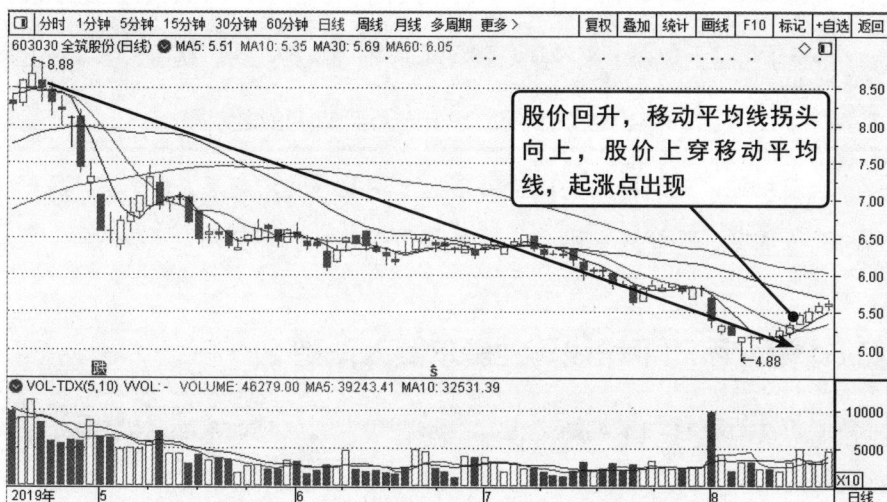

图 3-43　全筑股份 2019 年 4 月至 8 月的走势图

从图中可以看到，该股前期表现为下跌行情，股价下跌至 6.5 元后止跌横盘。7 月上旬，股价突然急速下跌，跌至 5 元后止跌小幅回升。此时是不是说明股价起涨点出现了呢？

查看移动平均线发现，在下跌过程中股价始终运行在移动平均线下方，8 月初时，股价回升，移动平均线向上，股价上穿移动平均线。根据葛兰威尔买入法则 1，可以在此位置买入股票。

图 3-44 所示为全筑股份 2019 年 7 月至 11 月的走势图。

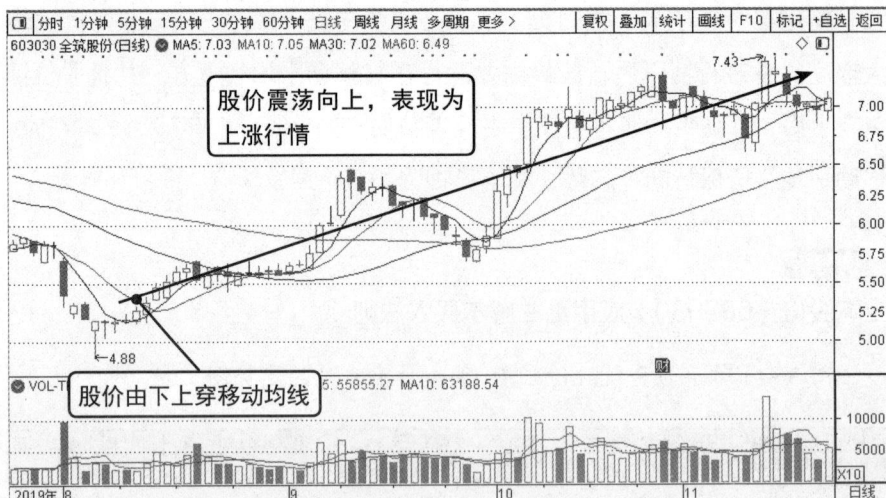

图 3-44 全筑股份 2019 年 7 月至 11 月的走势图

从图中可以看到，果然股价由下向上穿越移动均线后，转入震荡向上的上涨行情中，股价从 4.88 元上涨至最高 7.43 元，涨幅达到 52%。

第 61 招：移动平均线葛兰威尔买入法则 2

股价运行在移动平均线之上，当股价向下回调时，未能跌破移动平均线又再次上冲，此为葛兰威尔法则的第 2 个买入点。

葛兰威尔买入法则的第 2 个买点出现在股价上涨的过程中，如果以波浪理论来看，此点应该是浪 2 回调的低点，并且回调幅度不大。从 K 线图上来看，K 线不能完全离开其移动平均线，即 K 线始终有一部分与移动平均线相交。

实例分析

中联重科（000157）应用葛兰威尔买入法则 2

图 3-45 所示为中联重科 2018 年 11 月至 2019 年 5 月的走势图。

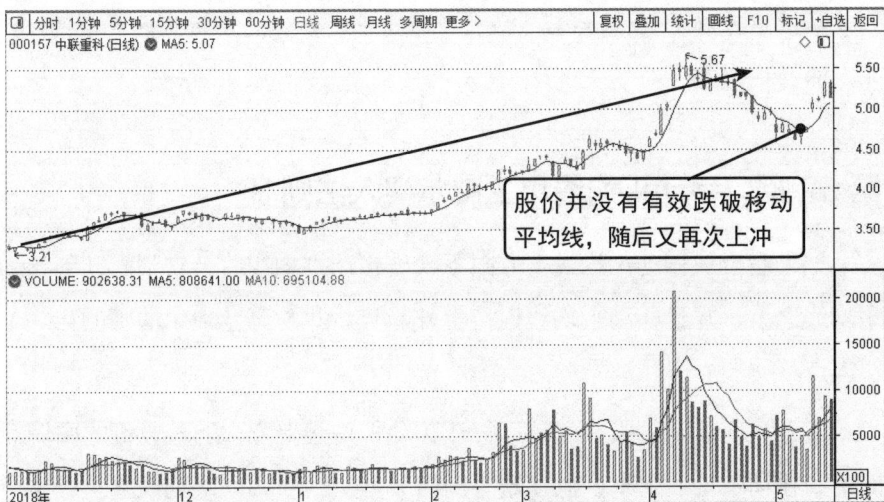

图 3-45　中联重科 2018 年 11 月至 2019 年 5 月的走势图

从图中可以看到，该股处于上涨行情之中，股价一路上涨运行于移动平均线上方。4月上旬股价下跌回调，但幅度较小，股价跌至 4.7 元附近止跌回升。股价并没有有效跌破移动平均线，随后又再次上冲。根据葛兰威尔买入法则 2，判断股价该轮上涨行情并未结束，后市看涨，可以在此位置继续买进追涨。

图 3-46 所示为中联重科 2019 年 3 月至 8 月的走势图。

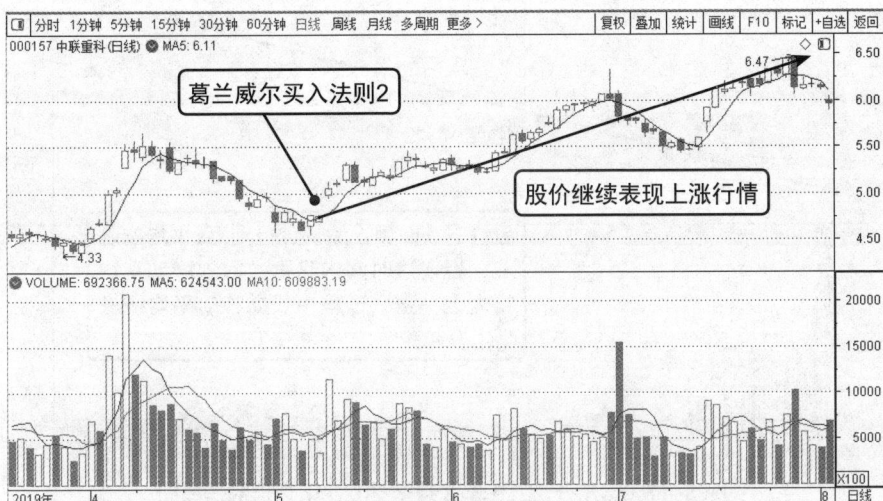

图 3-46　中联重科 2019 年 3 月至 8 月的走势图

从图中可以看到,果然后市股价继续上涨,从 4.7 元附近上涨至最高 6.47 元,涨幅达到 37.6%。

第62招:移动平均线葛兰威尔买入法则3

如果股价从移动平均线上方向下跌破移动平均线后又立刻回升到移动平均线之上,并且移动平均线保持上升趋势,此为葛兰威尔法则的第 3 个买入点。

买入法则 3 要求股价之前运行在移动平均线上方,随着股价的回调而回落到移动平均线之下,但在短时间内又再次回到移动平均线之上,整个过程中长期移动平均线应呈现上升趋势。当股价上穿移动平均线时就是最好的买入时机。

实例分析

特尔佳(002213)应用葛兰威尔买入法则 3

图 3-47 所示为特尔佳 2019 年 8 月至 2020 年 2 月的走势图。

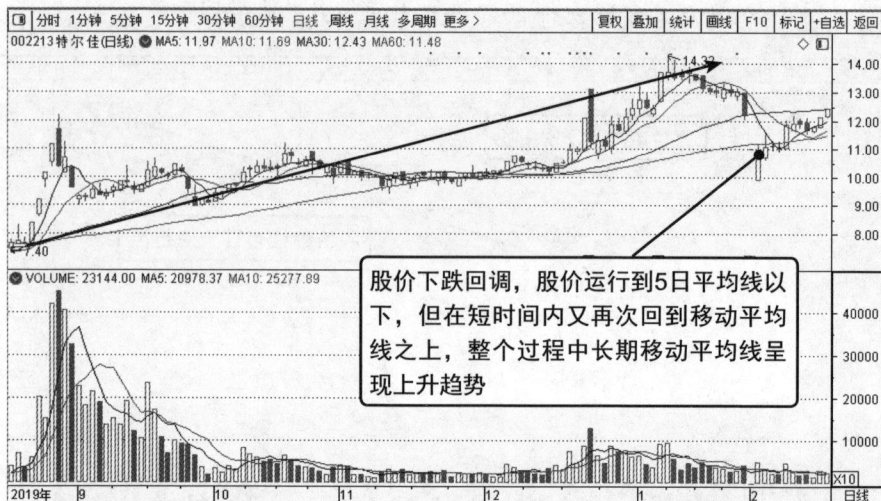

图 3-47　特尔佳 2019 年 8 月至 2020 年 2 月的走势图

从图中可以看到，股价处于上涨行情中。2020年1月初，股价下跌回调，股价运行到5日平均线以下，但在短时间内又再次回到移动平均线之上，整个过程中长期移动平均线呈现出上升趋势，形成葛兰威尔买入法则3的买点，说明后市继续上涨的可能性较大。

图3-48所示为特尔佳2020年1月至6月的走势图。

图3-48　特尔佳2020年1月至6月的走势图

从图中可以看到，股价重新回到平均线之上后，股价继续向上攀升，从最低9.9元上涨至最高20.1元，涨幅达到103%。

第63招：移动平均线葛兰威尔买入法则4

股价突然急速下跌并向下穿破移动平均线，当股价远离移动平均线一定程度时，就会产生反弹，股价开始掉头向上时为葛兰威尔法则的第4个买入点。但投资者不能长时间恋战，短期反弹以后股价还会继续下跌。

实例分析

安道麦A（000553）应用葛兰威尔买入法则4

图 3-49 所示为安道麦 A 2019 年 1 月至 5 月的走势图。

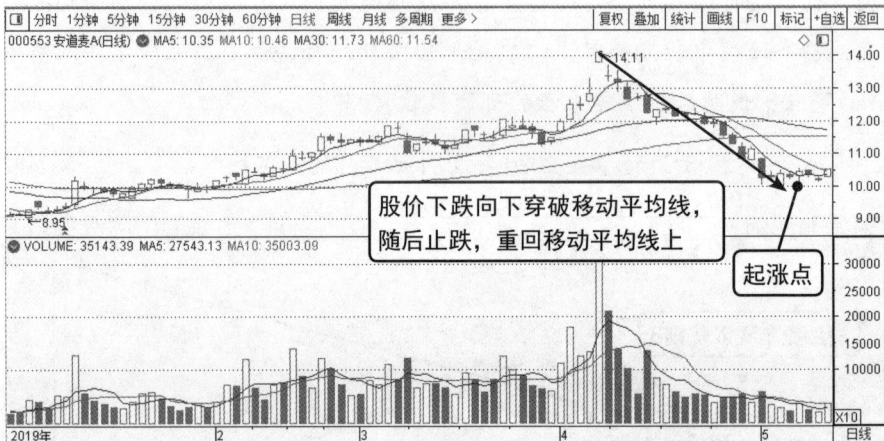

图 3-49　安道麦 A 2019 年 1 月至 5 月的走势图

从图中可以看到，该股前期表现为上涨行情，股价上涨至 14.11 元后止涨下跌。K 线收出连续阴线快速下跌，并向下穿破移动平均线。随后股价在 10 元价位线企稳横盘，重回移动平均线之上，根据葛兰威尔法则 4，此时为股价短期反弹起涨点，投资者可以趁机抢反弹。图 3-50 所示为安道麦 A 2019 年 4 月至 8 月的走势图，可以看到，股价果然出现了小幅反弹。

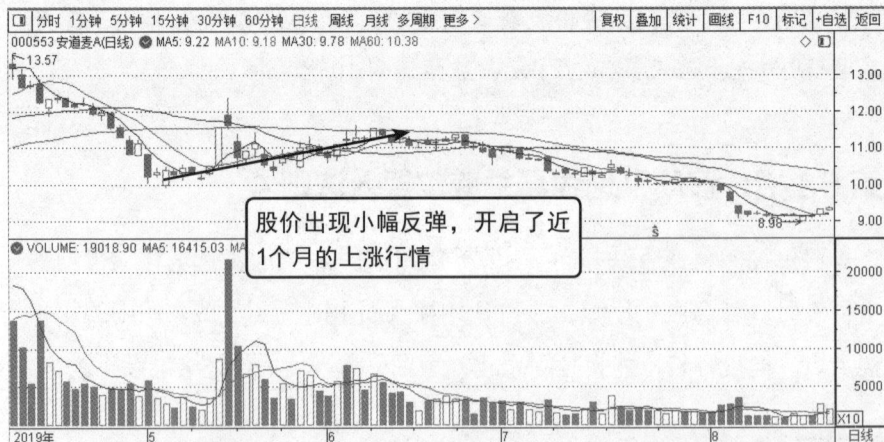

图 3-50　安道麦 A 2019 年 4 月至 8 月的走势图

第 **4** 章

在波段中找起涨点

　　市场中股价不断走出上涨和下跌的走势，但是纵观整个股价的波动我们可以发现，股价其实是按照一种波浪式在进行着上涨和下跌的交替运行，于是我们可以知道股价所处的发展状态。因此，认识波段，注重波段走势，是进行起涨点分析的重点之一。

股价有涨有跌，股票的价格走势呈现出波浪式的走势特点。因此，运用这样的方式，我们可以比较准确地找到股价的起涨点。

4.1　通过趋势线找到起涨点

不管股价是上涨还是下跌，股价的走势都是按照一定的趋势展开的，而这种趋势通过图形表示出来就是趋势线。根据股价运行的趋势线，我们可以轻松抓住股价的运行规律，从而找到起涨点。

知道了什么是趋势线后，我们还要知道怎么画趋势线，趋势线可分为上升趋势线和下跌趋势线，图 4-1 所示为趋势线的示意图。

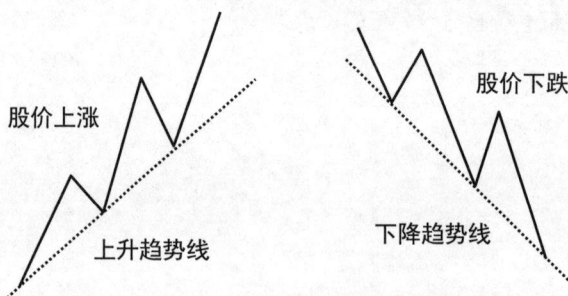

股价上涨

股价下跌

上升趋势线

下降趋势线

图 4-1　趋势线示意图

第 64 招：上升趋势线中的起涨点

上升趋势线是指股价上涨形成的趋势，一旦股价出现上涨，并且按照一种趋势运行，我们就可以根据这样的走势，抓住股价的起涨点。

实例分析

创维数字（000810）的上升趋势线起涨点

图 4-2 所示为创维数字 2019 年 7 月至 12 月的走势图。

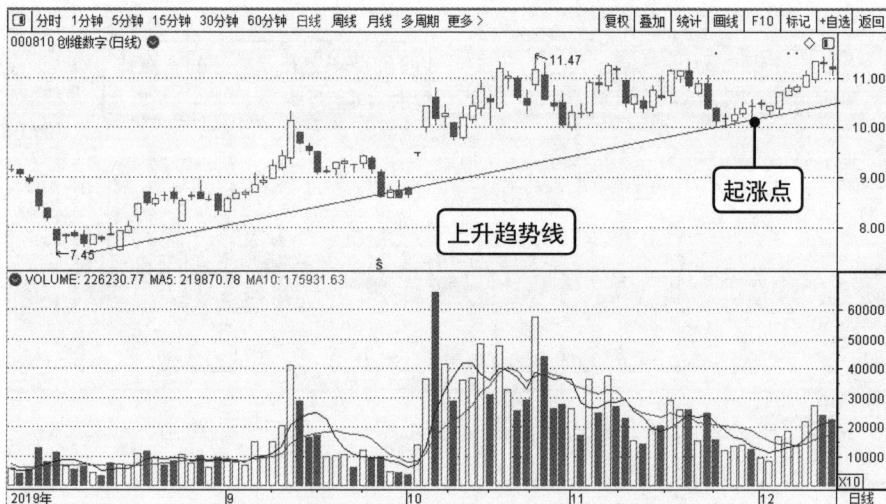

图 4-2　创维数字 2019 年 7 月至 12 月的走势图

根据图中的趋势线我们可以发现，该股的上涨是按照这一趋势进行的。当股价按照趋势线上涨时，当股价出现回调走势时，一旦下跌到趋势线附近，股价就会出现止跌反弹，然后开启新的上涨走势。

从图中可以看到，该股从 7.45 元开始上涨，上涨到 10 元时，出现了下跌走势，跌至 8.5 元左右时，受到上升趋势线的支撑作用，反弹向上。股价上涨至 11 元附近后再次止涨，小幅下跌，跌至上升趋势线 10.5 元附近止跌，再次企稳回升。股价没有跌破趋势线，这证明了该趋势线对于股价的支撑作用，应该会出现新的上涨走势，由此我们可以找到股价再一次上涨的起涨点，即该股受到趋势线的支撑位置。

图 4-3 所示为创维数字 2019 年 8 月至 2020 年 2 月的走势图。

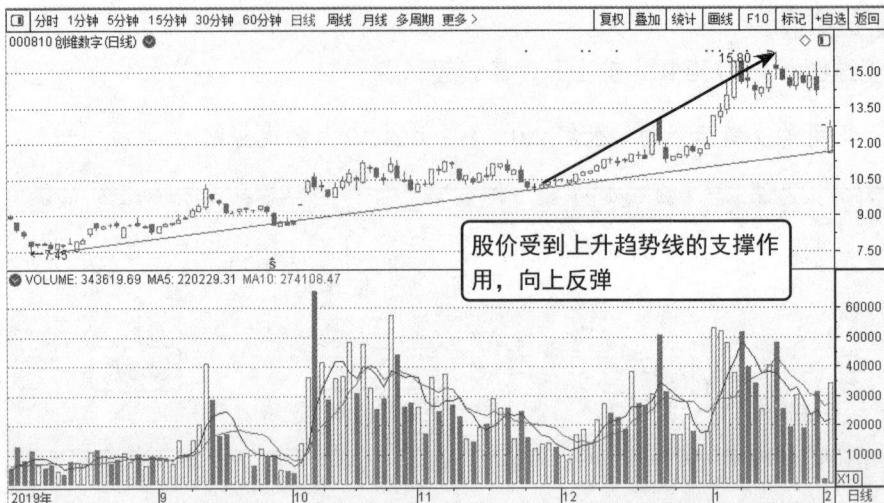

图 4-3　创维数字 2019 年 8 月到 2020 年 2 月的走势图

从图中可以看到，果然股价在 10.5 元附近企稳回升，最高涨至 15.8 元，涨幅达到 50.5%。

第 65 招：下降趋势线中的起涨点

下面我们探讨在下降趋势线中如何寻找起涨点。

实例分析

海利得（002206）的下降趋势线起涨点

图 4-4 所示为海利得 2019 年 4 月至 11 月的走势图。

从图中可以看到，该股处于一个长期下跌走势之中。但是在这种跌势中，通过接连下跌的低点可以发现，下降趋势线对股价起到支撑作用，股价跌至下跌趋势线附近后，受到支撑力量的影响而止跌反弹。因此，我们可以运用下降趋势线找到起涨点。

股价经过两轮反弹下跌之后，股价再次跌至下降趋势线上止跌，即 3.5

元附近，并在该位置企稳，此时该趋势线对股价形成支撑，促使股价止跌反弹。查看成交量，发现成交量明显放量，由此我们判断出该股会在此位置出现反弹的起涨点。

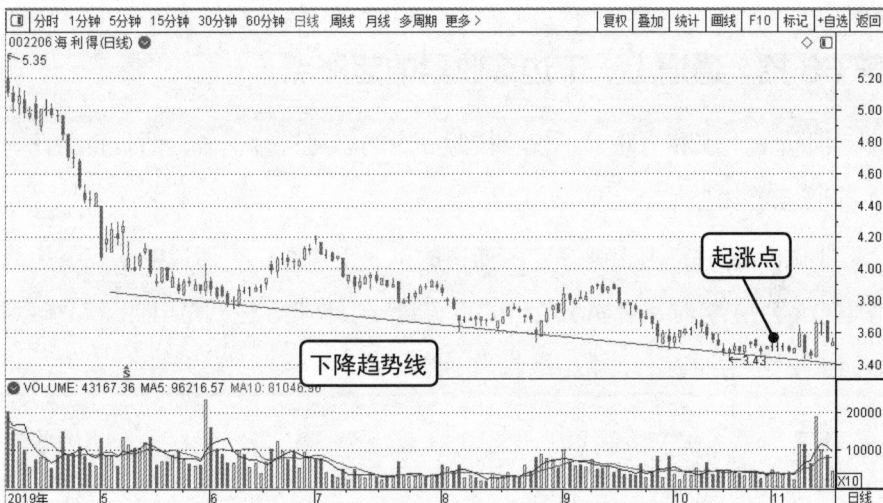

图4-4　海利得2019年4月至11月的走势图

图4-5所示为海利得2019年7月至2020年1月的走势图。

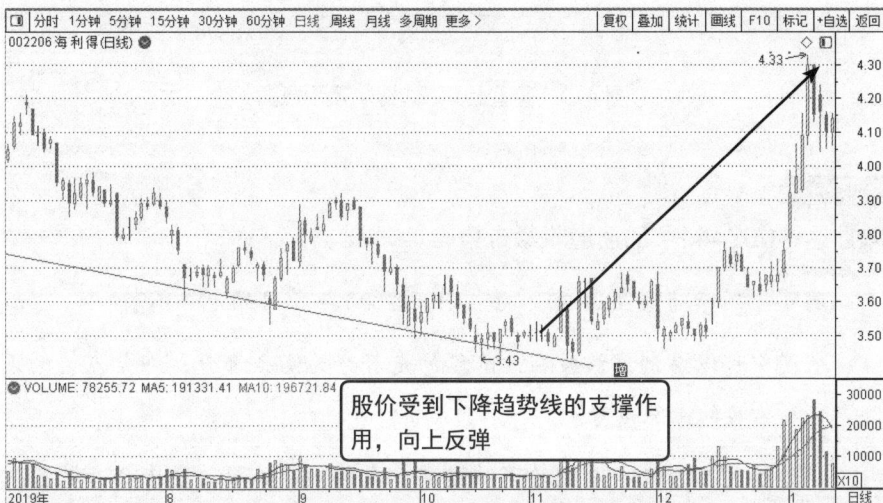

图4-5　海利得2019年7月至2020年1月的走势图

从图中可以看到，果然下降趋势线对股价起到支撑作用，股价在 3.5 元位置企稳转入反弹行情，股价从 3.5 元上涨至最高 4.33 元，涨幅达到 23%。

第 66 招：通道上、下边缘收紧的起涨点

股价的上涨和下跌，不仅会按照一定的趋势进行下去，而且也会在一定的通道之中进行。

既然是通道，那么就存在着通道的上、下边缘，当通道的上、下边缘出现收紧的走势时，会显示股价的走势将发生改变，也就是出现了起涨点，图 4-6 所示为通道上、下边缘收紧示意图。

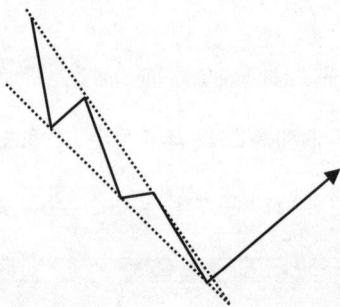

图 4-6　通道上、下边缘收紧示意图

实例分析

众业达（002441）的通道收紧走势

图 4-7 所示为众业达 2019 年 5 月至 2020 年 1 月的走势图。

从图中可以看到，该股在此阶段的走势分为两个部分，即是左边的下跌走势和右边的上涨走势。

通过绘制出该股在左侧的下跌通道，我们知道该股的通道正在收紧，即通道的上、下边缘正在收窄。

这种变化显示出股价下跌的尽头即将到来，即股价即将转入新的上涨趋势之中。

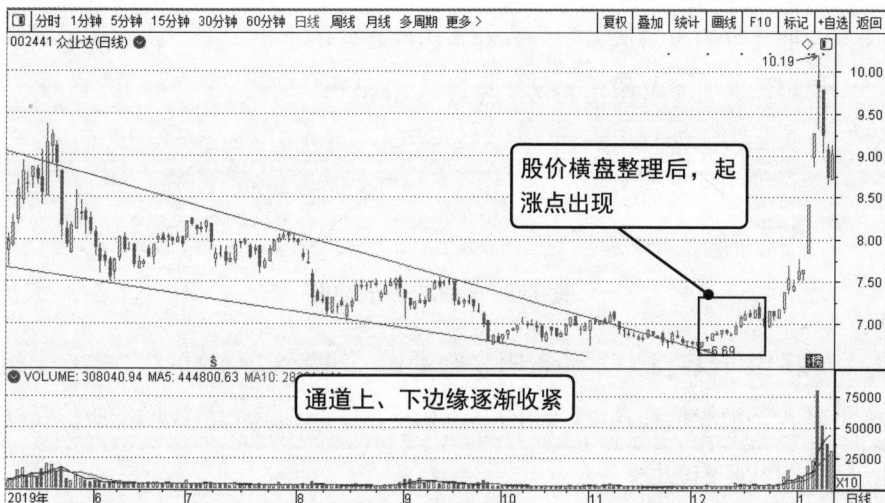

图4-7　众业达2019年5月至2020年1月的走势图

在通道收窄的同时，我们注意到该股的K线走势，股价已经在低位展现出横盘走势，这也显示出股价的企稳走势，预示着股价底部的形成。

同时，股价在横盘之后出现上涨，且量能配合较好，显示该股呈一个良好的上涨趋势。

由以上的分析我们就可以确立股价起涨点出现的具体位置，即图中的方框所示区域。

在起涨点出现之后，股价很明显转换了运行趋势，进入新的上涨走势之中。股价在起涨点出现之后，从6.69元上涨到10.19元左右，股价上涨了52%。

第 67 招：回落到箱体支撑中的起涨点

箱体就是股价震荡走势的一种形态，具体是指把股价上涨的高点作为顶部，把股价的下跌低点作为底部，由此连续的上下走势，就形成了股价运行的箱体，图 4-8 所示为箱体走势示意图。

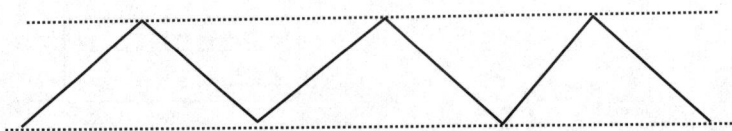

图 4-8 箱体走势示意图

从图中可以看到，股价很明显是在上、下两个边缘之间运行的。上边缘就是我们把股价在这一阶段的高位相连接，下边缘就是我们把股价在这一阶段的低位相连接。

从整个走势来看，股价在这样的形态中运行，不断出现高位、低位，形成了波段式的发展走势，形状就如股价在一个大箱子中上下运行，因此称之为箱体。

在箱体走势中，我们发现股价每次回调至箱体的底部边缘时，就会得到箱体下边缘的支撑，股价由此转变趋势，从下跌逐渐走向上涨。

正是因为有这样的走势特点存在，我们就可以借助箱体找到股价运行的起涨点。

实例分析

格力电器（000651）的箱体支撑起涨点

图 4-9 所示为格力电器 2018 年 7 月至 2019 年 3 月的走势图。

从图中可以看到，该股正处于箱体震荡走势之中。

由箱体支撑位置所知，当股价下跌到箱体的下边缘时（即 36 元价位线附近），股价就会得到箱体下边缘的支撑，从而使得股价止跌反弹。

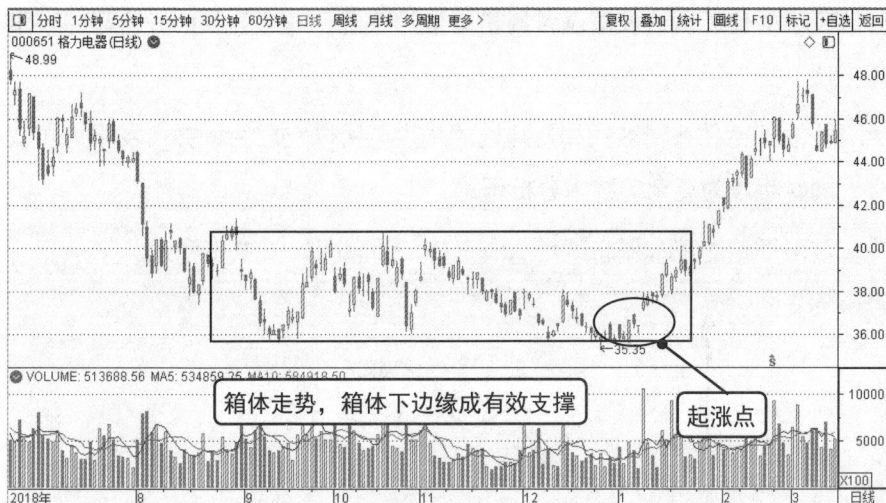

图 4-9　格力电器 2018 年 7 月至 2019 年 3 月的走势图

当该股第四次接触到箱体的下边缘时，即图中的椭圆区域，股价受到箱体下边缘的支撑作用。

由此我们判断，该股会在这里形成一个止跌反弹的走势，所以即可找到该股的起涨点。

4.2　根据波浪理论找起涨点

在前面的章节中，我们也提到过波浪理论，在这里我们将进行较为详细地介绍。

波浪理论是股价趋势分析中的一种技术理论，它是由美国证券分析师艾略特创造的，因此也叫作艾略特波浪理论。

波浪理论认为任何股价的走势都是按照波浪的形式逐步展开的，因此，分清楚了股价运动的波浪以及股价所处的波浪，就会为我们寻找起涨点带来方便。

波浪理论具有精准性和规律性的优点，所以它成为证券市场中运用较多，同时也较为复杂的技术分析理论。

波浪理论的基本形态就是八浪走势，示意图如图 4-10 所示。

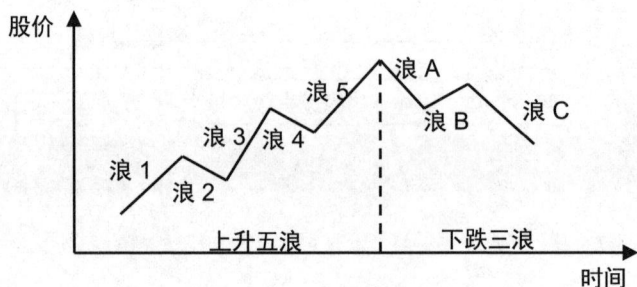

图 4-10　八浪示意图

图中八浪基本走势指的是股价的上升五浪，即是图中的左侧五浪的上涨；还有就是股价的三浪下跌，即图中右侧的三浪下跌。

上升五浪是整个股价的上涨走势，也可以说整个股价的上涨都是由这样的五浪形成的；下跌三浪是整个股价的下跌走势，也可以说股价的下跌就是在这样的三浪推动下进行的。

其中，上升五浪中的浪 1、浪 3 和浪 5 是整个上涨走势中的上升浪，浪 2 和浪 4 是整个上涨走势中的回调浪；下跌三浪中的浪 A 和浪 C 是下跌浪，浪 B 是下跌中的反弹浪。

通过对以上波浪理论的简单认识，我们就可以根据波浪理论知识寻找起涨点了。

第68招：抓住浪1寻找起涨点

浪1是整个五浪上涨中的第一浪，也是整个上涨趋势的起始浪，浪1的出现是为之后的上涨做准备。

浪1为之后股价的走势奠定基础，因此我们必须重视浪1带给我们的机会。

通过波浪理论，我们知道股价在经历了三浪的下跌之后，就会企稳，然后步入五浪上涨中的浪1。只要我们抓住了浪1，就相当于抓住了股价上涨的起涨点。

实例分析

张裕A（000869）的浪1起涨点

图4-11所示为张裕A 2018年5月至11月的走势图。

图4-11 张裕A2018年5月至11月的走势图

从图中可以看到，在三浪的走势中，股价出现了大幅度的下跌走势，股价从46.57元下跌到26.9元，跌幅达到了42%。这样的跌幅还是我们在不知道浪 C 的结束位置时得到的下跌幅度。

虽然该股的走势还不能做出准确地判断，但是我们还是可以得到下面的两点信息。

◆ 第一：股价已经出现了大幅度的下跌，这是我们已经计算过的，跌幅达到 42%。

◆ 第二：从波浪理论着眼，股价已经经历了浪 A 和浪 B 的走势，现在正处于浪 C 的走势之中。

由以上两点我们可以知道，该股跌幅达到 40% 以上，且股价正处于浪 C 的运行阶段，那么我们可以判断，即股价很快就会出现止跌。有了以上的分析和判断，我们还要等待之后该股出现的走势，并进行下一步的判断和确认。

图 4-12 所示为张裕 A 2018 年 8 月至 2019 年 2 月的走势图。

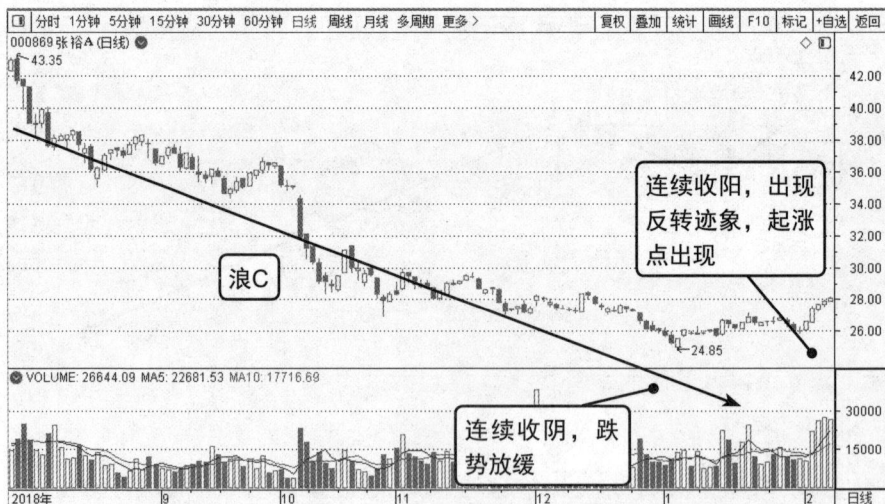

图 4-12　张裕 A 2018 年 8 月至 2019 年 2 月的走势图

从图中可以看到，浪 C 的走势中有一些特殊的信号。

◆ **第一：** 从走势图中观察，股价在28元处K线连续收阴继续下跌，但跌幅却明显放缓。

◆ **第二：** 从28元股价再次下探的时候，该股的成交量出现了萎缩的走势特点，显示了该股在这一阶段的跌势放缓的信号。

◆ **第三：** 在股价出现24.85元的低位后，该股逐步止跌，并出现了连续几个交易日的上涨，这显示了该股不错的上涨势头，标志着主力机构在股价见底后，对于该股的持续性关注。

◆ **第四：** 在股价出现几日的走强阶段，该股的成交量出现了温和放量。

由以上4点分析，再结合波浪理论的三浪下跌走势来进行判断，我们可以知道该股底部出现了，即股价创出的低位24.85元，同时在底部形成之后，该股在之后的上涨中出现了起涨点，即浪1开始的阶段。

图4-13所示为张裕A 2018年10月至2019年4月的走势图。

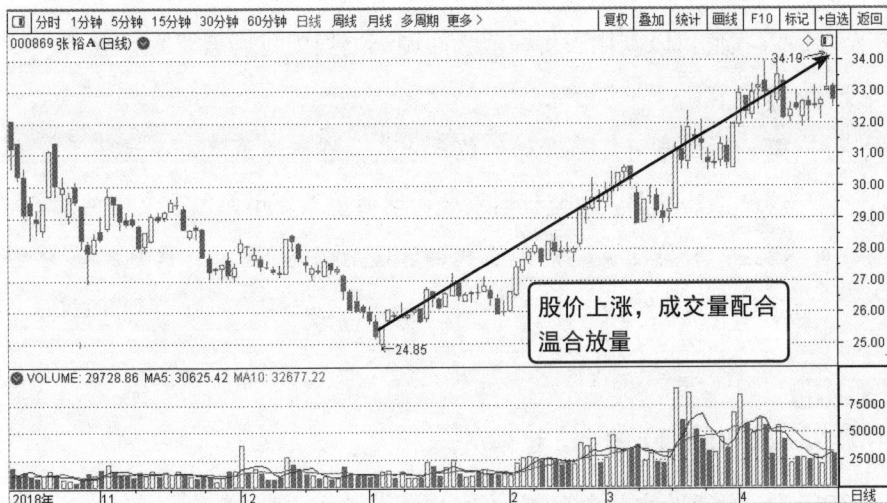

图4-13 张裕A 2018年10月至2019年4月的走势图

起涨点的出现预示着该股浪1的到来，浪1的到来预示了该股股价变化趋势的一个改变，即从下跌转换为上涨。

在这样的起涨点出现之后，我们就可以进场买入该股了，为了保证资金的安全性，在这里我们最好进行分批建仓。原因有如下两点。

◆ 浪 1 的到来预示着股价之后长时间的上涨，因此可以选择长期建仓。

◆ 长期建仓的重要操作方式是分批建仓，任何事情都不能百分之百确认，虽然这里我们分析得到了股价的见底信号。但是为了确保资金的安全，应该进行分批的建仓操作。

在起涨点出现之后，股价从 26 元左右上涨到 34.19 元左右，股价涨幅达到了 31.5%。

第 69 招：利用浪 2 寻找起涨点

浪 2 是整个五浪上涨的第二个波浪，它的出现是因为股价出现了回调走势，所以我们可以利用股价在浪 2 回调末端找到我们需要的起涨点，其表现有如下两点。

◆ **第一：** 回调至浪 1 开始的位置止跌，波浪理论规定了浪 2 不能跌破浪 1 的底部，由此说明浪 2 回调的最低点不能低于浪 1 的底部。

◆ **第二：** 股价回调至浪 1 涨幅的 38.2% 或 61.8% 处，这是按照黄金分割比例确定的。

实例分析

中国中期（000996）的浪 2 起涨点

图 4-14 所示为中国中期 2018 年 10 月至 2019 年 4 月的走势。

从图中可以看到，我们寻找的起涨点出现在浪 2 的回调结束位置，当浪 2 回调结束之后，股价上涨，进入浪 3 的上涨之中。

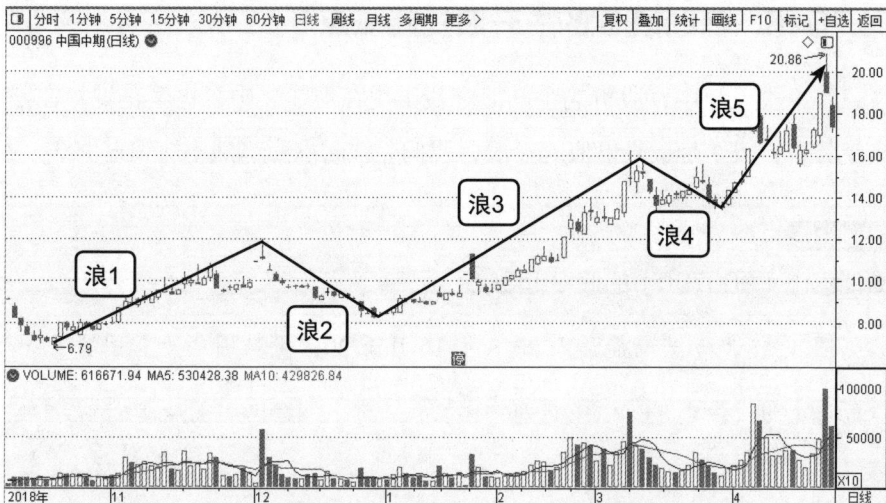

图 4-14　中国中期 2018 年 10 月至 2019 年 4 月的走势图

怎么判断浪 2 是起涨点呢?

首先我们从浪 1 开始分析, 浪 1 从 6.79 元开始上涨, 整个浪 1 的上涨到 11.8 元左右, 之后股价见顶, 进入浪 2 的回调整理之中。

根据浪 1 的顶部位置, 我们知道浪 2 开始的股价也是 11.8 元, 在股价下跌到 8.7 元时, 一个特殊的位置出现了。

股价从 6.79 元开始上涨到 11.8 元, 股价上涨了 5.01 元; 之后股价开始步入浪 2 的回调, 股价下跌到 8.7 元, 股价下跌了 3.1 元。

由此, 我们用 3.1 元除以 5.01 元, 其结果是 61.9%。这个数值正好和我们之前讲到的浪 2 回调至浪 1 上涨的 61.8% 处相吻合。

因此我们可以判断出该股股价在 8.7 元处会出现止跌, 由此看来, 股价在此出现起涨点。观察该股之后的走势, 我们知道了股价在 8.7 元处止跌, 同时转入上涨走势之中。股价之后上涨到 20.86 元左右, 涨幅达到 139%。

第 70 招：借助浪 3 的主升浪找起涨点

在上涨五浪中，股价的主升浪一般出现在浪 3 之中，也就是说，在整个走势中，浪 3 是最具价值的一浪，我们寻找起涨点当然不能错过浪 3。

实例分析

新能泰山（000720）的浪 3 起涨点

图 4-15 所示为新能泰山 2018 年 10 月至 2019 年 4 月的走势图。

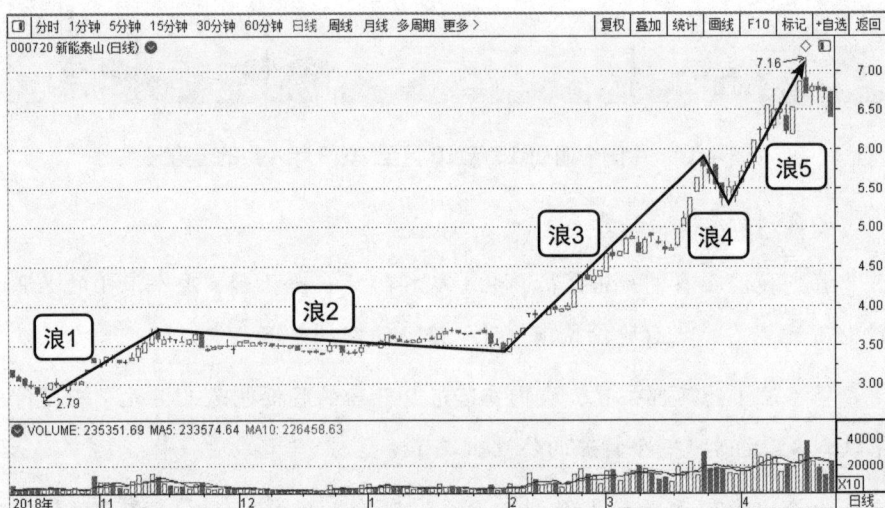

图 4-15　新能泰山 2018 年 10 月至 2019 年 4 月的走势图

从图中可以看到，该股的浪 3 出现了从 3.5 元上涨到 7.16 元的巨大上涨，涨幅为 104%。那么，怎么才能抓住该股的浪 3 走势呢？关键是找到浪 3 的起涨点位置。

图 4-16 所示为新能泰山 2018 年 10 月至 2019 年 2 月的走势图。

图中是该股的浪 1、浪 2 和浪 3 前半部分的走势，而起涨点出现在浪 3 阶段。

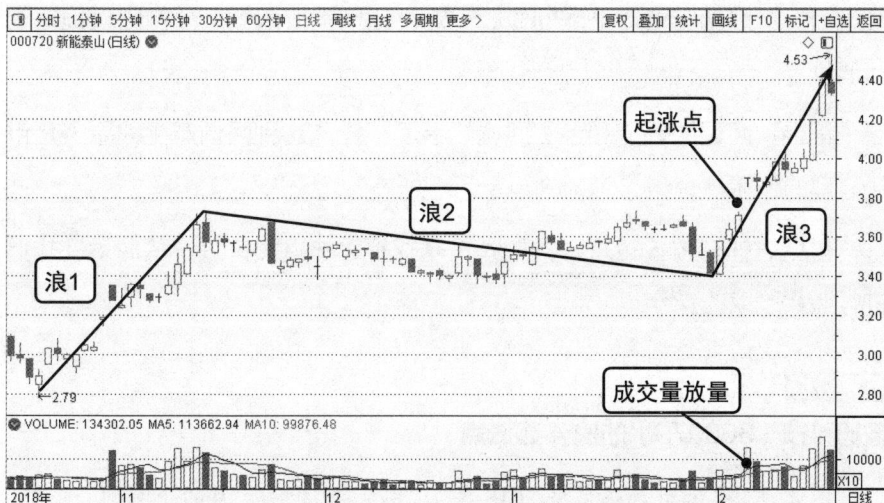

图4-16　新能泰山2018年10月至2019年2月的走势图

股价从2.79元展开了上涨走势，股价上涨进入了浪1的阶段；当股价上涨到3.7元附近时，出现下跌走势，即浪2的回调整理阶段，浪2在股价回调到3.4元左右时结束；之后股价步入浪3的发展之中。

在浪3上涨的前半部分，股价出现温和的上涨走势。在K线形态上，呈现出连续高开高走的阳线，且成交量呈现放量，起涨点出现。

在起涨点出现之后，我们就应该在此买入该股。回过头来再看图4-15，我们可以看到浪3的整个涨幅。在确认起涨点之后，股价从4元左右，快速上涨到7.16元，股价涨幅达到了79%。

第71招：在浪4结束后找起涨点

与浪2相似，浪4也是波浪理论中的一个回调整理的波浪，在浪4回调整理之后，股价就会进入浪5的上涨走势。

怎么去判断浪4的结束位置是我们抓住浪4，寻找起涨点的关键问题。

根据波浪理论，我们知道浪4的回调结束常常出现在以下两种位置。

第一：回调至浪 3 上涨的 38.2% 处，这也是按照黄金分割比例确定的回调位置。

第二：回调的幅度和浪 2 回调的幅度一样，这种回调产生的原因是市场心理的作用。

根据这样的位置特点，我们就可以找到起涨点的位置，从而指导我们进行买卖股票的操作。

实例分析

数码科技（300079）的浪 4 起涨点

图 4-17 所示为数码科技 2018 年 10 月至 2019 年 4 月的走势图。

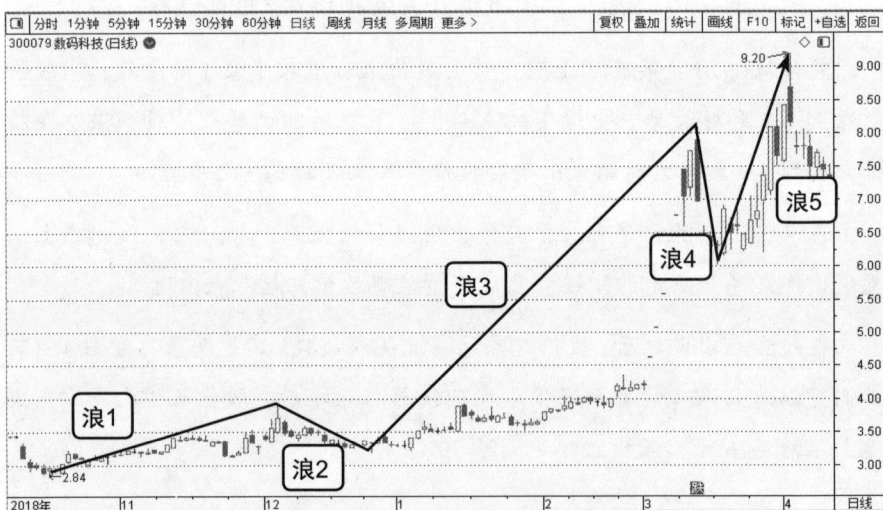

图 4-17　数码科技 2018 年 10 月至 2019 年 4 月的走势图

从图中可以看到，该股在 2018 年 10 月中旬创出 2.84 元的最低价后止跌企稳开启浪 1 上涨。随后股价被步步拉高于 12 月初运行到阶段性的高位，创出 3.92 元的高价后回落展开浪 2 回调。

浪 2 回调不到 1 个月便结束，在 12 月底，浪 3 从 3.17 元开始上涨，短短两个多月的时间，股价最高上涨到 8.1 元，涨幅达到 155%。随后开始浪 4 回调。在本例中，由于浪 3 的过快上涨导致浪 4 的迅速回调。下面放大浪 4 的走势来看一下，如图 4-18 所示。

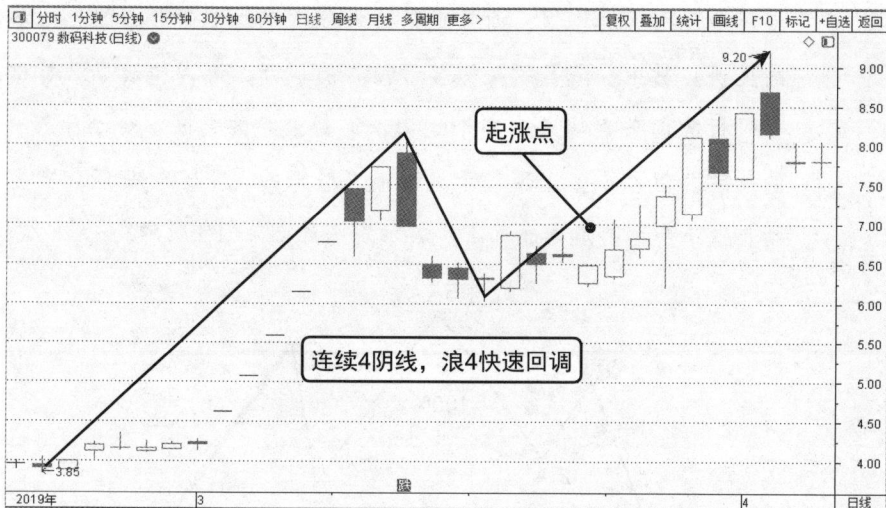

图 4-18　数码科技 2019 年 2 月至 4 月的走势图

从下跌幅度来看，股价从 8.1 元下跌到第 4 根十字线阴线创出的 6.02 元的最低价，此时股价下跌了 2.08 元，与浪 3 涨幅的 38.2% 很接近（8.1-3.17）×38.2%=1.88，说明浪 4 回调结束。

根据以上的波浪理论分析，我们可以预测出该股的起涨点。之后股价从 6 元左右上涨到了 9.2 元左右，股价上涨了约 53%。

第 72 招：根据浪 C 底部找起涨点

浪 C 是整个波浪中的最后一浪，也是整个八浪循环的结束。浪 C 的末尾市场又会重新步入上升趋势。

浪 C 大多会跌破浪 A 的底部，形成下一个八浪循环开始的买入信号。根据浪 A 下跌走势的力度不同，浪 C 的形态走势也各有不同，具体有如下两种情况。

◆ 在相对平坦的调整之中，浪 C 的长度大概和浪 A 相同。这不仅是市场心理因素的作用，而且也是技术分析中的平台形态调整走势的反映。其中，浪 B 的反弹接近浪 A 的顶部，浪 A 和浪 C 沿着相互平行的两条直线逐步向下运动，而且浪 C 的长度不会小于浪 A 的长度，但也不会出现过于远离浪 A 底部的现象（即使浪 C 发生延长也不会远离浪 A 底部）。其示意图如图 4-19 所示。

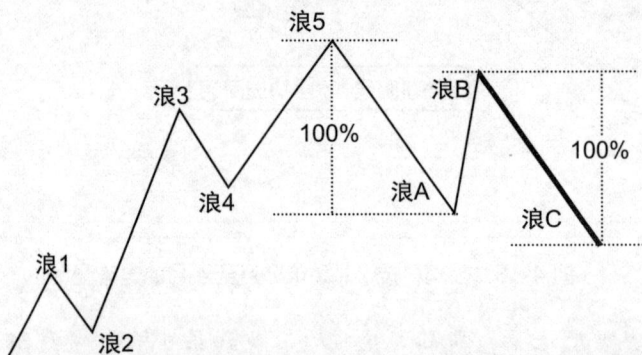

图 4-19　浪 A 平缓下跌形态下的浪 C 下跌幅度示意图

◆ 在浪 A 跌势迅猛，而浪 B 反弹不力的条件下，浪 C 发生延长的可能性极大，且延长的下跌五浪模式必然导致浪 C 的长度远远超过浪 A，一般达到浪 A 的 161.8%，这是市场极度弱势的表现。其示意图如图 4-20 所示。

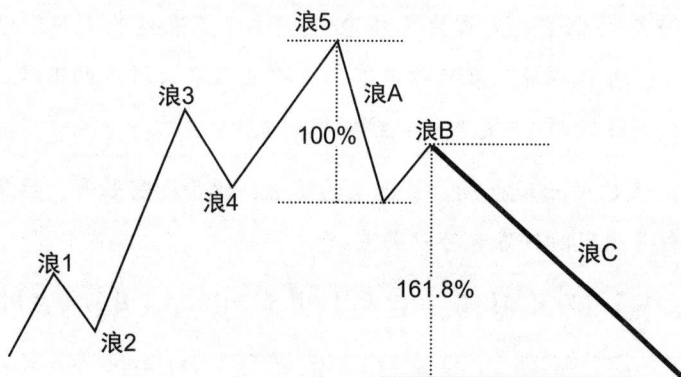

图 4-20　浪 A 凶猛下跌形态下的浪 C 下跌幅度示意图

实例分析

太阳纸业（002078）的浪 C 底部起涨点

图 4-21 所示为太阳纸业 2018 年 2 月至 2019 年 2 月的走势图。

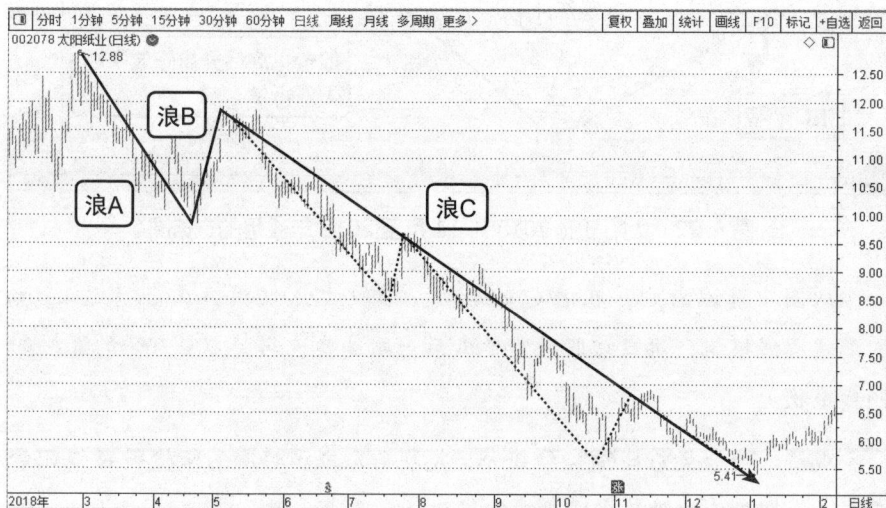

图 4-21　太阳纸业 2018 年 2 月至 2019 年 2 月的走势图

从图中可以看到，该股在 2018 年 2 月中旬创出 12.88 元的最高价后见
顶回落，步入下跌行情，这是一个完整的下跌三浪走势。

观察浪 C 的形态，可以发现在浪 C 发生了五浪延长（即图中虚线标注的走势），并且在延长浪的作用下，浪 C 出现了大幅度的下跌，从 11.5 元左右下跌到最低的 5.5 元附近，跌幅达到 52%。

此外，浪 C 的出现也预示着八浪的结束，股价即将触底，后市看涨，当起涨点信号出现时投资者可以买进。

图 4-22 所示为太阳纸业 2018 年 11 月至 2019 年 4 月的走势图。

图 4-22　太阳纸业 2018 年 11 月至 2019 年 4 月的走势图

从图中可以看到，在浪 C 的尾部，该股于 2019 年 1 月 3 日以 1.79% 的跌幅阴线报收，次日该股跳空低开后一路高走，当日以 2.36% 的涨幅的阳线报收。

观察这两个交易日的 K 线组合，发现其形成了标准的阳抱阴 K 线组合形态，说明股价的跌势出现减缓的势头，起涨点出现。

事实上，该股在浪 C 尾部出现阳抱阴 K 线组合形态后股价企稳回升，步入了一波中期上涨行情阶段。

第 73 招：综合波浪理论找起涨点

波浪理论是一种很有效的趋势分析工具，在这样的理论指导下，发现股价的运行趋势，抓住股价的细微变化，是我们在运用其寻找起涨点的关键所在。

实例分析

中信海直（000099）五浪上涨

图 4-23 所示为中信海直在 2018 年 10 月至 2019 年 4 月的走势图。

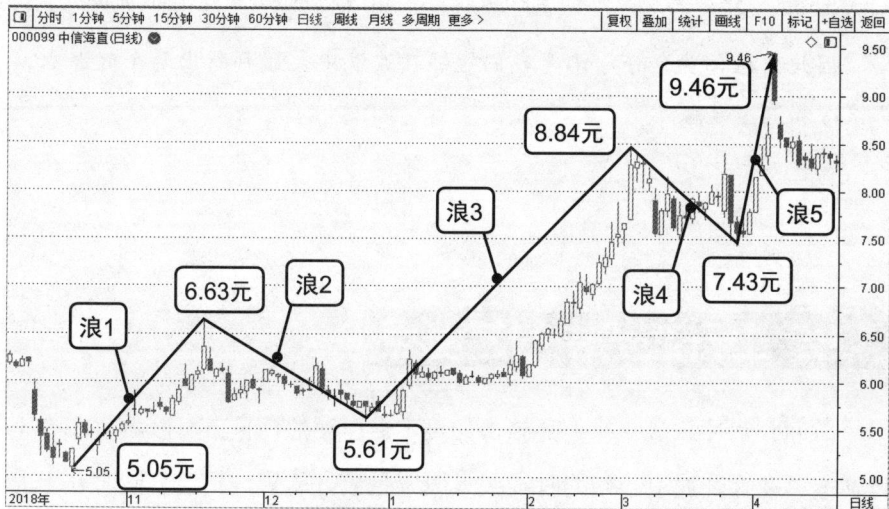

图 4-23　中信海直在 2018 年 10 月至 2019 年 4 月的走势图

根据波浪理论，在图中标注出五浪，并把五浪起点和终点的股价标注出来。

浪 1 从 5.05 元涨到 6.63 元。

浪 2 随之回调至 5.61 元。

浪 3 从 5.61 元上涨至 8.84 元。

浪 4 回调到 7.43 元。

浪 5 加速上涨到 9.46 元。

由上面的这些数值可以得到浪 1 上涨了 1.58 元，浪 2 回调了 1.02 元，浪 3 上涨 3.23 元，浪 4 回调 1.41 元，浪 5 上涨了 2.03 元。

其中：

1.58×0.618 ＝ 0.98 元，这和浪 2 的回调幅度非常接近。

1.58×2 ＝ 3.16 元，这个数值也大致和浪 3 上涨的 3.23 元非常接近。

1.58×1.382 ＝ 2.18 元，这一数值也和浪 5 上涨的 2.03 元非常接近。

因此，结合黄金分割比率我们能够在波浪中大致判断出两个起涨点，即浪 3 和浪 5 起涨点。

4.3　上升趋势中的起涨点

前面介绍过趋势，在上升趋势如果不考虑波浪理论，可以构成一个上升通道，在上升通道开始的时候买入股票是最好的短线机会，同时在上升通道过程中的调整位置买入股票也是比较好的短线机会，但投资者往往不容易判断，下面将结合前面的知识——综合趋势理论来分析如何在上升趋势中通过短线获利。

第74招：短线老鸭头起涨点

老鸭头也就是大涨的开始，对于短线投资者而言，买到老鸭头才是真的。那么如何寻找到老鸭头呢？这是许多短线投资者比较关心的问题。

首先我们要弄懂什么是老鸭头，它指的是一种炒股方法。这种技术形态，往往表明主力经过第一轮拉升后，然后进行拉高洗盘，随后继续拉升，导致个股出现第二波行情。

老鸭头是短线主力造就一种经典技术形态，通常是主力经过建仓、洗盘、拉高等一系列行为之后所造成的。

老鸭头战法的重点，关键在于如何识别老鸭头。大量数据表明，一旦真正的老鸭头形态形成，个股上涨往往会具有很大的潜力，此时如果短线投资者能够积极跟进，往往能获得不错的收益。

老鸭头有以下4点图形特征。

◆ 利用5日均线、10日均线和60日均线作为均线参考。当5日均线、10日均线放量上穿60日均线后，形成鸭颈部。

◆ 回落调整时候的头顶部便是股票的鸭头顶。

◆ 当股价调整一段时间，5日均线和10日均线再度形成金叉便是鸭嘴。

◆ 鸭鼻孔是5日均线和10日均线出现死叉之后又重新进入金叉阶段所形成的鼻孔。

实例分析

英洛华（000795）老鸭头起涨点

图4-24所示为英洛华2018年12月至2019年5月的走势图。

从图中可以看到，主力在2019年2月初开始缓慢向上拉升股价，成交量呈现放量，此时5日均线和10日均线放量上穿60日均线，形成鸭颈部。

当股价上涨至6.12元的最高价时，主力震仓洗筹股价开始回档，其股价高点形成鸭头顶。

3月下旬，5日均线和10日均线出现死叉之后又从新进入金叉阶段形成的鸭鼻孔。

5月初，主力再度建仓收集筹码，股价再次上升，5日均线和10日均线再度形成金叉，形成鸭嘴部。

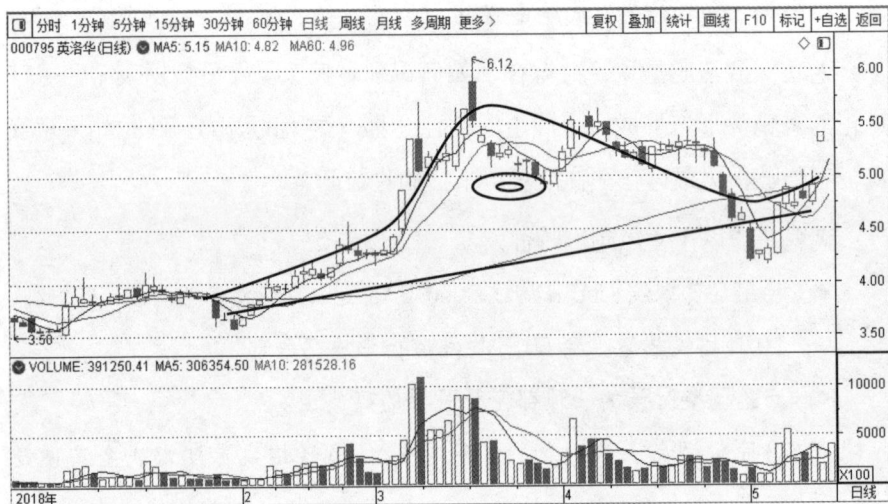

图4-24　英洛华2018年12月至2019年5月的走势图

由此可知，老鸭头形态完成，预示后市可能会出现一波短线上涨行情。而老鸭头形成之后，股票价格放量突破鸭头部的时候为较好的起涨点。

图4-25所示为英洛华2019年2月至6月的走势图。

从图中可以看到，老鸭头形态出现后股价开启了大幅上涨行情，股价从5元附近上涨至10.3元左右，涨幅达到106%。由此说明，老鸭头为可靠的股价上涨信号。

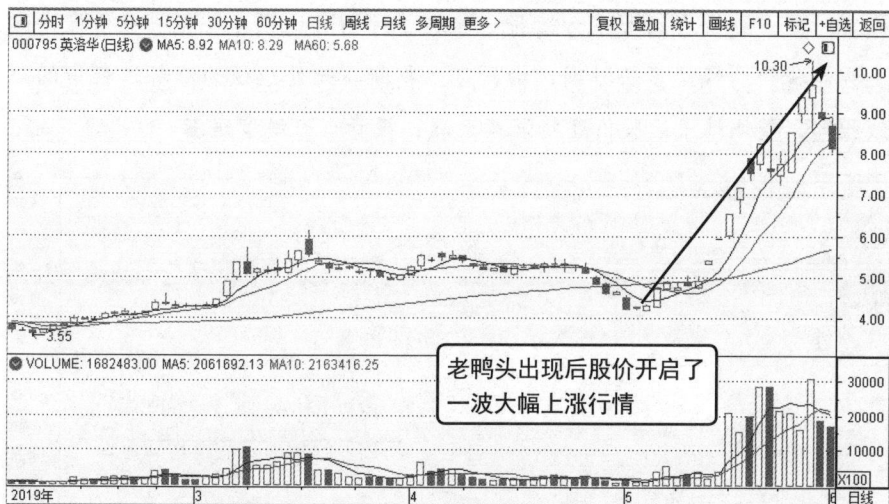

图 4-25　英洛华 2019 年 2 月至 6 月的走势图

第 75 招：判断涨势中的短线腰部

所谓腰部指的是一个上涨过程中的不断回调，在之前均线法则介绍中已经阐明了相关内容，利用均线法则可以判断短线腰部，同时利用趋势理论也能判断。

实例分析

冰轮环境（000811）均线判涨势短线腰部

图 4-26 所示为冰轮环境 2018 年 6 月至 2019 年 2 月的走势图。

从图中可以看到，该股前期经历一波下跌行情后股价运行至 4.4 元价位线止跌回升。但是该轮上涨并没有持续较长时间，股价上涨至 6 元价位线附近就止涨回调。那么，此时应是判断涨势中的短线腰部呢？还是判断涨势头部呢？

观察均线可以发现，股价虽然下跌调整，但是 5.2 元价位线形成有力支撑位，股价调整始终没有有效跌破 5.2 元。多条均线在下跌调整中形成空头排列，股价在均线下方运行，但在 2 月初时均线压转托，股价在均线上方运行，均线呈多头排列。由此可以判断，此处应该为涨势过程中的短线腰部，整理结束后股价还将继续大涨，投资者可继续追涨。

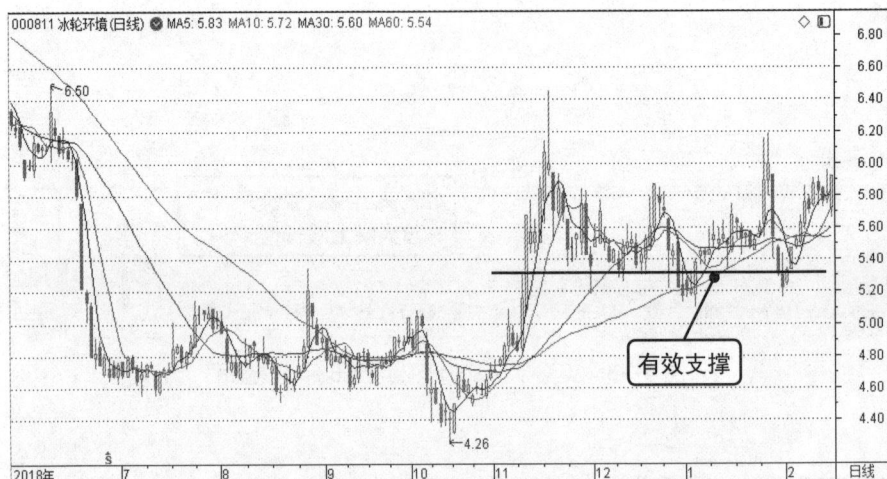

图 4-26　冰轮环境 2018 年 6 月至 2019 年 2 月的走势图

图 4-27 所示为冰轮环境 2018 年 10 月至 2019 年 4 月的走势图。

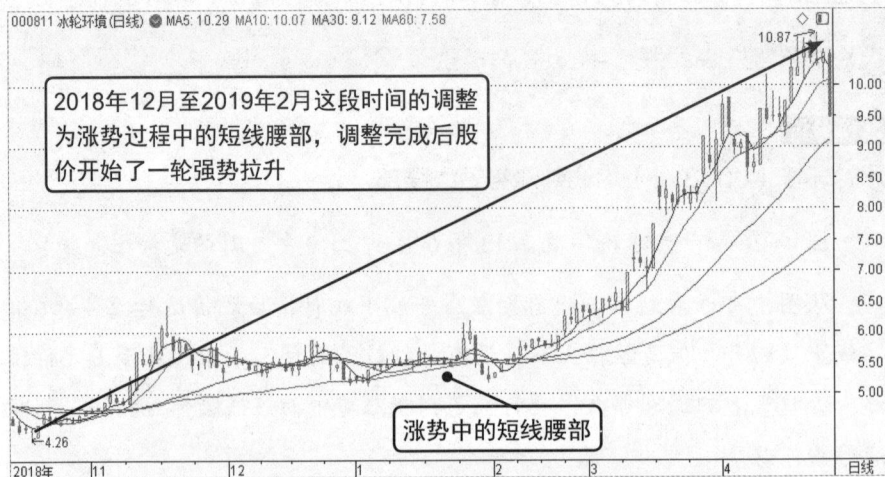

图 4-27　冰轮环境 2018 年 10 月至 2019 年 4 月的走势图

第 **5** 章

成交量变化中透露的起涨点

　　成交量是股价变化中的关键因素，股价的上涨和下跌在成交量上表现得一清二楚。当股价上涨时，成交量必须有效放大，以此来配合股价的上涨走势；当股价下跌时，成交量会出现缩量，显示股价走势的低迷状态。总之，在买股票、找股价的起涨点时，绝不能忽视成交量。

成交量是指在单位时间内股票成交的数量，它是一种供需的表现，当供不应求时，市场信心满满，都要买进股票，成交量自然放大；反之，供过于求，市场冷清无人，买气稀少，成交量势必萎缩。

成交量是股价走势变化的重要信息，利用好成交量，投资者可以从容地应对股市中的各种变化，从而在复杂多变的走势中找到股价上涨的起涨点。

第76招：低位连续地量

低位是指股价的价格区间或者是价位处于较低的位置；地量是对成交量的一种表达，指的是成交量极度萎缩。

为什么会出现低位连续地量？这一走势又告诉我们哪些有价值的信息呢？股价低位连续地量成交，说明该股在这一位置的交易十分清冷，该股市场中没有被关注，证明了该股该卖出的筹码已经基本卖出。

根据这样的走势，我们可以比较准确地判断出股价的底部位置，并根据底部去寻找股价的起涨点。

实例分析

海信视像（600060）的低位地量

图 5-1 所示为海信视像 2019 年 3 月至 9 月的走势图。

从图中可以看到，成交量在股价下跌过程中，逐渐减少，股价从 12.9 元跌至 7.31 元止跌小幅回升，此时跌幅已经达到 43%。那么此时是不是股价下跌底部呢？

我们查看成交量发现，在股价下跌的低位区域出现连续多次地量，且股价也跌破多根均线，呈现一种超跌状态，发出一种即将止跌的态势。

股价低位的连续地量成交说明该股在这一位置的交易十分冷清，该股市场中没有被关注，证明该股的筹码已经基本卖出。根据这样的走势，我们可以比较准确地判断出此时股价处于底部位置，当成交量出现明显放量时说明起涨点出现。

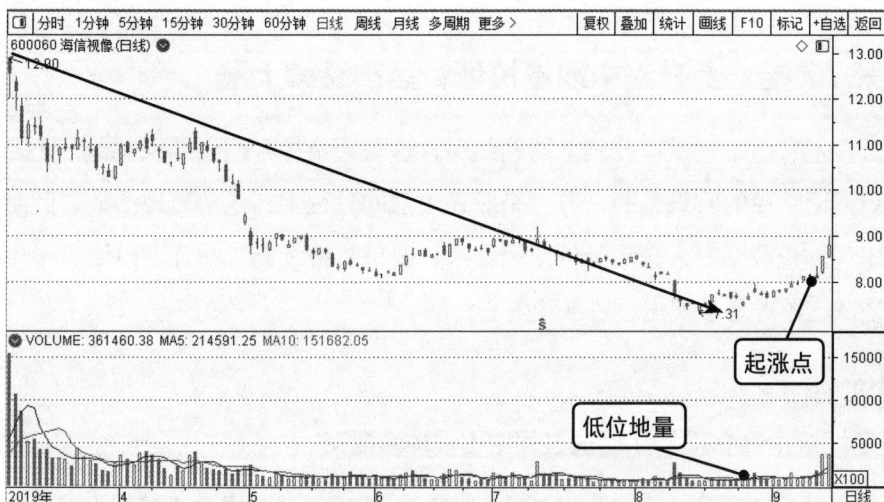

图 5-1 海信视像 2019 年 3 月至 9 月的走势图

图 5-2 所示为海信视像 2019 年 9 月至 2020 年 2 月的走势图。

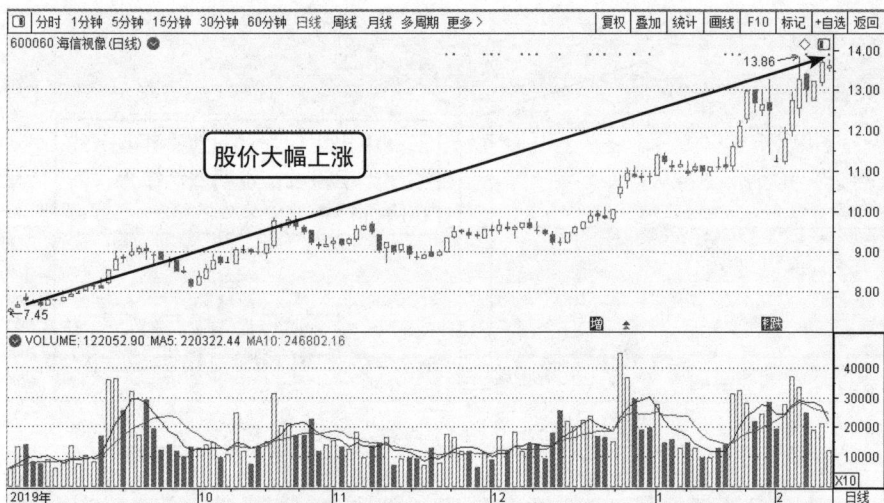

图 5-2 海信视像 2019 年 9 月至 2020 年 2 月的走势图

从图中可以看到，后市股价果然转入上涨的牛市行情之中，股价从 7.31 元涨至 13.86 元，涨幅达到 89%，涨幅明显。

第 77 招：上升途中地量拉低，后市继续上涨

上升途中地量拉低预示回调结束，这与天量拉升回调结束类似，都是对回调结束的有效判断信号。个股在上涨的过程中，走势表现回调，此时出现地量成交量，预示股价回调结束，股价将继续向上拉升。投资者不要慌张，不要急于卖出，可继续安心持股。

实例分析

海大集团（002311）回调过程中出现地量成交

图 5-3 所示为海大集团 2018 年 11 月至 2019 年 4 月的走势图。

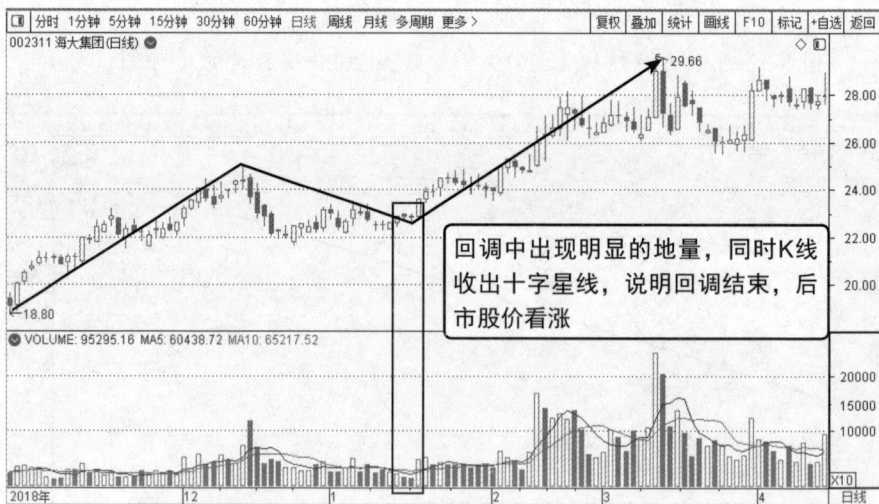

图 5-3　海大集团 2018 年 11 月至 2019 年 4 月的走势图

从图中可以看到，该股股价处于上涨行情，且涨势强烈。12 月 14 日开始，连续几个交易日个股 K 线收出大阴线，股价下跌，成交量萎缩，股

价表现出明显的回调下跌迹象。1月17日，成交量出现明显的地量，同时K线收出十字星线，预示回调结束，后市股价将继续向上拉升。已经持股的投资者，回调时不要恐慌，应继续持股，等待上涨。

第78招：快速拉高阶段地量出现，继续追涨

股价快速向上拉升的阶段，主力可能会在中途进行短暂地整理，以便后市继续拉升股价，这时成交量中容易出现地量。此时为投资者介入市场、买入股票追涨的良好机会。

实例分析

洲明科技（300232）快速上涨过程中出现地量

图5-4所示为洲明科技2019年1月至4月的走势图。

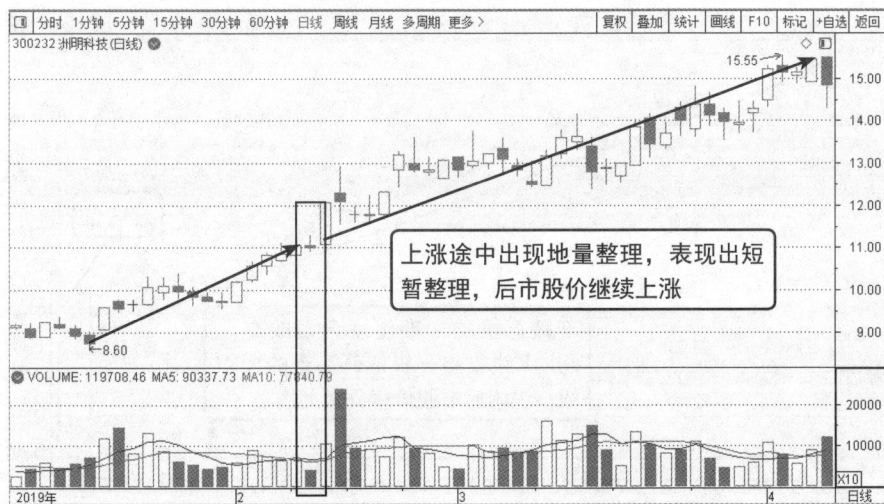

图5-4　洲明科技2019年1月至4月的走势图。

从图中可以看到，该股股价处于上涨行情中，2月初K线连续收出5根高开高走的阳线，将股价从9.55元快速向上拉升。但2月15日K线却

收出小阴线，成交量表现为地量，表现出市场中的惜售情绪，后市股价表现继续上涨。投资者可以继续追涨。

第 79 招：下跌末期天量拉升起涨点

在股价下跌的行情中，随着股价不断下跌，股价风险逐步释放，并逐步体现出其买入价值。因此主力往往此时大举吸筹买入建仓，这是天量出现的信号。下跌走势后期天量拉升建仓是一个明显的起涨信号，投资者应该果断跟进，大胆持有。

实例分析

云南白药（000538）下跌行情末期出现天量成交

图 5-5 所示为云南白药 2018 年 5 月至 11 月的走势图。

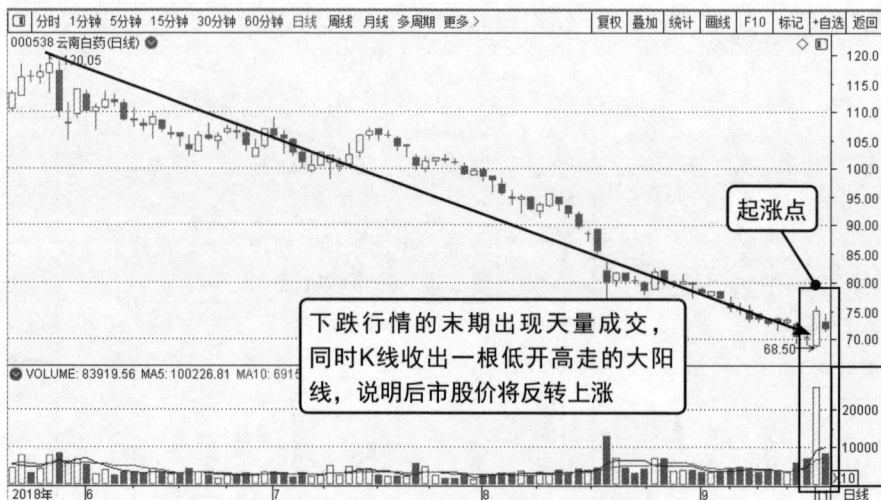

图 5-5　云南白药 2018 年 5 月至 11 月的走势图

从图中可以看到，该股股价表现为下跌走势，从最高股价 120.05 元跌至最低 68.5 元，跌幅达到 43%，成交量表现萎缩。

11月23日，股价下跌末期突然出现天量成交，同时K线收出低开高走的一根大阳线。在股价大幅下跌后的低位区出现天量成交，可以判断出主力正在下跌位置大举吸筹，后市股价表现强势上涨。此时的天量为起涨点信号。

图5-6所示为云南白药2018年11月至2019年4月的走势图。

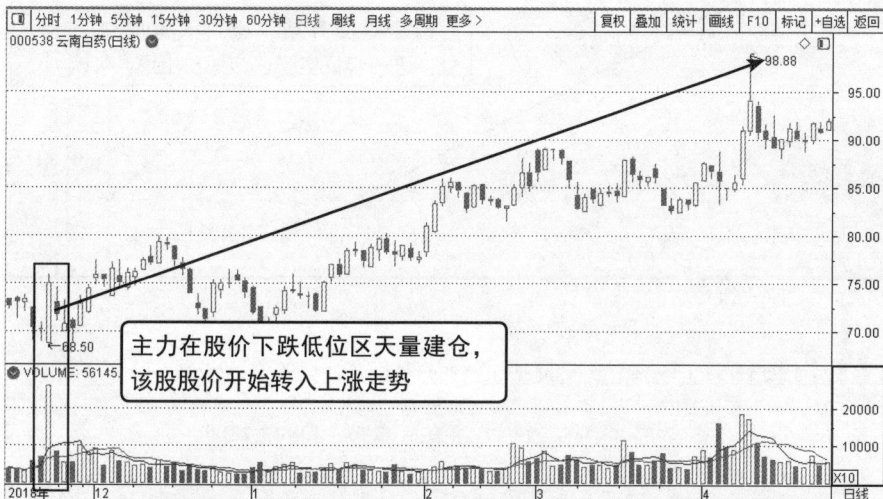

图5-6　云南白药2018年11月至2019年4月的走势图

从图中可以看到，11月23日出现天量成交之后，股价开始表现出反转上涨走势，将股价从68.5元拉升至最高98.88元，涨幅达到44%。可见低位天量成交为可靠的起涨信号。

第80招：股价企稳之后天量拉升起涨信号

很多时候为了降低风险，主力会选择股价企稳之后再介入。经过一段时间的盘整，股价走势会更加明朗，后市逐步看好。主力此时快速拉高建仓，做多意图坚决，后市涨势更加坚定，投资者可以积极跟进，大举买入。

ST 宜化（000422）股价企稳之后天量拉升

图 5-7 所示为 ST 宜化 2018 年 3 月至 7 月的走势图。

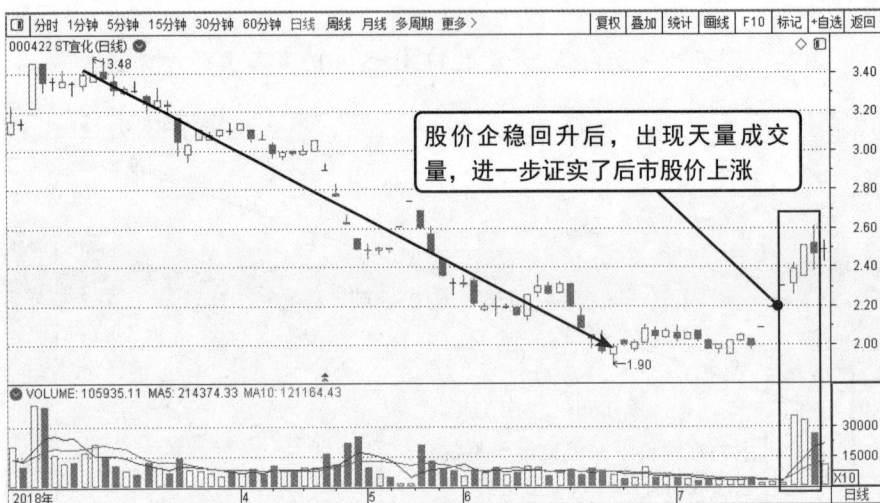

图 5-7　ST 宜化 2018 年 3 月至 7 月的走势图

从图中可以看到，该股表现为下跌行情，股价从 3.48 元下跌至 1.9 元后止跌，股价在 2 元价位线上横盘调整企稳后向上拉升，此时成交量出现天量。天量的出现，表明主力做多的决心，进一步证实了后市股价将表现为上涨行情，天量可视为股价起涨点，宜积极买进。

图 5-8 所示为 ST 宜化 2018 年 7 月至 2019 年 4 月的走势图。

从图中可以看到，后市股价果然转入上涨行情中，以天量成交量作为买入点（2.5 元附近），当股价涨至 5.47 元时，投资者可获得 118% 的投资收益。

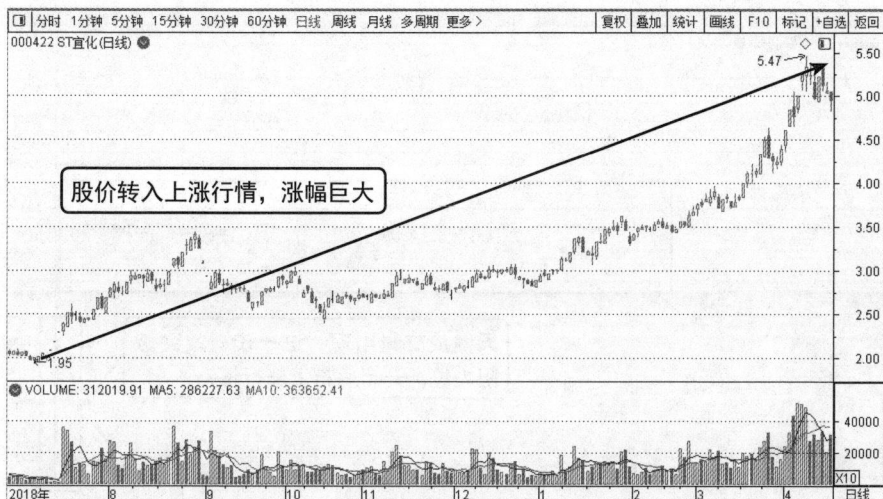

图 5-8　ST 宜化 2018 年 7 月至 2019 年 4 月的走势图

第 81 招：上升途中天量突破，开启新涨势

个股上涨过程中，股价往往需要突破一些阻力位置，这样股价才能不断创出新高，形成良好涨势。此时就需要主力进行有效放量，拉升股价，这样的放量往往会造成天量。

实例分析

完美世界（002624）上升途中天量突破

图 5-9 所示为完美世界 2019 年 7 月至 11 月的走势图。

从图中可以看到，该股整体表现为上涨走势，股价震荡向上。当股价上涨至 30 元附近后，股价止涨下跌回调，并在 26 元至 30 元区间波动调整。

11 月 19 日 K 线收出一根大阳线，向上突破阻力位，第二日 K 线继续跳空高开收出一根天量阳线。天量阳线的出现，进一步拉升股价，脱离阻力位，说明后市股价将开启新一轮的上涨走势，天量可以视为起涨点。

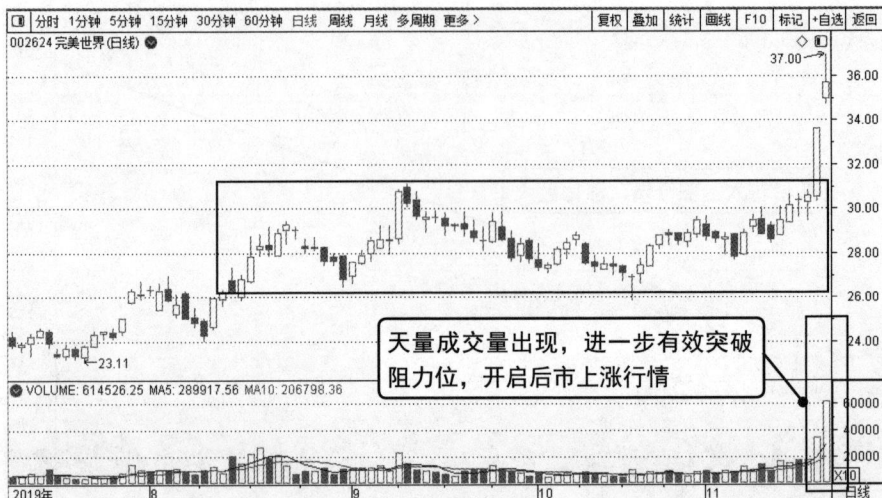

图 5-9　完美世界 2019 年 7 月至 11 月的走势图

图 5-10 所示为完美世界 2019 年 10 月至 2020 年 2 月的走势图。

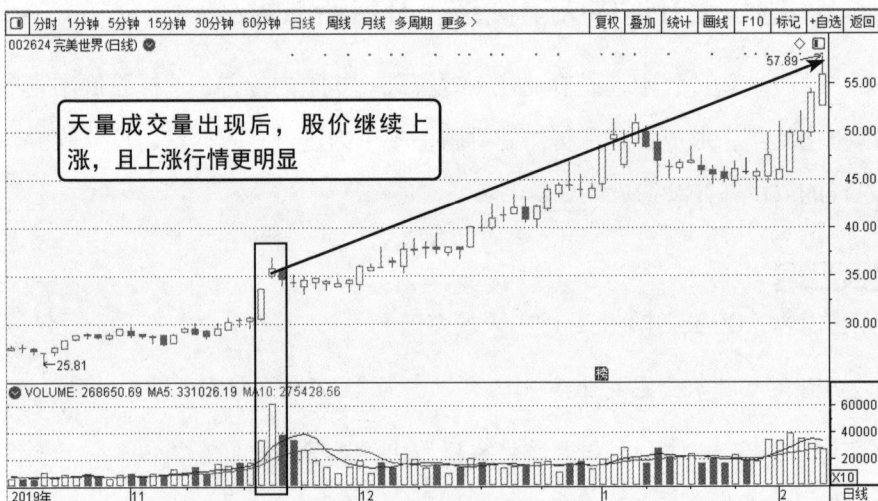

图 5-10　完美世界 2019 年 10 月至 2020 年 2 月的走势图

从图中可以看到，天量成交量出现后，股价继续上涨，且上涨行情更明显，上涨幅度也更强烈，股价从 35 元附近上涨至最高 57.89 元，涨幅达到 65.4%。

第82招：回调后的天量拉升

个股股价上涨的过程中，主力会进行洗盘操作。洗盘直接导致股价回调下跌，回调的时间有长有短，容易引起投资者的恐慌。如果此时出现天量成交，则说明回调进入末期，股价将上涨。这里的天量拉升就是一个回调结束信号。

实例分析

神州数码（000034）回调末期出现天量拉升

图 5-11 所示为神州数码 2019 年 7 月至 11 月的走势图。

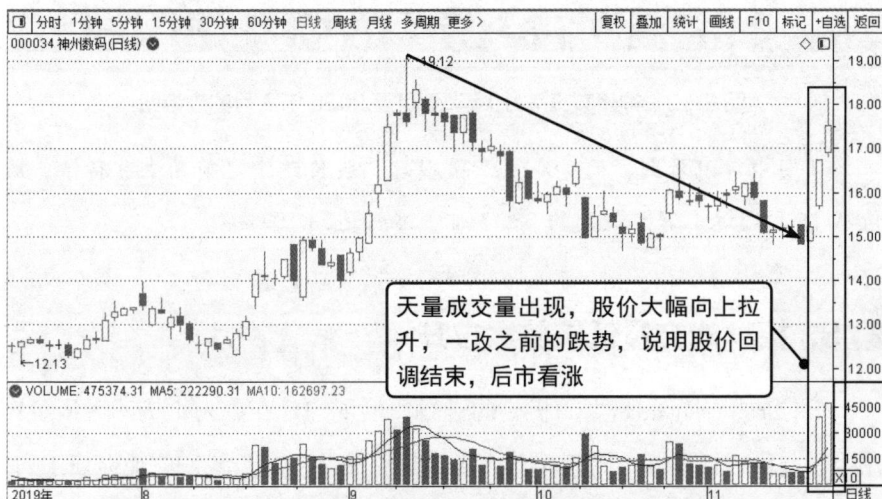

图 5-11　神州数码 2019 年 7 月至 11 月的走势图

从图中可以看到，该股前期表现为上涨行情，股价从 12.13 元上涨至 19.12 元后止涨下跌，股价开始近两个月的下跌回调。11 月 19 日和 20 日成交量放出天量，股价大幅向上拉升，一改之前的跌势，说明股价回调结束，后市看涨。此时的天量为起涨点，投资者可以趁机买入。

图 5-12 所示为神州数码 2019 年 11 月至 2020 年 3 月的走势图。

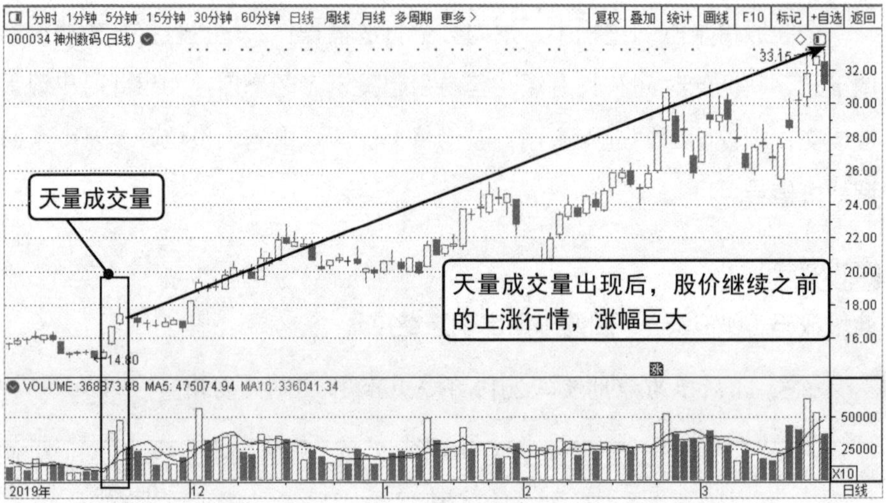

图 5-12　神州数码 2019 年 11 月至 2020 年 3 月的走势图

从图中可以看到，天量成交量出现后，股价继续之前的上涨行情，股价从 16 元附近上涨至最高的 33.15 元，涨幅达到 107%。

第 83 招：成交量低位放量拉升

低位放量显示的是主力机构的进场，展现的是在主力机构的大资金作用下，股价放量摆脱下跌走势的市场表现。由此来看，我们就能抓住主力，进行买入操作了。

实例分析

中国长城（000066）低位放量拉升

图 5-13 所示为中国长城 2018 年 7 月至 2019 年 2 月的走势图。

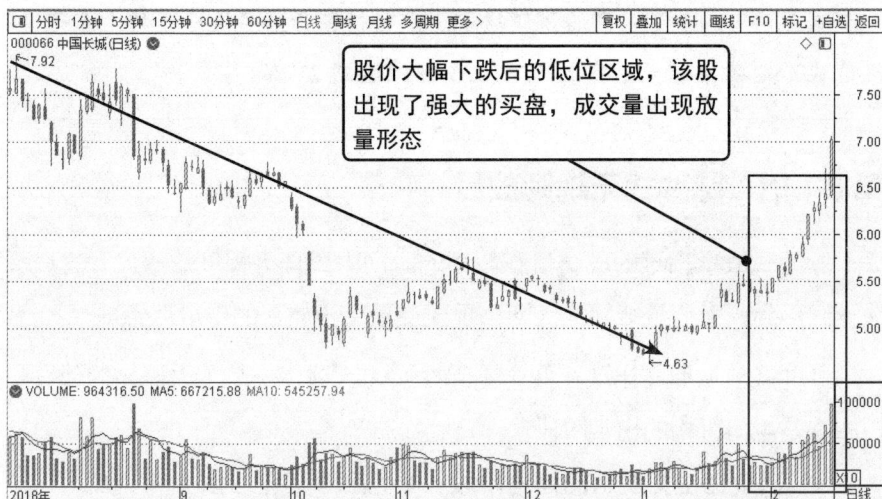

图 5-13　中国长城 2018 年 7 月至 2019 年 2 月的走势图

从图中可以看到，在股价大幅下跌后的低位区域，该股出现强大的买盘，成交量出现放量形态，导致股价上涨，说明后市股价涨势已定，此时的放量上涨为起涨点，投资者可以趁机积极买进。

图 5-14 所示为中国长城 2019 年 1 月至 12 月的走势图。

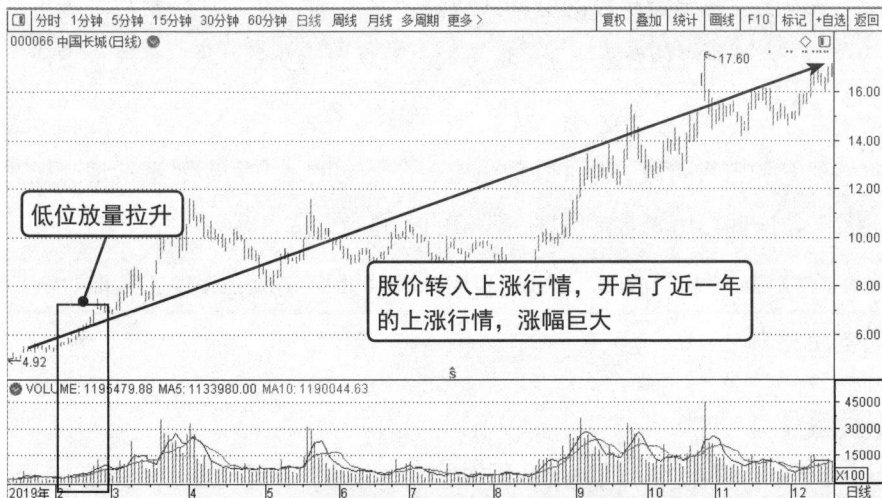

图 5-14　中国长城 2019 年 1 月至 12 月的走势图

从图中可以看到，果然该股转入上涨行情，开启了近一年的上涨行情，股价从 4.92 元上涨至最高的 17.6 元，涨幅达到 257%。

第 84 招：脉冲式无规则放量

脉冲式放量指是的成交量在较短的时间内出现大幅度的放大，之后又快速回落到原来的量能标准，即出现成交量单根放大的走势形态。

脉冲式放量通常出现在两个不同性质的区域，一是主力机构的建仓阶段；二是主力机构的出货阶段。

◆ **出现在主力机构的建仓阶段**：一方面原因是当主力机构确认了个股的可操作价值之后，便开始建仓，但是有些主力机构的实力不雄厚，因此它们在建仓的时候就显得资金不足，为了确保建仓的有效进行，就选择这种脉冲式的放量来达到建仓的目的；另一方面，主力机构在大幅度的拉升股价之前都会选择试盘操作，以评估市场中浮动筹码的数量，以此来做拉升前的最后准备。

◆ **出现在出货阶段的脉冲式放量**：主力机构为了迷惑散户，采用这种脉冲式的放量出货，诱使散户误以为成交量放大，且股价上涨，而进行买入操作，从而陷入主力的"圈套"。

建仓和出货阶段的脉冲式放量有一个不同的地方，即前者常常出现在股价低位区间；后者常常出现在股价的大幅度上涨之后。

在这里我们只分析主力机构利用脉冲式放量来建仓表现，从而寻找股价的起涨点。

实例分析

中国重汽（000951）的脉冲式放量分析

图 5-15 所示为中国重汽 2019 年 4 月至 10 月的走势图。

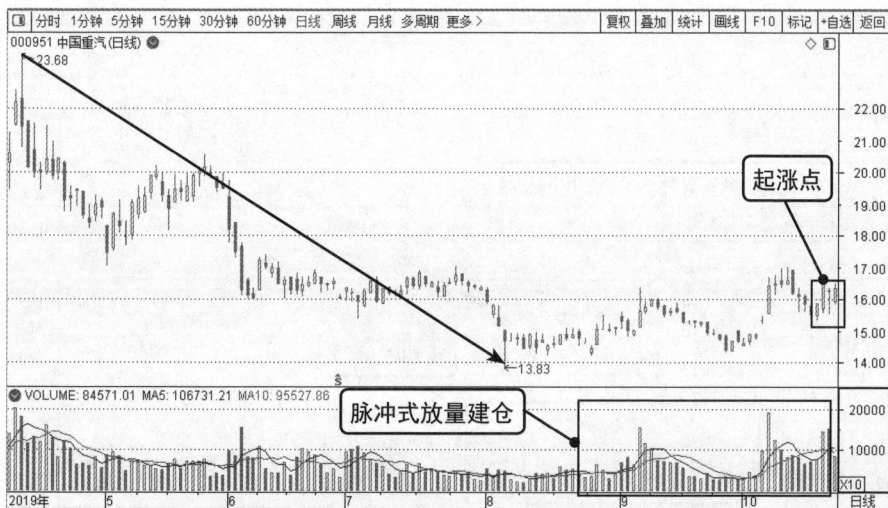

图 5-15　中国重汽 2019 年 4 月至 10 月的走势图

从图中可以看到，该股从 23.68 元下跌，创出 13.83 元的新低后止跌，并在 15 元价位线上波动调整，形成短期的底部。

在股价相对低位的 15 元附近时，该股被主力发现，主力资金缓慢进场操作，导致股价小幅走高，成交量呈现出一种脉冲式的放量。

从股价的脉冲式放量来看，成交量放量之后，对应的股价也出现了上涨，之后伴随着成交量的缩量，股价也回落，如此往复。

根据这样的特点，我们判断在图中的方框位置，该股又出现了一次回调走势，显然这是一个起涨点。

图 5-16 所示为中国重汽 2019 年 8 月至 2020 年 1 月的走势图。

从图中可以看到，果然主力借助脉冲式的放量来完成建仓的目的，建仓完毕后，股价开启了一轮上涨行情。投资者在起涨点位置买进（16 元附近），股价涨至 23.55 元时，可获得 47% 的收益。

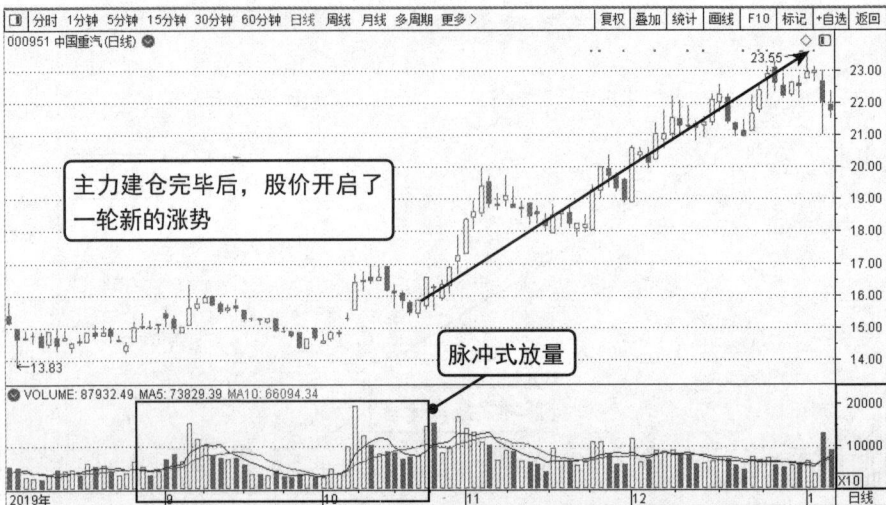

图 5-16　中国重汽 2019 年 8 月至 2020 年 1 月的走势图

第 85 招：成交量突然放量 3 倍以上的起涨点

成交量突然放量 3 倍以上指的是成交量在之前基础上的一个大幅度放量走势，同时这种放量走势是突然的，是没有任何事先预兆的。

一般在这样的成交量变化中，我们看到的是大量资金的突然进场或者突然发力，那么既然有大主力进场，我们就可以毫不犹豫地进行追涨操作。

实例分析

未名医药（002581）的量能突放 3 倍以上

图 5-17 所示为未名医药 2019 年 9 月至 2020 年 1 月的走势图。

从图中可以看到，该股股价从 8.5 元开始进入下跌走势，虽然没有出现大幅度的下跌走势，但是成交量呈现出一种没有动力的低迷状态。

股价跌至 6.41 元止跌，并在 6.6 元价位线附近调整。2020 年 1 月初，在没有任何上涨迹象的前提下，该股突然暴走，股价直接拉出涨停板，成交量也较前面几个交易日出现了 3 倍以上的放量走势。由此可以判断，该股有大资金关注，起涨点出现，投资者可以展开追涨操作。

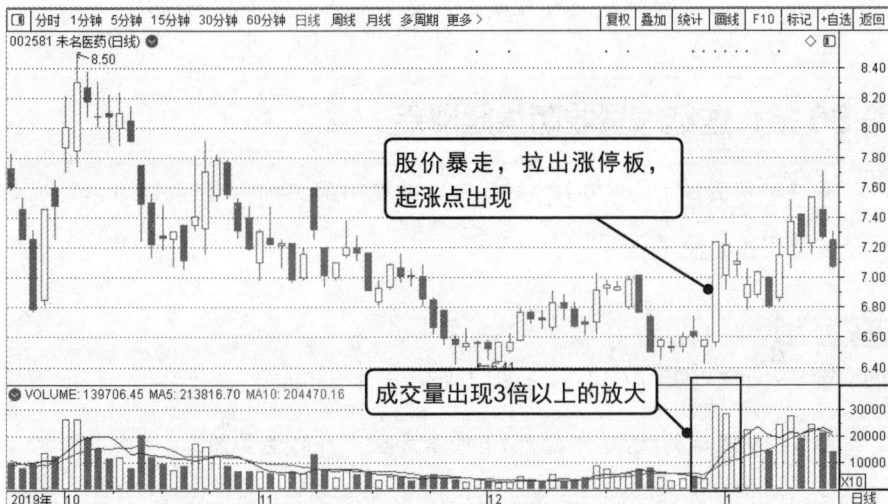

图 5-17　未名医药 2019 年 9 月至 2020 年 1 月的走势图

图 5-18 所示为未名医药 2019 年 12 月至 2020 年 6 月的走势图。

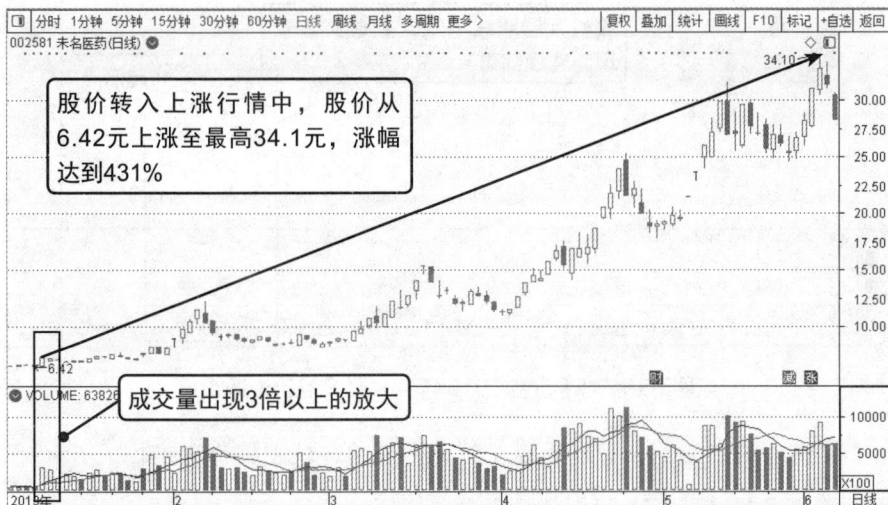

图 5-18　未名医药 2019 年 12 月至 2020 年 6 月的走势图

从图中可以看到，成交量出现 3 倍以上放量后，后市股价转入上涨行情之中，股价从 6.42 元上涨至最高的 34.1 元，涨幅达到 431%。可见前期量能 3 倍以上的放量确实是有大量主力资金入场，做多拉高股价。

第 86 招：连续缩量收阴线起涨点

连续缩量收阴指的是股票的成交量连续出现萎缩，最后收出阴线，这也是一个股价上涨的信号。

实例分析

*ST 宝实（000595）的连续缩量收阴起涨点

图 5-19 所示为 *ST 宝实 2019 年 4 月至 8 月的走势图。

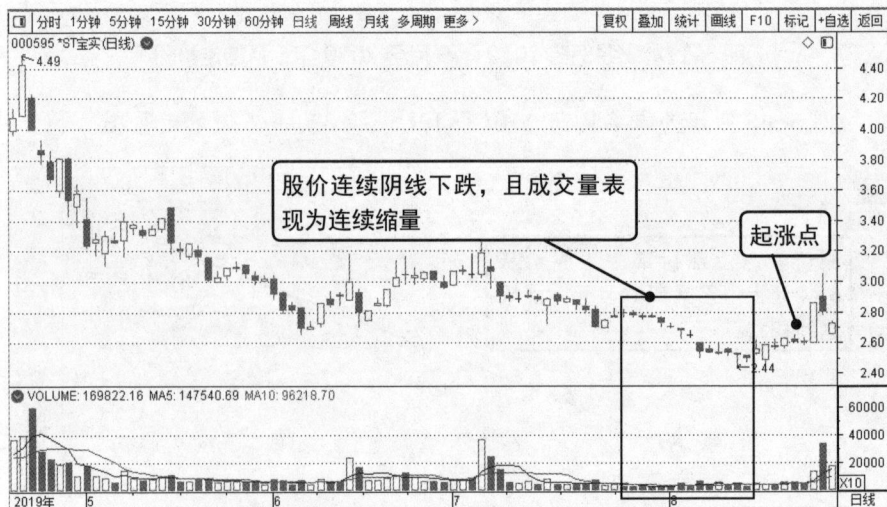

图 5-19　*ST 宝实 2019 年 4 月至 8 月的走势图

从图中可以看到，该股出现了较大幅度的下跌，股价从 4.49 元开始下跌，跌至 2.44 元左右，跌幅达 45%。

在该股下跌的末端走势中，股价出现了连续的阴跌，对应的成交量呈现出连续缩量的走势。

此时预示股价起涨点即将出现。在之后的走势中，该股出现小幅的连续上涨，使得股价摆脱了之前的下跌走势，起涨点出现。

图 5-20 所示为 *ST 宝实 2019 年 5 月至 9 月的走势图。

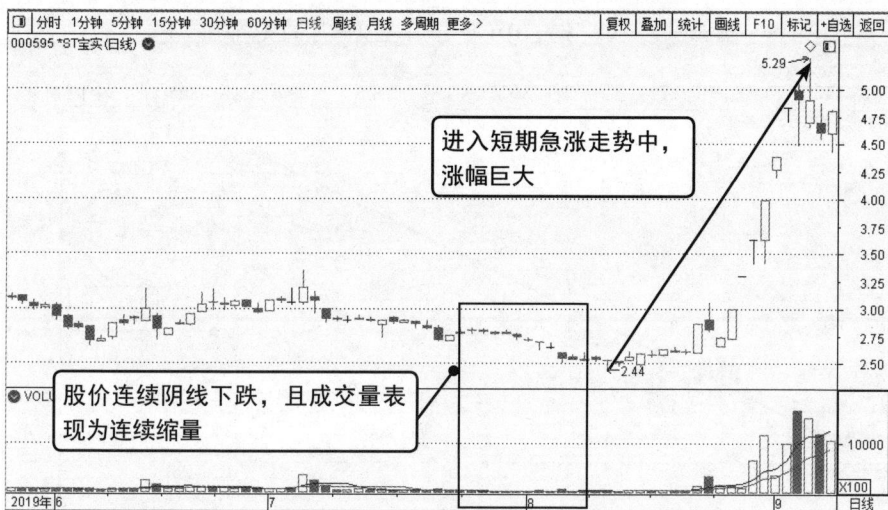

图 5-20　*ST 宝实 2019 年 5 月至 9 月的走势图

从图中可以看到，股价转入短期急涨行情后，半个月左右的时间，股价从 2.44 元上涨至最高的 5.29 元，涨幅达到 116%。

第87招：盘中杀跌带量上拉出现的起涨点

盘中指的是在股票的交易日中交易时间段中的任何时间。盘中杀跌指的是股价在交易日中，出现恶意下跌走势，这种走势往往是主力所为。

带量上拉指的是在当天的交易中，股价被人为打压后，又重新被人为拉升起来，且这样的拉升是在成交量的有效配合下进行的。

盘中杀跌后带量上拉显示的是主力机构的盘中洗盘，当遇到这样的走势时，我们就可以判断出该股的主力行为，预示着股价后市看涨。

实例分析

中信特钢（000708）的盘中杀跌走势

图 5-21 所示为中信特钢 2019 年 8 月至 10 月的走势图。

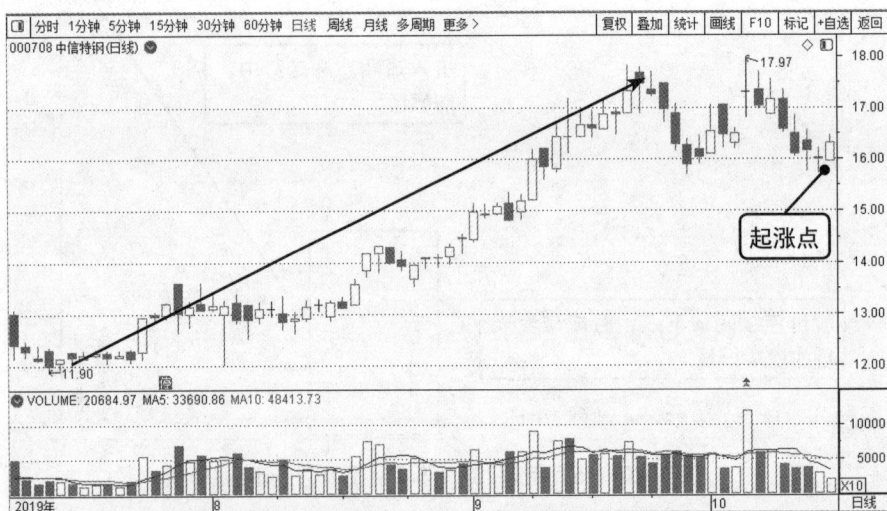

图 5-21　中信特钢 2019 年 8 月至 10 月的走势图

从图中可以看到，该股处于上涨走势之中，股价从 11.9 元上涨至 17 元附近后止涨回调整理，跌至 16 元后企稳，再次上涨至 17.97 元后下跌回调。随后再次跌至 16 元后企稳，10 月 21 日 K 线收出十字阳线，出现起涨点信号。为什么此时是起涨信号呢？

我们查看前一交易日，即 10 月 18 日的分时走势图，如图 5-22 所示。

从图中可以看见一个明显的盘中杀跌。随后股价被主力拉起，且伴随着量能的放大。

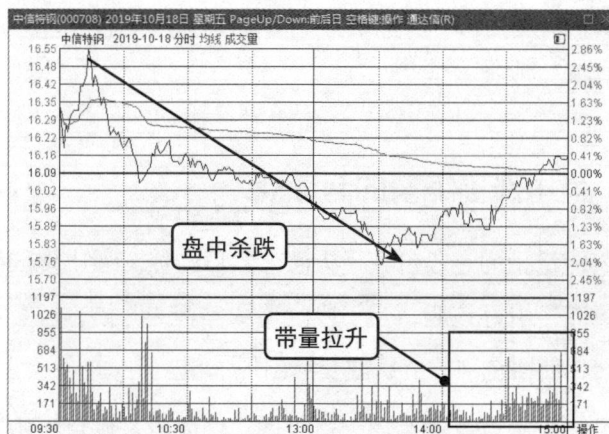

图5-22　10月18日的分时走势图

由此可见，该股在当天的走势中出现了盘中杀跌的走势，所以可以判断出主力进行了盘中洗盘，该股之后会出现上涨也是合理的。

图5-23所示为中信特钢2019年9月至2020年3月的走势图。

图5-23　中信特钢2019年9月至2020年3月的走势图

由图可见，主力洗盘结束后该股继续之前的上涨行情，股价从16元附近上涨至最高的 30 元，涨幅达到 87.5%，投资者在起涨点位置买进可以得到不错的回报。

第 88 招：盘中涨停缩量的起涨点

盘中涨停缩量指的是股价在当天涨停之后，成交量出现的缩量走势，这是因为市场高度看好该股，当该股出现涨停板的时候，握有筹码的投资者不愿意抛售，使得在涨停之后成交量出现缩量。

这里我们找起涨点就是运用上述原理，由此看来涨停板中还是有许多潜力可以挖掘的。

实例分析

冰轮环境（000811）的盘中涨停缩量

图 5-24 所示为冰轮环境 2018 年 10 月至 2019 年 3 月的走势图。

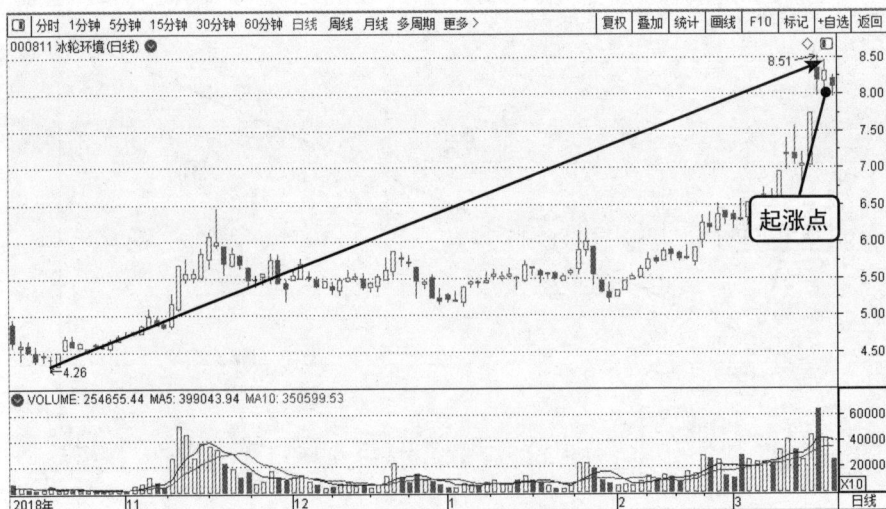

图 5-24　冰轮环境 2018 年 10 月至 2019 年 3 月的走势图

从图中可以看到，该股处于上涨行情之中，股价从 4.26 元上涨到 8.51

元左右，涨幅已经达到 99%，此时投资者应该抛售持股落袋为安，还是继续追涨呢？

答案是继续持股追涨，我们查看前一日，即 3 月 15 日的分时图，分析盘中走势，如图 5-25 所示。

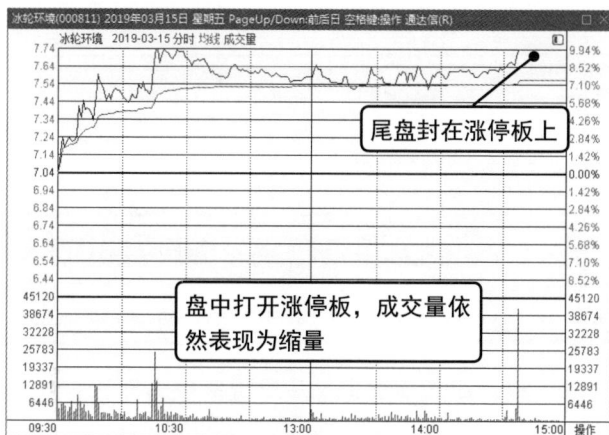

图 5-25　3 月 15 日分时图

从图中可以看到，在大资金的作用下，股价快速上冲，直至涨停板，该股在这一过程中放出了大量。

之后该股在当日交易中，打开涨停板，但是在尾盘时股价还是被封上了涨停板。在涨停板打开时，该股的成交量出现了明显的大幅度缩量。

从这样的走势来看，该股之后的走势依旧被市场看好，因此大量持有该股的投资者并没有卖出手中的股票，特别是一些主力机构仍然没有出现大量沽出。

由此我们可以判断出该股后市还会有上涨的空间，所以得出起涨点的结论。

图 5-26 所示为冰轮环境 2018 年 11 月至 2019 年 4 月的走势图。

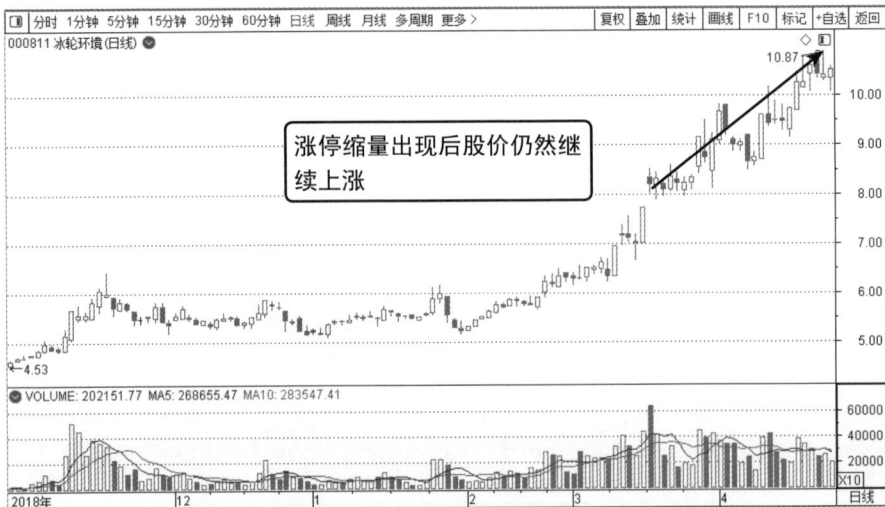

图 5-26　冰轮环境 2018 年 11 月至 2019 年 4 月的走势图

从图中可以看到，涨停缩量出现后股价继续上涨，由 8 元上涨至最高 10.87 元，涨幅达到 36%。说明确实涨停缩量出现后股价还存在一定的上涨空间，投资者不应着急抛售。

第89招：尾盘冲高放量带来的起涨点

尾盘冲高放量指的是在当天的交易中，股价在临近收盘的半小时内出现的冲高放量的走势。这种走势特征显示出该股主力在护盘，不能让股价下跌过大，防止市场中其他抄底资金进入。

由此看来，尾盘冲高放量是一个买入的信号，根据这样的走势特征，就可以找到起涨点。

实例分析

苏州固锝（002079）的尾盘冲高放量

图 5-27 所示为苏州固锝 2019 年 5 月至 2020 年 2 月的走势图。

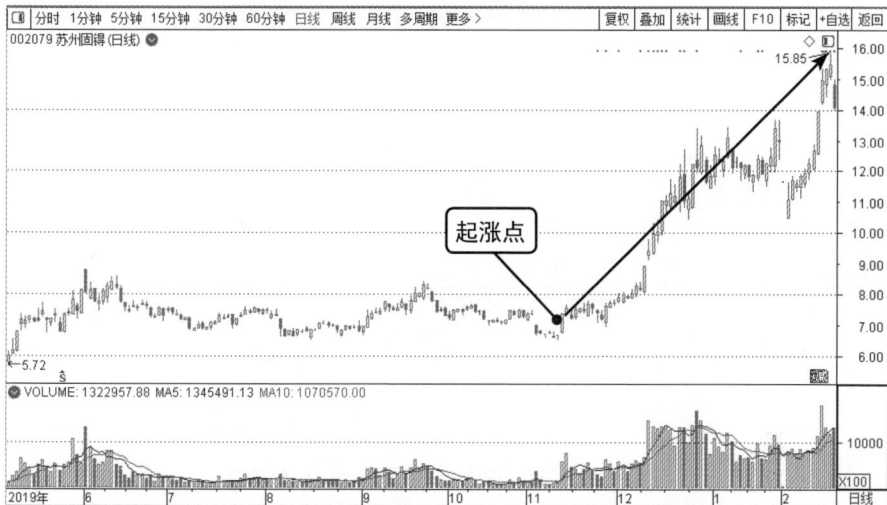

图 5-27　苏州固锝 2019 年 5 月至 2020 年 2 月的走势图

从图中可以看到，该股在这一阶段出现的是一个上涨走势，股价在这一阶段中出现较大幅度的上涨，从 5.72 元上涨到了最高 15.85 元，涨幅达到 177%。

通过图中的标识我们可以看到，该股有一个明显的起涨点出现在 2019 年 11 月 12 日之后的几个交易日中。

我们应该通过怎样的方法才能得到这样的结论呢？

答案是运用这里讲到的尾盘冲高放量的起涨点分析。图 5-28 所示为苏州固锝 11 月 12 日的分时走势图。

从图中可以看到，该股当天早盘小幅拉升之后转入下跌走势中，进入午盘后股价企稳上涨，但涨势缓慢，涨幅不大。尾盘时股价突然直线冲高，且伴随着成交量放量，将股价拉回至开盘价。

从尾盘的冲高放量来看，是主力机构的刻意护盘所为，这显示该股的一个上涨买入信号，由此可以认为，该股在之后的走势中一定会出现较好的起涨点。

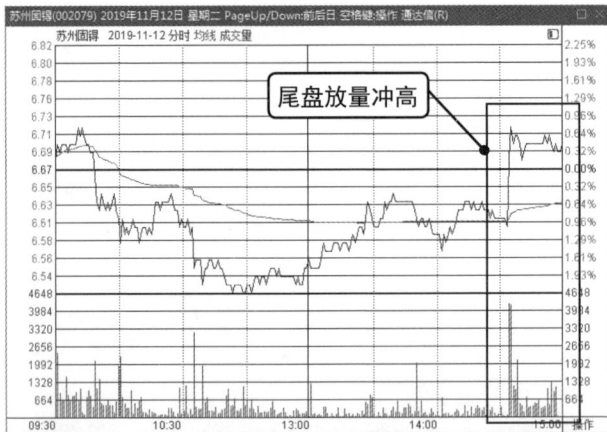

图 5-28　苏州固锝 11 月 12 日分时走势图

第 90 招：开盘冲高回落洗盘的起涨点

在分时图走势中，如果开盘后半小时股价急速拉高，随后开始回落，股价持续下跌，并且这样的走势出现在股价的低位区，或者出现在股价见底之后，企稳回升之时，那么可能是主力在洗盘。此时投资者可以观察，待洗盘结束之后可以介入。

实例分析

北方国际（000065）的开盘冲高回落洗盘

图 5-29 所示为北方国际 2018 年 6 月至 2019 年 2 月的走势图。

从图中可以看到，该股前期表现为上涨行情，股价从 6.68 元开始上涨，涨至 9.83 元后止涨下跌回调。此番下跌回调持续 6 个月左右，股价跌至 7.5 元附近后得到支撑止跌后反弹，当股价再次跌至 7.5 元止跌后，K 线连续收出多根高开高走的大阳线拉升股价，说明此番的下跌回调结束，起涨点出现。为什么这么说呢？

图 5-29 北方国际 2018 年 6 月至 2019 年 2 月的走势图

我们查看上涨前该股 1 月 30 日的分时走势，如图 5-30 所示。

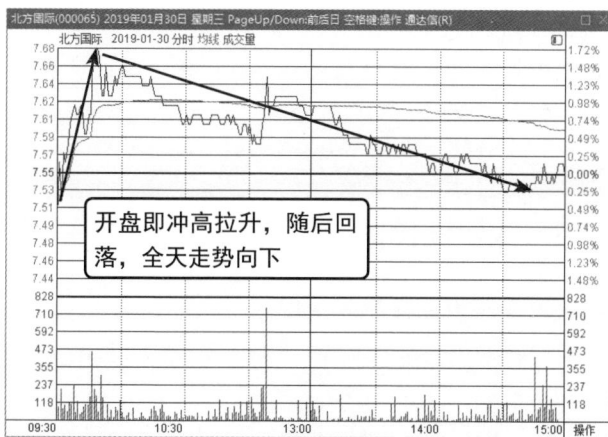

图 5-30 1 月 30 日的分时走势

从图中可以看到，股价在开盘半小时内急速拉升，同时伴随成交量的放量，随后开始回落，并且股价全天表现出向下运行的走势。尾盘时，股价再次向上拉升，成交量放量。说明股价在利用下跌走势洗盘，洗盘结束后市看涨。

图 5-31 所示为北方国际 2019 年 1 月至 4 月的走势图。

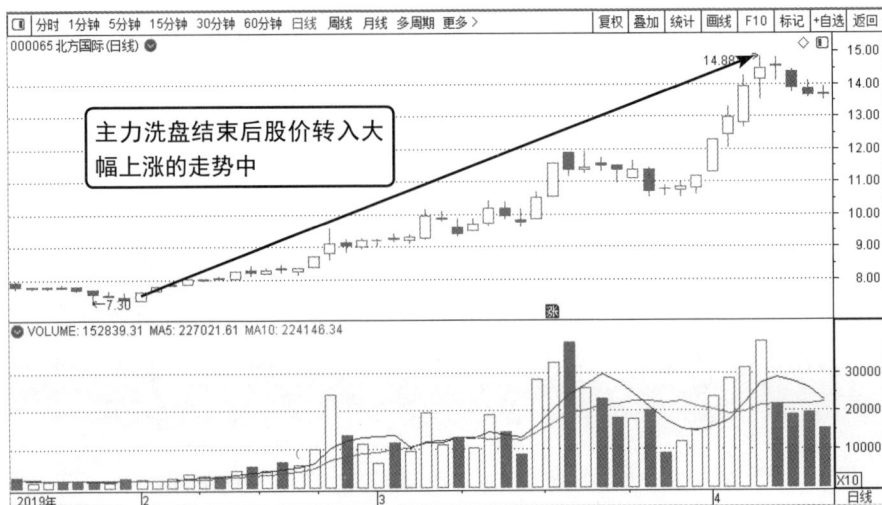

图 5-31　北方国际 2019 年 1 月至 4 月的走势图

从图中可以看到，主力洗盘结束后股价转入大幅上涨的走势中，投资者在起涨点 8 元附近买进，股价最高涨至 14.88 元时，可获得 86% 的涨幅收益。

第 91 招：开盘放量涨停的起涨点

开盘放量涨停指股价在开盘就出现放量涨停走势，或者是开盘后股价一路走高，不久后就被封在涨停板上，同时一天的交易中成交量都很稀少。

这是因为股价经过一波下跌行情之后，做空能量随着股价的不断下跌而逐步衰退，股价下跌的速度放缓，此时在 K 线走势图中表现出底部横盘走势，接着主力介入吸筹并进行洗盘操作，洗盘结束之后主力开始拉升股价。由于盘中的筹码极少，所以此时只需要少量的筹码便可以将股价拉升至涨停。因此，后市股价必然会继续上涨。

实例分析

爱乐达（300696）的开盘放量涨停

图 5-32 所示为爱乐达 2019 年 9 月至 2020 年 1 月的走势图。

图 5-32　爱乐达 2019 年 9 月至 2020 年 1 月的走势图

从图中可以看到，该股经历了长时间的下跌走势，股价从 31.69 元跌至 21.99 元后止跌回升。1 月 15 日，K 线收出一根高开高走的大阳线，进一步确定了行情已经转变的事实。

图 5-33 所示为 1 月 15 日分时走势图。

从图中可以看到，当天开盘后股价放量上冲，直至涨停，随后被封在涨停板上。这是因为该股经过一波下跌行情之后，下跌势能逐渐衰退，此时主力介入吸筹并进行洗盘操作，洗盘结束之后主力开始拉升股价。所以投资者可以放心买进。

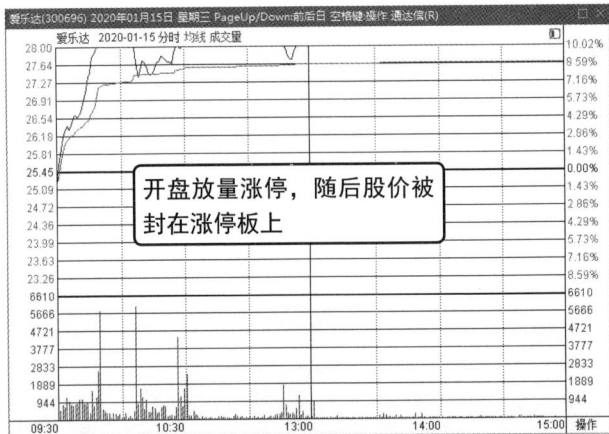

图 5-33　1 月 15 日分时走势图

图 5-34 所示为爱乐达 2019 年 12 月至 2020 年 5 月的走势图。

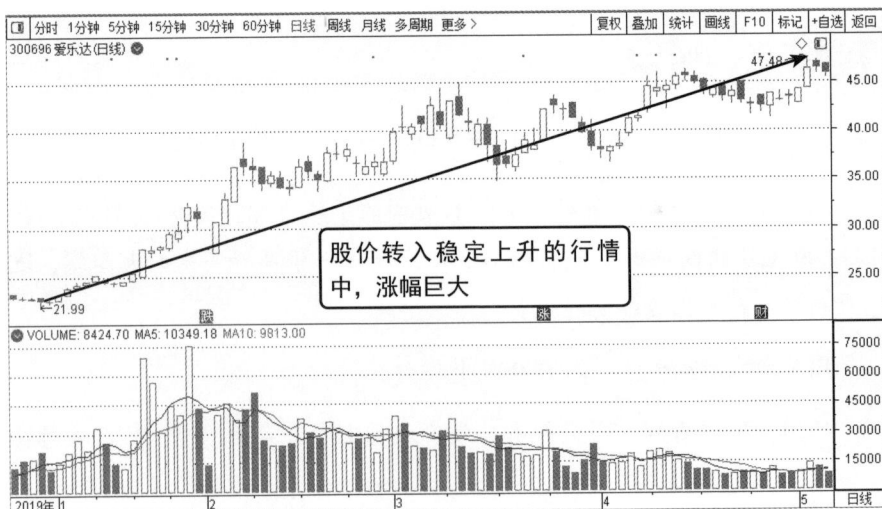

图 5-34　爱乐达 2019 年 12 月至 2020 年 5 月的走势图

从图中可以看到，后市股价表现出稳定上涨的走势，股价从 21.99 元涨至最高的 47.48 元，涨幅达到 115%。

第 92 招：根据 5 日均量线找起涨点

5 日均量线指的是成交量在最近 5 个交易日中的平均成交量，它是对市场成交趋势的一种刻画。

当成交量突破 5 日均量线时，再加以上涨价格的配合，我们就能根据这样的走势特点去寻找起涨点了。

实例分析

北斗星通（002151）突破 5 日均量线

图 5-35 所示为北斗星通 2019 年 9 月至 12 月的走势图。

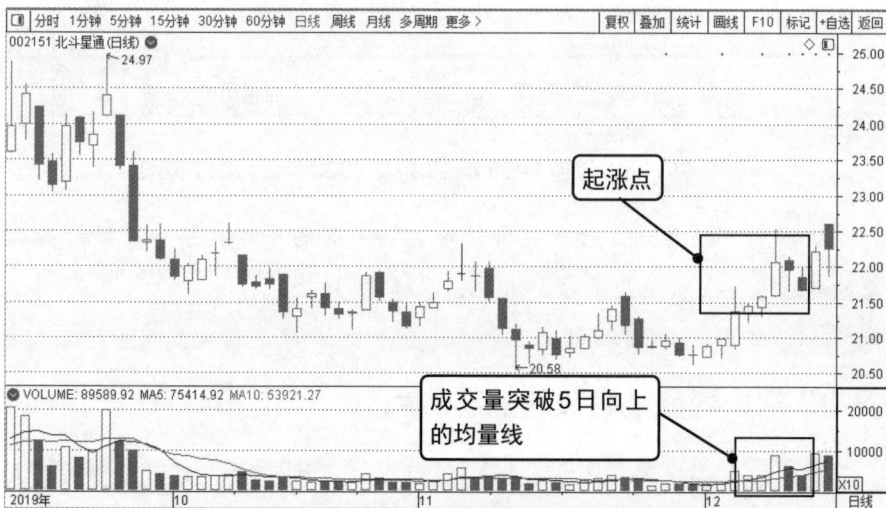

图 5-35　北斗星通 2019 年 9 月至 12 月的走势图

从图中可以看到，股价处于一个缓慢下跌的走势中。当股价跌至 20.58 元后，股价止跌，呈现出回调整理走势，同时也说明该股正在寻找机会，进行大行情的突破。

当股价止跌回升上涨到 22 元左右时，成交量出现了突破 5 日均量线的走势，这显示出该股量能被有效放大，加之该股的股价也出现上涨，由此我们可以判断出该股的起涨点出现了。

图 5-36 所示为北斗星通 2019 年 12 月至 2020 年 2 月的走势图。

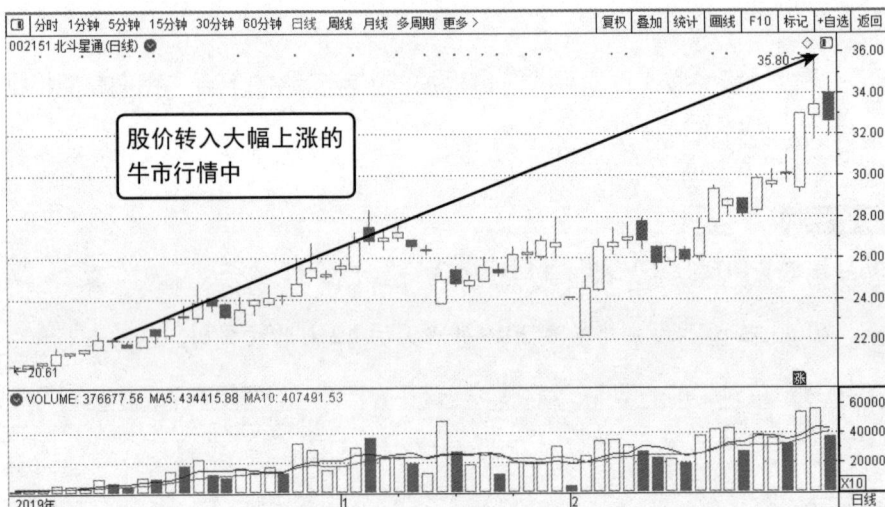

图 5-36　北斗星通 2019 年 12 月至 2020 年 2 月的走势图

从图中可以看到，后市股价转入大幅上涨的牛市行情中，股价从 22 元的起涨点，上涨至最高的 35.8 元，涨幅达到 62%。

第 93 招：均量线金叉时的起涨点

均量线有很多种，比如 5 日均量线、10 日均量线、20 日均量线以及 60 日均量线等。均量线金叉指的是短期均量线上穿长期均量线形成的交叉位置，当金叉出现之后，表明成交量变得活跃起来，那么也就意味着股价的起涨点出现。

实例分析

ST 巴士（002188）的均量线金叉

图 5-37 所示为 ST 巴士 2019 年 4 月至 12 月的走势图。

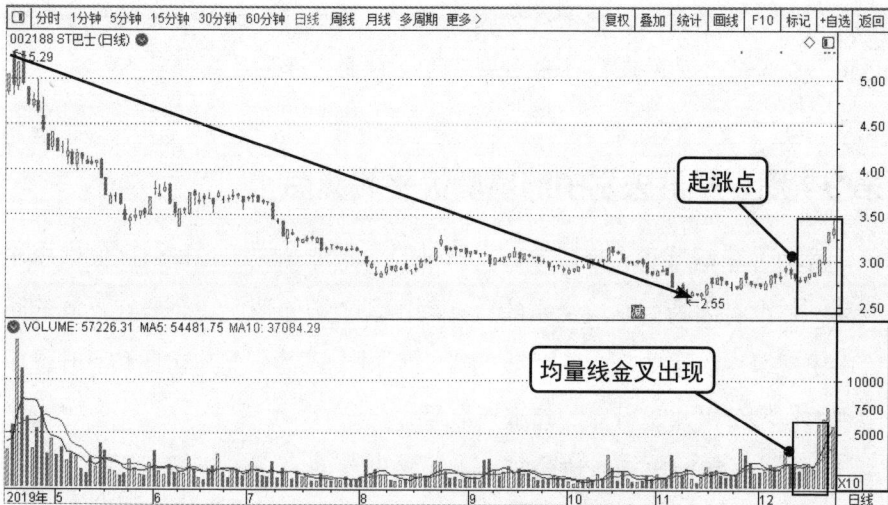

图 5-37　ST 巴士 2019 年 4 月至 12 月的走势图

从图中可以看到，该股处于下跌走势中，股价从 5.29 元下跌至 2.55 元后止跌横盘，跌幅达到 51%。在股价大幅下跌后的低位区域，股价出现小幅拉升，此时观察成交量发现 5 日均量线和 10 日均量线掉头向上，且 5 日均量线上穿 10 日均量线，形成金叉，说明起涨点出现，后市看涨。

图 5-38 所示为 ST 巴士 2019 年 11 月至 2020 年 4 月的走势图。

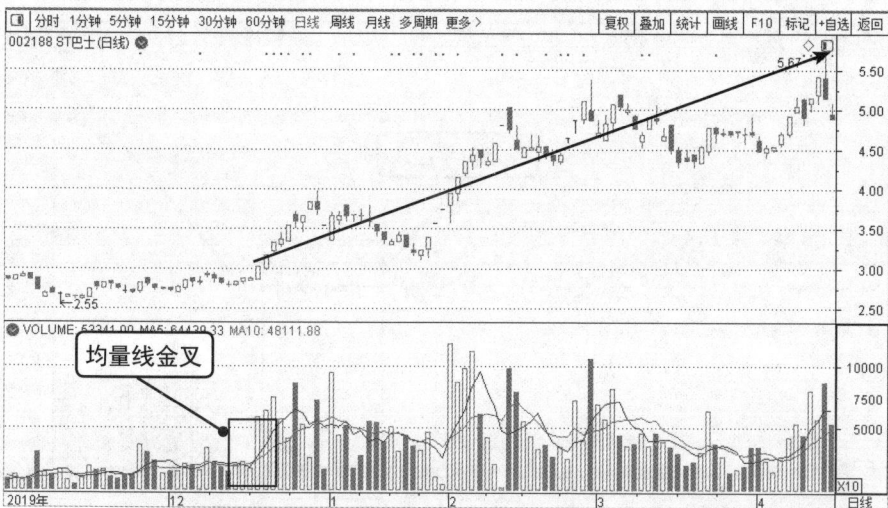

图 5-38　ST 巴士 2019 年 11 月至 2020 年 4 月的走势图

从图中可以看到，均量线金叉出现后，股价转入大幅上涨的牛市行情之中，股价从 3 元附近，上涨至最高的 5.67 元，涨幅达到 89%。

第 94 招：量价关系中的量增价平起涨点

量增价平指虽然成交量放大，但是股价走势却在一定价位区间内水平波动，并没有因为得到成交量的支持而出现上涨的情况。个股在不同的阶段中出现量增价平的现象，代表的意义不同。只有在上升初期和上升途中出现的量增价平才是可靠的起涨点信号。

◆ **上升初期出现量增价平**：表示底部在积聚上涨的动力，后市股价有可能出现大幅拉升，股民可以适量买入。

◆ **上升途中出现量增价平**：预示盘中有一定量的抛压，此时只要形态向上，没有突破 60 日均线，后市可以继续看多。

实例分析

深康佳 A（000016）量增价平起涨点

图 5-39 所示为深康佳 A 2019 年 9 月至 2020 年 3 月的走势图。

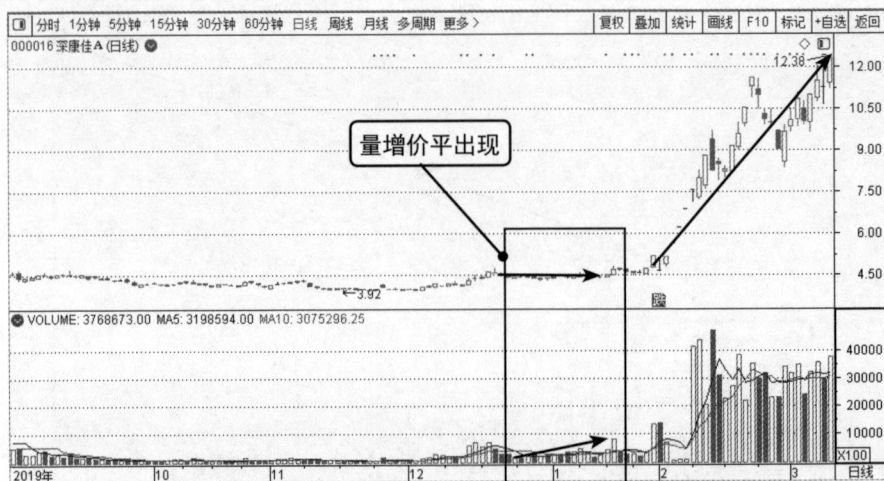

图 5-39　深康佳 A 2019 年 9 月至 2020 年 3 月的走势图

从图中可以看到，该股经历了很长一段时间的横盘走势，股价长期在4.5元价位线上横盘，成交量表现缩量。但是2019年下旬成交量出现逐渐增加，此时股价依然横盘，形成典型的量增价平，表示资金正在介入，后市有望回升，起涨点信号出现。

我们从该股后市走势也可以看出，量增价平出现后，股价一改之前的沉闷走势，很快转入大幅上涨的牛市行情中。

第95招：量价关系中的量增价跌起涨点

量增价跌指成交量放大的时候，股价不涨反跌，股价出现与成交量相反的走势。这是一种量价背离的现象，在不同的阶段中具有不同的意义。

在上涨初期出现量增价跌现象，往往是主力在震仓洗盘，起涨点出现后，股民仍然可以持股做多。

在上涨途中出现量增价跌现象，可能预示着会有深幅的调整，但也可能是短暂的打压，只要股价回调不破60日均线，且60日均线始终向上运行，后市仍被看好。

实例分析

长盛轴承（300718）量增价跌起涨点

图5-40所示为长盛轴承2019年8月至12月的走势图。

从图中可以看到，该股从16.6元上涨至20元附近后止涨，转入震荡整理走势中，11月股价下跌，此时成交量却逐渐增加，形成量增价跌走势。

在上涨初期出现量增价跌，说明主力在震仓洗盘，洗盘结束后股价会继续之前的涨势。起涨点出现后，投资者即可买进。

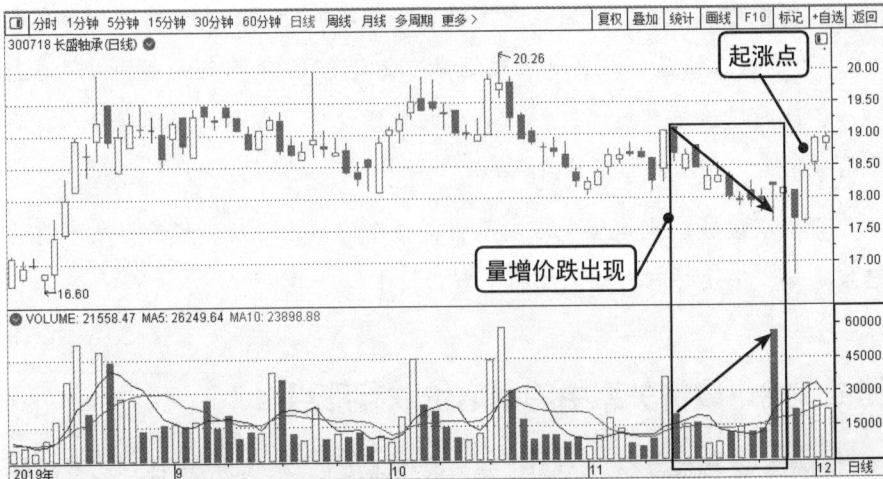

图 5-40　长盛轴承 2019 年 8 月至 12 月的走势图

图 5-41 所示为长盛轴承 2019 年 11 月至 2020 年 2 月的走势图。

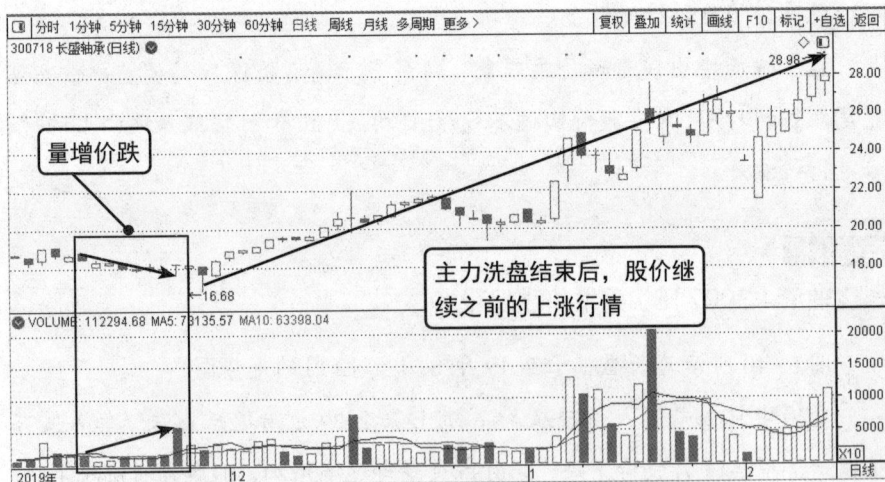

图 5-41　长盛轴承 2019 年 11 月至 2020 年 2 月的走势图

从图中可以看到，主力洗盘结束后，股价继续之前的上涨行情，股价从 16.68 元上涨至最高的 28.98 元，涨幅达到 73%。

第 96 招：量价关系中的量增价升起涨点

量增价升指在成交量放大的同时，股价也表现出上升行情，这种量价配合的情况也有可能出现在不同的阶段中。

在股价上涨的初期出现量增价升，表示股价触底之后，多方力量逐渐增强，为明显的上涨信号。此时，股民可以积极介入。

在股价上涨的途中出现量增价升，说明前期的上涨情况得到了众多股民的认可，有更多的场外资金不断涌入，后市股价还会继续上涨，可继续持股做多。

实例分析

迈为股份（300751）量增价升起涨点

图 5-42 所示为迈为股份 2019 年 8 月至 12 月的走势图。

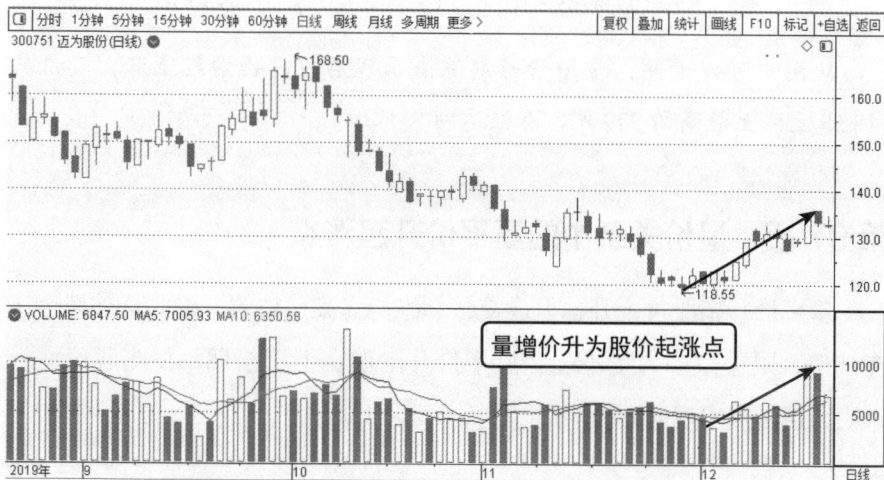

图 5-42　迈为股份 2019 年 8 月至 12 月的走势图

从图中可以看到，该股处于下跌走势中，股价从 168 元附近跌至 118.55 元后止跌回升，且成交量也放量增加。在股价经历一轮下跌后的相对低位区域出现量增价升，说明股价触底，买方力量集聚，后市股价看涨。

此时的量增价升为起涨点信号，可以积极买进。

图 5-43 所示为迈为股份 2019 年 11 月至 2020 年 2 月的走势图。

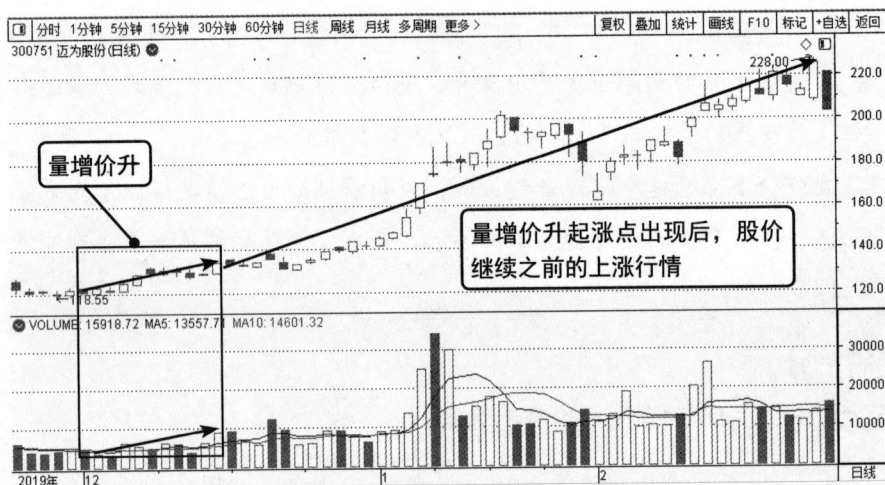

图 5-43　迈为股份 2019 年 11 月至 2020 年 2 月的走势图

从图中可以看到，量增价升起涨点出现后，股价继续上涨，股价从 118.55 元涨至最高的 229 元，涨幅达到 93%。

第 97 招：量价关系中的量平价升起涨点

量平价升指股价上升，但成交量却维持在某一位置，说明场外资金还在观望，跟进做多力量不强。量平价升出现在上涨初期，说明股价涨势未明，起涨点出现后方可买进。

实例分析

奥飞数据（300738）量平价升起涨点

图 5-44 所示为奥飞数据 2019 年 9 月至 12 月的走势图。

图 5-44　奥飞数据 2019 年 9 月至 12 月的走势图

从图中可以看到，该股股价从 39.25 元开始下跌，跌至 29.23 元后止跌回升，此时的成交量却表现为水平位置波动，形成量平价升形态。量平价升处于上涨初期，股价涨势明显，后市继续看涨，此时的量平价升为起涨点，投资者可以积极买进。

图 5-45 所示为奥飞数据 2019 年 11 月至 2020 年 3 月的走势图。

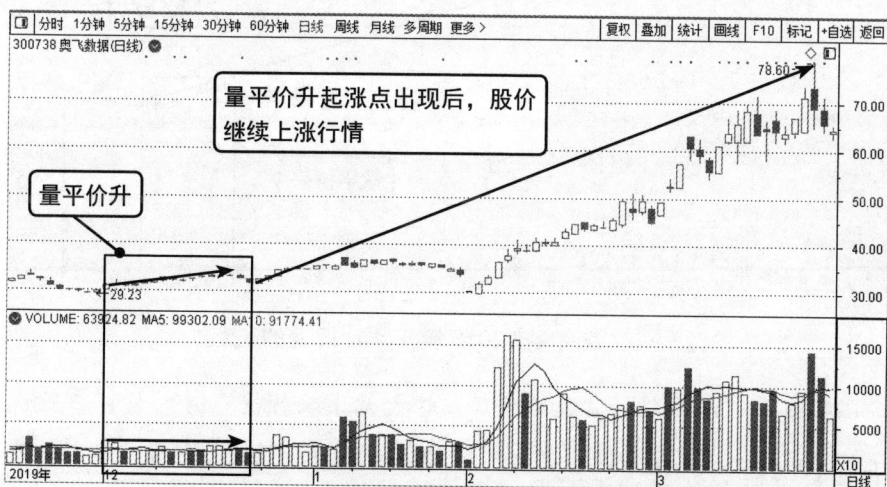

图 5-45　奥飞数据 2019 年 11 月至 2020 年 3 月的走势图

从图中可以看到，量平价升为可靠的起涨信号，量平价升出现后股价继续表现上涨行情，股价从 30 元附近最高涨至 78.6 元，涨幅达到 162%。

第 98 招：量价关系中的量平价跌起涨点

量平价跌指成交量几乎在一定幅度水平波动的同时，股价表现为下跌的走势。量平价跌出现在上涨初期说明投资者相对谨慎，稍有获利便卖出，后市可能继续上涨行情；量平价跌出现在下跌末期，说明下跌动能衰竭，底部将近，起涨点出现即可买进。

实例分析

锦浪科技（300763）量平价跌起涨点

图 5-46 所示为锦浪科技 2019 年 5 月至 12 月的走势图。

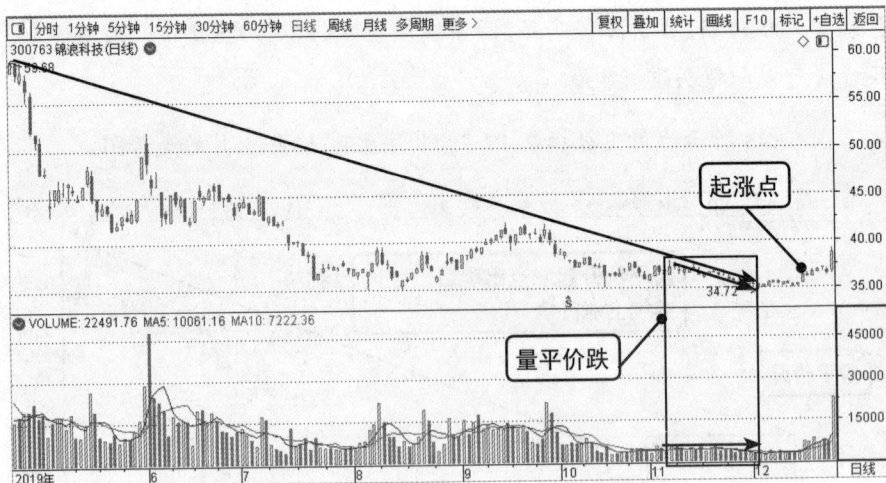

图 5-46　锦浪科技 2019 年 5 月至 12 月的走势图

从图中可以看到，该股经历了一轮大幅下跌行情。11 月份，在股价下跌的末期，成交量却几乎在一定幅度水平波动，形成量平价跌形态。量平价跌出现在下跌末期，说明下跌动能衰竭，底部将近，起涨点出现即可买进。

图 5-47 所示为锦浪科技 2019 年 11 月至 2020 年 2 月的走势图。

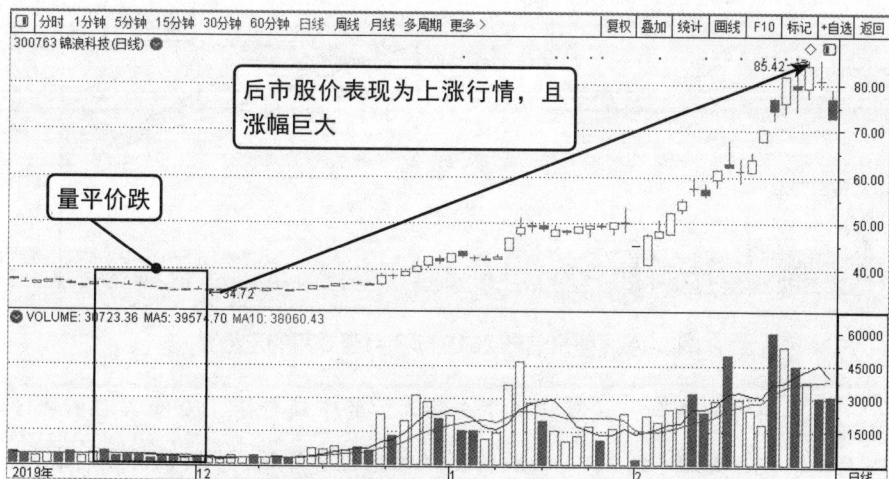

图 5-47　锦浪科技 2019 年 11 月至 2020 年 2 月的走势图

从图中可以看到，后市股价表现为上涨行情，投资者在 40 元附近的起涨点买进，股价最高涨至 85.42 元时，可获得 113% 的涨幅收益。由此可见，量平价跌出现后股价果然筑底回升。

第 99 招：量价关系中的量缩价跌起涨点

量缩价跌指成交量萎缩的同时股价也向下运行，表现为下跌行情，是一种量价配合现象。但是如果量缩价跌出现在经历长期且大幅下跌后，说明空方力量衰竭，后市可能出现反弹拉升。

实例分析

神州信息（000555）量缩价跌起涨点

图 5-48 所示为神州信息 2019 年 3 月至 8 月的走势图。

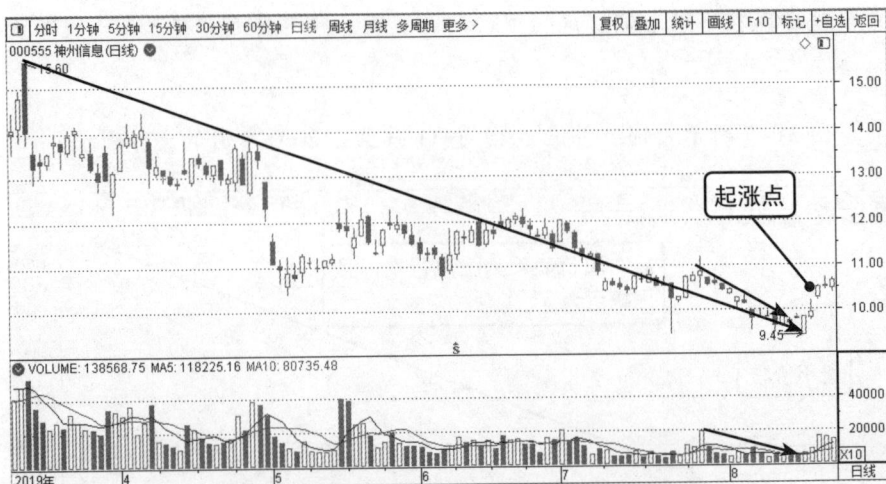

图 5-48　神州信息 2019 年 3 月至 8 月的走势图

从图中可以看到，该股经历了半年左右的下跌行情，股价从 15.6 元下跌至 9.45 元，跌幅达到 39%。在股价下跌的末期 7 月底，仔细观察可以看到，股价继续下跌，成交量表现缩量，呈现出一种量价配合的现象，说明盘中的跌势已尽，跌无可跌，后市看涨。起涨点出现后即可买进。

图 5-49 所示为神州信息 2019 年 7 月至 10 月的走势图。

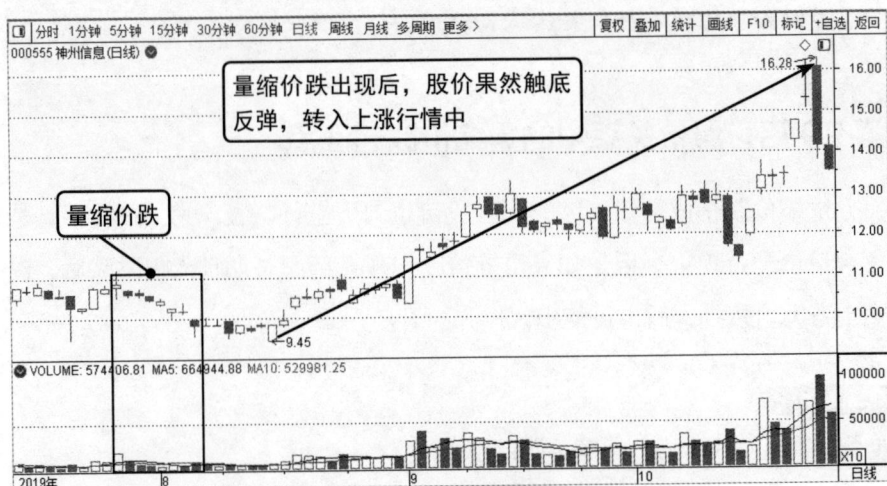

图 5-49　神州信息 2019 年 7 月至 10 月的走势图

从图中可以看到，量缩价跌出现后，股价果然触底反弹，转入上涨行情之中。股价从 9.45 元涨至最高的 16.28 元，涨幅达到 72%。

第 100 招：量价关系中的量缩价平起涨点

量缩价平指成交量逐渐萎缩，但股价却维持在某一价位水平位置。量缩价平出现在股价大幅长期下跌之后，说明主力介入，可能在此位置筑底拉升，起涨点出现后即可买进。

实例分析

五粮液（000858）量缩价平起涨点

图 5-50 所示为五粮液 2018 年 6 月至 2019 年 1 月的走势图。

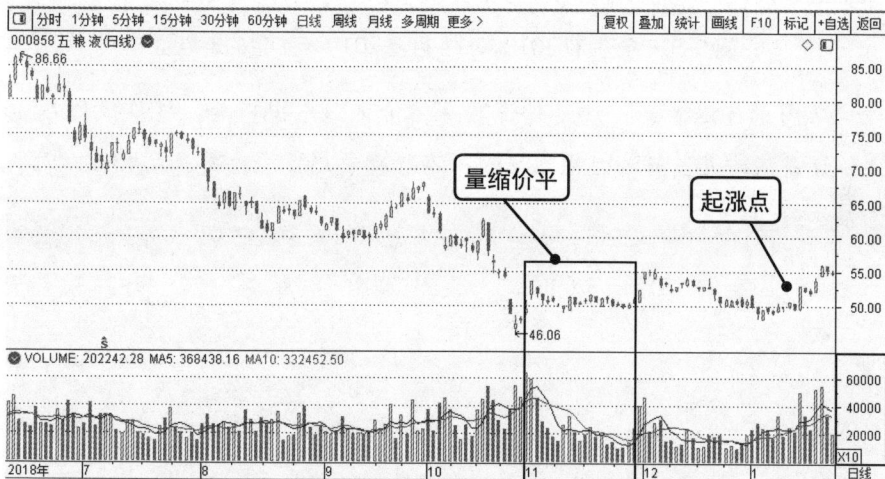

图 5-50　五粮液 2018 年 6 月至 2019 年 1 月的走势图

从图中可以看到，该股股价处于下跌行情中，跌势明显，跌幅较大，股价从最高 84.51 元跌至 46.06 元后止跌横盘，跌幅达到 45%。

11 月初，股价在 50 元左右表现为横盘走势，股价在 50 元左右，价位线上横盘时，成交量表现为缩量，形成典型的量缩价平形态，说明有主力介入，在此位置筑底，后市股价走强。起涨点出现后，投资者即可买进。

图 5-51 所示为五粮液 2018 年 11 月至 2019 年 7 月的走势图。

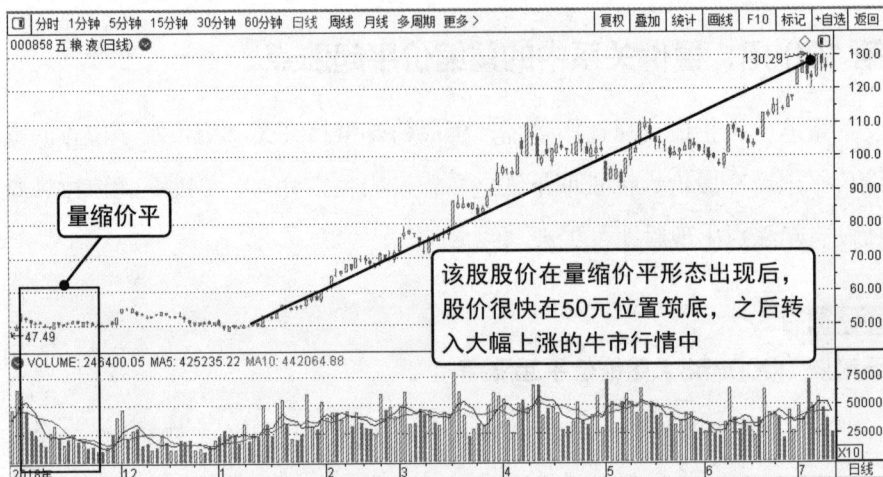

图 5-51　五粮液 2018 年 11 月至 2019 年 7 月的走势图

从图中可以看到，该股股价在量缩价平形态出现后，股价很快在 50 元位置筑底回升，转入大幅上涨的牛市行情中，股价最高涨至 130.29 元，涨幅达到 160%。

第 **6** 章

跟随庄家找到起涨点

炒股要跟庄，这是一句至理名言。在中国股市中，庄家往往凭借着自己雄厚的资金、信息渠道多等优势，展开对个股的操控，使得股价的上涨和下跌受到了他们的控制。由此可知，我们在炒股时一定要注意去寻找庄家，跟随庄家的脚步进行操作，这样就可以很容易地找到起涨点位置。

在 A 股中，庄家操纵着股价的上涨和下跌，一般投资者只需选择跟庄，就可能够获得不错的收益，否则便可能陷入庄家的陷阱，造成亏损。

第 101 招：庄家打压建仓阶段后的起涨点

任何人都希望能够用最少的钱买到最多的股票，庄家也是如此。庄家在建仓时为了能够降低持仓成本，有时会采用打压建仓的方法。

打压建仓指庄家通过人为的操作控制股价，使得股价出现大幅度下跌的走势，给投资者带来巨大的压力，最终因为股价大幅下跌对后市失去希望而卖出手中股票，这样就使庄家以较低的价格获取大量的股票，从而完成建仓操作。

但是并不是任何股票都适合打压建仓，打压建仓的股票需要具备一定的前提条件。股票需要经历庄家出货，股价出现几波大幅下跌，这就为庄家再次建仓创造了条件。无论是之前的旧庄家出货之后的二次建仓，还是新庄家入场建仓，都会提前入场在股价见底之前开始收集，然后利用手中的筹码打压股价，使股价不断创出新低，趁投资者压力增大失去信心抛售股票时再慢慢收集。其中，底部时间越长，庄家收集的筹码就会越多。

打压建仓方式通常出现在市场大势向下运行或者个股有较大利空消息出现时。因为如果大盘走势向好，庄家却打压建仓，只会吸引大量投资者跟风买入。

实例分析

新能泰山（000720）的打压建仓

图 6-1 所示为新能泰山 2017 年 11 月至 2018 年 10 月的走势图。

从图中可以看到，该股表现为下跌走势，股价经历了几波大幅下跌，股价从最高的 5.92 元下跌至最低的 2.79 元。其中，当股价运行到 3.5 元价位线时，股价止跌并在该价位线上调整，维持了 3 个月左右。

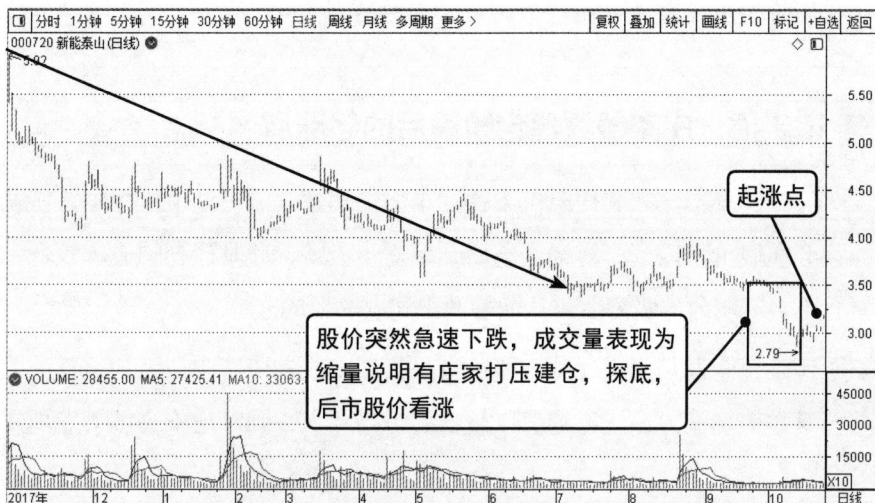

图 6-1　新能泰山 2017 年 11 月至 2018 年 10 月的走势图

2018 年 10 月上旬，股价突然急速下跌，成交量表现为缩量。说明有庄家打压建仓，探底，后市股价看涨，起涨点出现后投资者即可买进。

图 6-2 所示为新能泰山 2018 年 9 月至 2019 年 4 月的走势图。

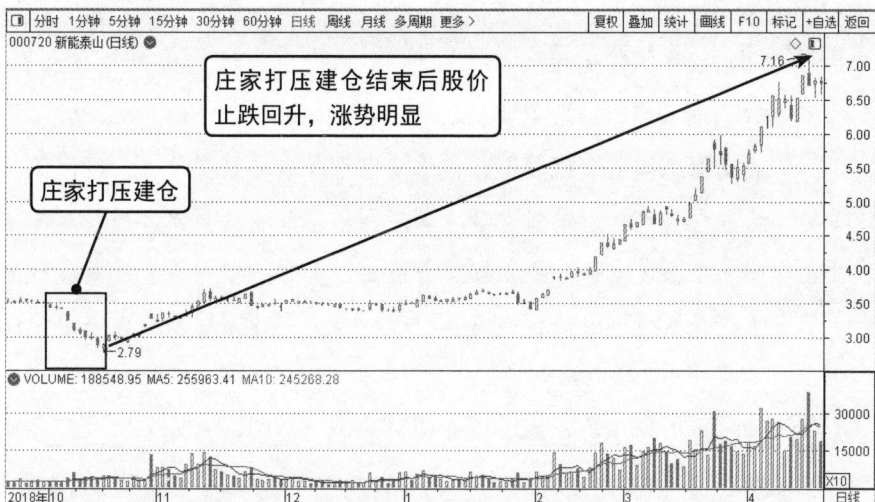

图 6-2　新能泰山 2018 年 9 月至 2019 年 4 月的走势图

从图中可以看到，庄家打压建仓结束后股价止跌回升，上升行情明显，从最低的 2.79 元涨至最高的 7.16 元，涨幅达到 156%。

第102招：庄家缓跌建仓阶段后的起涨点

缓跌建仓指庄家利用股价下跌的走势悄悄建仓。在这个过程中，庄家往往会在股价下跌到一定幅度之后开始逐步吸筹，此时建仓的成本较低，并且不会有明显的吸筹痕迹从而暴露出建仓的目的。

缓跌建仓通常出现在冷门股或者是长期下跌的股票中，因为这类的股票已经被市场淡忘，庄家能够以较低的价格买入，同时还不会被人发现建仓意图。

这类股票在走势上低沉，虽然整体上表现下跌，但是下跌的速度缓慢，下跌的幅度较小，单日跌幅也小，很少出现跳空走势。另外，下跌的周期很长，不容易判断出股价真正见底的时间。

因为其震荡幅度不大，成交量萎缩，开盘以平开为主，所以投资者大多持悲观态度，对个股后市不抱希望。此时盘中每一次上冲都将被视为出逃的好时机，这就给庄家建仓提供了良好机会。

缓跌建仓时其量价特征主要有以下 3 点。

◆ **成交量总体上表现萎缩**：由于庄家是采取小量买单、长时间买入的方式吸筹，所以成交量方面不会出现放量的现象。缓跌途中遇到反弹，成交量可能出现略有放大，但不会很充分，随着股价的下跌和恐慌抛盘的逐渐减少，成交量表现逐渐萎缩，或者出现时大时小的不规则形态。

◆ **涨跌幅度较小**：在整个建仓的过程中，股价跌多涨少，且每天的涨跌幅度在 5% 以内。各个均线呈现空头排列，10 日均线、20 日均线、30 日均线和 60 日均线都向下运行。在建仓过程中，股价大都在 10 日均线下方运行，有时也会受 5 日均线的压制而向下运行。

◆ **K 线波浪走势，一波比一波低**：股价 K 线走势形成波浪走势，但一波比一波低，即股价的高点一个比一个低，而低点一个比一个低。从 K 线的走势来看，难以判断出股价何时见底。

庄家建仓完成，股价开始止跌回升，起涨点出现，投资者便可以持股入场。

实例分析

荣安地产（000517）的缓跌建仓

图 6-3 所示为荣安地产 2018 年 1 月至 10 月的走势图。

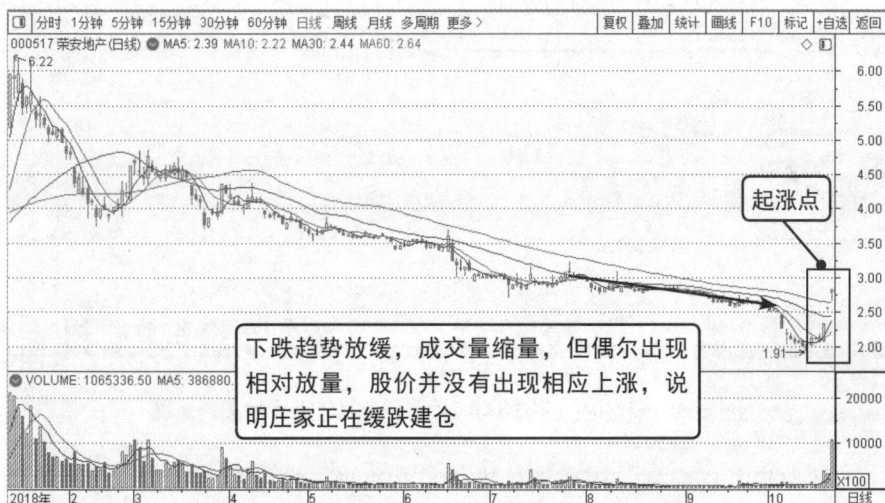

图 6-3　荣安地产 2018 年 1 月至 10 月的走势图

从图中可以看到，该股股价经历了很长时间的下跌走势，其 K 线形态形成一浪比一浪低的走势，其高点和低点逐渐下移，且成交量萎缩。股价均线均向下运行。当股价运行至 3 元至 2.5 元期间时，该阶段的跌势明显放缓，整体走势上呈现出小阴线小阳线交错，股价逐步下行。

此时成交量偶尔出现明显放大，但股价没有出现相应的上涨，说明有庄家在隐蔽吸筹，采用对敲的方式继续打压股价的同时，维持股价缓慢下跌的走势。

该阶段持续的时间较长，从图中可以看到，经历 3 个月左右，使得很多投资者无法忍受这样长时间的下跌，从而抛售手中的股票。庄家则趁机利用低价买入股票，完成建仓。10 月下旬股价止跌回升，成交量放量，起涨点出现，投资者可以趁机买进。

图 6-4 所示为荣安地产 2018 年 10 月至 2019 年 4 月的走势图。

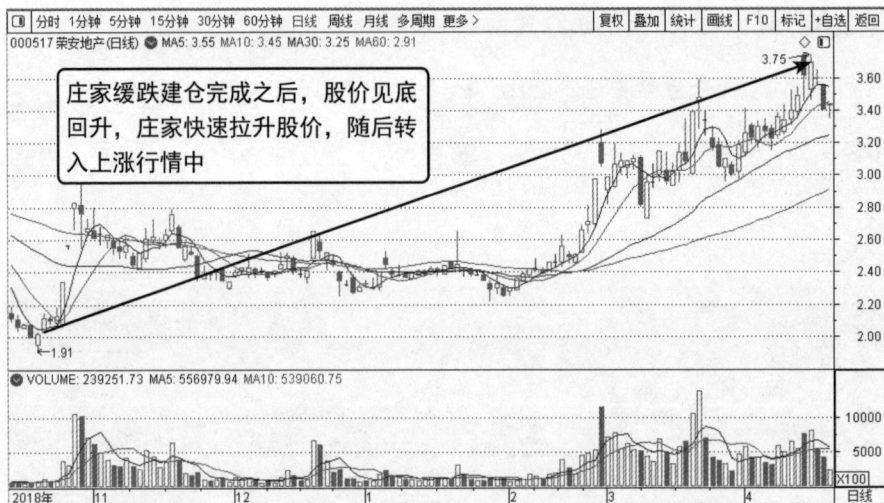

图 6-4 荣安地产 2018 年 10 月至 2019 年 4 月的走势图

从图中可以看到，庄家缓跌建仓完成之后，股价见底回升，庄家快速拉升股价。盘整结束后，股价逐渐走强，股价得到大幅拉升，从 1.91 元开始，最高涨至 3.75 元，涨幅达到 96%。

第103招：庄家横盘建仓阶段后的起涨点

股价跌到底部后开始进入长时间的盘整，股价上下震荡在 30% 区间，庄家在这一阶段进行建仓，就叫横盘建仓。股价经过长时间下跌之后，庄家开始大量建仓，股价逐渐止跌企稳，形成横向整理状态。

横盘建仓是庄家最喜欢使用的一种吸筹手法，主要有以下两个原因。

◆ **个股涨跌幅度空间小，容易在底部买到低价股票**：横盘建仓中，大多数交易日涨跌幅度空间小，大多维持在 5% 以内。小的涨跌幅度使得短线投资者纷纷放弃对该类股票的投资，所以庄家很容易便买到足够的股票，从而完成建仓。

◆ **耗时时间长**：庄家底部横盘建仓的耗时较长，通常在 1 至 3 个月左右，甚至是更长的时间。长时间的横盘走势，使得持股投资者对其后市发展失去信心，从而纷纷抛售手中的股票，所以庄家很容易便可以买到足够多的股票，从而完成建仓。

综上所述，横盘建仓实际上就是庄家利用日涨跌幅度小、时间长的特点，让投资者对该股失去信心而卖出股票，然后庄家大量吸筹，从而顺利完成建仓目的。

实例分析

深南电 A（000037）的横盘建仓

图 6-5 所示为深南电 A 2018 年 8 月至 2019 年 2 月的走势图。

从图中可以看到，该股股价前期处于下跌行情中，到 10 月中旬股价止跌回升，但是回升力度不大，股价一直维持在 4.75 元至 5.25 元区间，保持横盘震荡的走势。

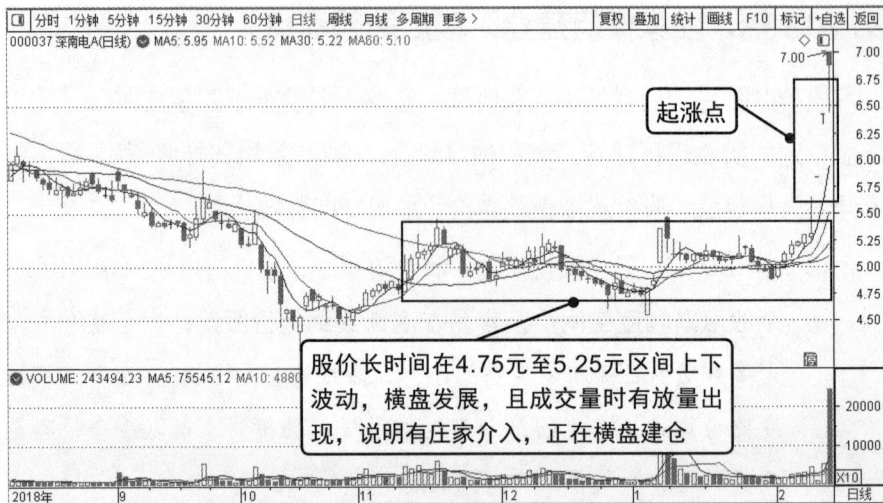

图 6-5　深南电 A 2018 年 8 月至 2019 年 2 月的走势图

个股横盘时间在 3 个月左右，股价下跌的幅度和上涨的幅度都十分有限，成交量时有放量出现，说明有庄家介入，正在横盘建仓。另外，在整个成交量变化过程中可以发现，成交量一直比较平稳，说明庄家在建仓的过程进行得比较顺利，是有目的、有计划地入场，也说明庄家极力看好后市该股走势，因此后市股价将大幅上升。

2 月底股价一字涨停拉升，突破前期横盘调整的阻力位，说明庄家建仓结束，起涨点出现，投资者可以在该位置积极买进。

图 6-6 所示为深南电 A 2018 年 11 月至 2019 年 4 月的走势图。

从图中可以看到，庄家完成横盘建仓之后，股价迎来大爆发，从最低 4.55 元拉升至最高的 15.68 元，涨幅达到 244%。当投资者发现起涨点出现时，就应该立即介入，这样既可以避免前期长时间的横盘，也可以通过庄家快速拉升而获得投资收益。

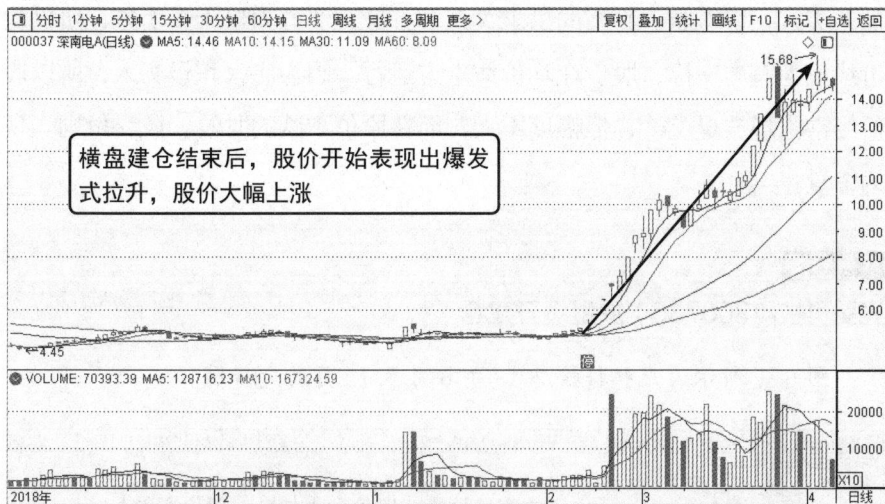

图 6-6　深南电 A2018 年 11 月至 2019 年 4 月的走势图

第104招：庄家放量缓升建仓阶段后的起涨点

放量缓升建仓也可以称为推高式建仓，即庄家通过缓慢拉升股价的方式进行建仓，此时股价向上的走势比较平缓，一般都在 45° 角以内，缓慢的走势保证了庄家在股价上涨的过程中有足够多的时间进行吸筹。

出现该现象的原因通常是因为熊市末期持续的时间过短，无法满足庄家建仓的需要，或者是庄家没有抓住熊市末期建仓的机会，而目前市场已经明显无法继续下跌，所以庄家只能够通过缓升的方式建仓。

放量缓升建仓时的成交量是随着庄家仓位变化而变化的。在建仓初期，庄家仓位较少，在个股上涨时可以看到成交量出现明显的放量，下跌时出现相对缩量；在建仓末期，庄家仓位已满，可以看到成交量相较于之前表现为缩量，说明庄家积极锁仓，也说明场内浮筹逐步减少。

另外，放量缓升建仓也可以从个股分时图的变化来查看。缓升建仓，即虽然股价走势整体呈现上升趋势，但是上升的幅度不会太大，因为庄家加入买方，使得原本平衡的供求关系被打破，买方力量大于卖方，所以均价线成为有力支撑，股价在均价线上方运行。因为庄家积极买入，所以股价经常出现放量上冲，但幅度不大，而在股价下跌的时候，成交量则表现为缩量。

实例分析

光弘科技（300735）放量缓升建仓

图 6-7 所示为光弘科技 2018 年 6 月至 12 月的走势图。

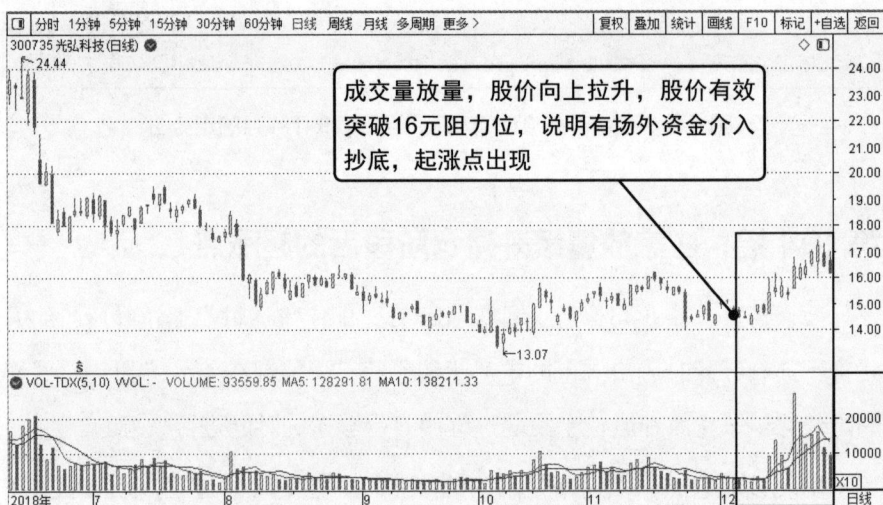

图 6-7　光弘科技 2018 年 6 月至 12 月的走势图

从图中可以看到，该股前期处于下跌行情，成交量大幅萎缩。10 月，股价止跌企稳。股价在 14 元至 16 元区间波动调整，12 月上旬，成交量放量，股价向上拉升，股价有效突破 16 元阻力位，说明有场外资金介入抄底。起涨点出现，后市看涨。

图 6-8 所示为光弘科技 2018 年 11 月至 2019 年 4 月的走势图。

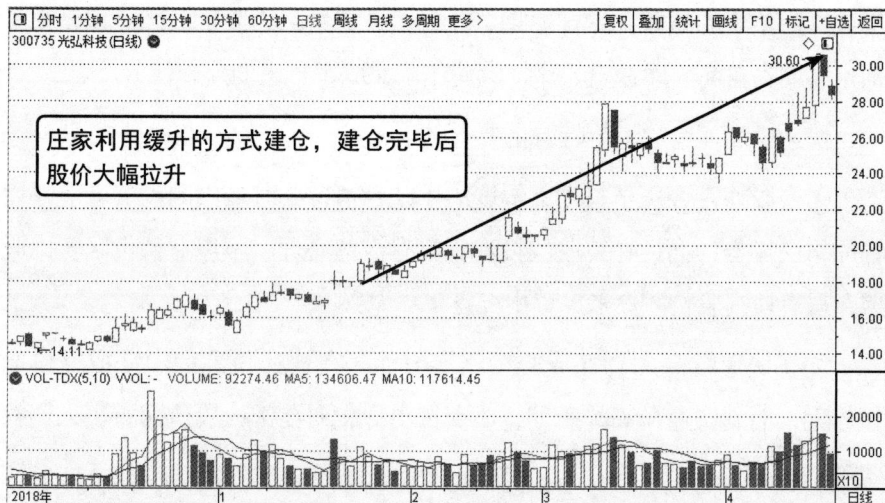

图 6-8　光弘科技 2018 年 11 月至 2019 年 4 月的走势图。

从图中可以看到，该股处于上升行情，前期股价上涨速度缓慢，上涨幅度较小。12 月中旬成交量明显放大，到 2019 年 2 月左右成交量呈相对缩量。并且股价上涨时，成交量呈现放量，股价下跌时成交量表现为缩量，说明庄家在该阶段利用缓升的方式建仓。当投资者发现庄家的建仓意图时，可以在股价放量缓升的阶段积极跟进，此时风险较低。

第 105 招：庄家快速拉高建仓阶段后的起涨点

快速拉高建仓即庄家迅速收集大量筹码完成建仓任务。这样的建仓方式可以让庄家加快吸筹的时间，但庄家吸筹的成本相对较高。所以，拉高建仓通常是庄家迫不得已情况下选择的建仓方式，往往后期会有重大的利好消息出现，例如公司重组、大比例配送以及业绩大幅增长等。因此，庄家不得不在重大的利好消息公布之前完成建仓。

由于庄家大力推高股价进行建仓，所以个股在短线上表现出迅猛的上涨走势。当股价接近近期高点附近时庄家停止拉高，股价出现震荡回落，形成反弹结束的假象。这样的走势让很多投资者认为股价已经见顶，为了锁定前期收益而立即退出。这样就使庄家完成了自己的建仓任务。

快速拉高建仓的量价特点主要有以下 3 点。

①个股通常经历了长期大幅度的下跌行情，此时场内的投资者能够抛售的早已抛售，而还在持股的投资者具有惜售心理，不愿在低位区卖出股票，只有拉高股价才会考虑卖出。

②在快速拉高的初期成交量略有放大，在快速拉高的中期成交量明显放大，而到快速拉高的后期，成交量出现相对萎缩，股价即将进入调整阶段。

③在快速拉高的过程中，阳线较多，阴线较少。即使出现阴线，也是高开低走的大阴线，股价的重心并没有发生实质性的下降。

实例分析

兴业科技（002674）庄家快速拉升建仓

图 6-9 所示为兴业科技 2018 年 5 月至 11 月的走势图。

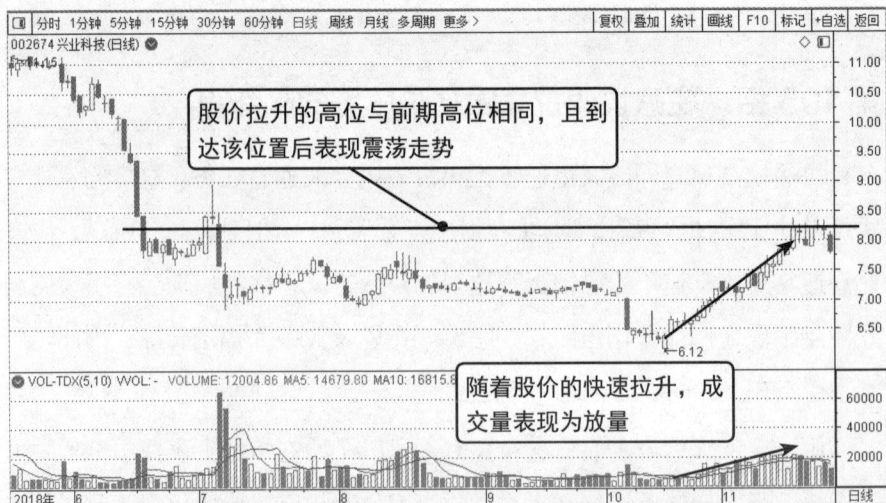

图 6-9 兴业科技 2018 年 5 月至 11 月的走势图

从图中可以看到，该股股价前期经历过很长一段时间的下跌行情，股价跌至 6.12 元。10 月中旬，股价开始止跌回升，在向上拉升的过程中，K线出现多数阳线，少数阴线，并且出现的阴线也是高开低走的大阴线，股价并没有下跌，成交量表现为放量。说明此时有庄家在场内拉高吸筹。

当股价拉升至 8 元附近时，股价开始表现为震荡调整。可以发现，此时拉升的高点与前一波股价的高点平行，进一步确定此次的拉升为庄家吸筹建仓所致。庄家为了能够吸收前期持股惜售投资者的股票，不惜将股价拉升至前期高位附近，然后股价表现为震荡走势，让投资者认为如果现在不抛售，那么股价将再一次下跌，为了止损，投资者不得不抛出手中的持股，进而庄家达到建仓的目的。

庄家快速拉高完成建仓后必然会出现一段时间的调整走势，调整走势完成后出现的起涨点才是投资者买进的机会。

图 6-10 所示为兴业科技 2018 年 10 月至 2019 年 4 月的走势图。

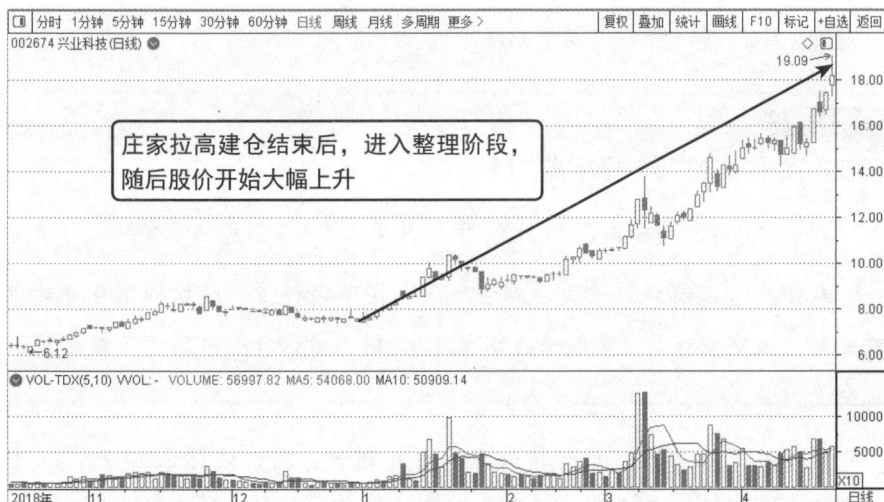

图 6-10　兴业科技 2018 年 10 月至 2019 年 4 月的走势图

从图中可以看到，庄家建仓结束，股价果然开始横盘调整，然后股价开始大幅向上拉升，从 8 元上涨至最高的 19.09 元，涨幅达到 138%。对于前期买进的投资者而言，面对庄家拉高建仓的手法时，要坚定自己的信念，不要着急逃脱，冷静从量价关系中分析出庄家的真正意图，等待后市股价的大爆发。

第 106 招：庄家打压式洗盘阶段后的起涨点

打压式洗盘指庄家使股价下跌，跟风的投资者为了锁定前期到手的收益而抛售手中的股票，进而达到洗盘的目的。

打压洗盘通常出现在股价初次拉高后，经过大幅拉高之后，市场中积累了较多获利盘，部分投资者出现获利回吐的倾向。此时庄家向下打压，杀跌砸盘，使股价大幅回落，形成一根根长阴线，成交量表现为缩量。胆小的获利投资者立即退场。一旦庄家洗盘达到预期目的之后，股价就会止跌，然后开始新的一波上涨行情。短线投资者可以在已经获利的情况下及时退出，中长线投资者可以跟紧庄家，坚决不离场。

实例分析

宁波华翔（002048）打压式洗盘

图 6-11 所示为宁波华翔 2018 年 6 月至 2019 年 2 月的走势图。

从图中可以看到，该股前期经历了一轮下跌行情，股价跌至 9 元后止跌回升，成交量放量。当股价上涨至 12 元时，股价开始表现为下跌走势，成交量缩量。

说明庄家在股价下跌行情的底部开始建仓，股价运行至 11 元，庄家结束建仓，开始打压洗盘。因为在下跌过程中，成交量始终表现为缩量，说明庄家是在洗盘而不是出货。洗盘结束出现的起涨点为投资者介入的大好机会，洗盘结束后股价将大幅向上拉升。

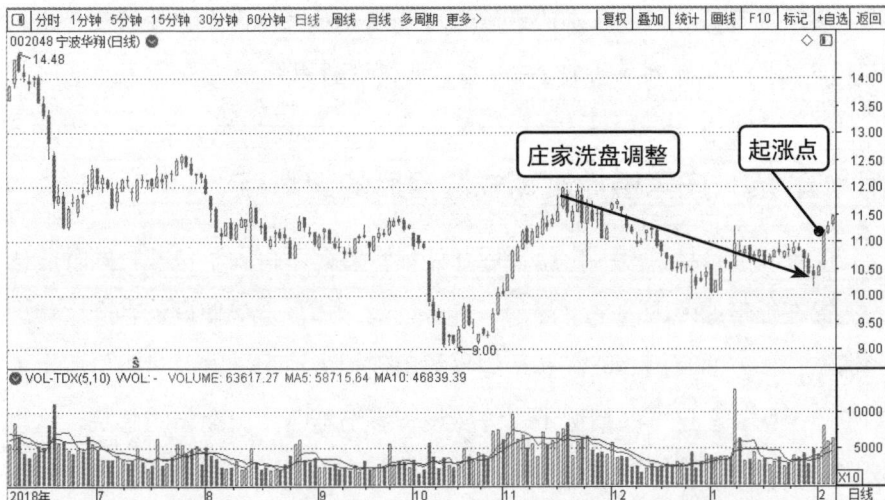

图 6-11　宁波华翔 2018 年 6 月至 2019 年 2 月的走势图

在庄家打压的过程中，股价走出多根跳空下跌的阴线，说明庄家打压的力度较大，12 月 14 日分时走势也出现持续下跌行情。打压期间，成交量少量成交，说明场内部分筹码出逃，庄家顺利清除浮筹。

图 6-12 所示为宁波华翔 2018 年 10 月至 2019 年 4 月的走势图。

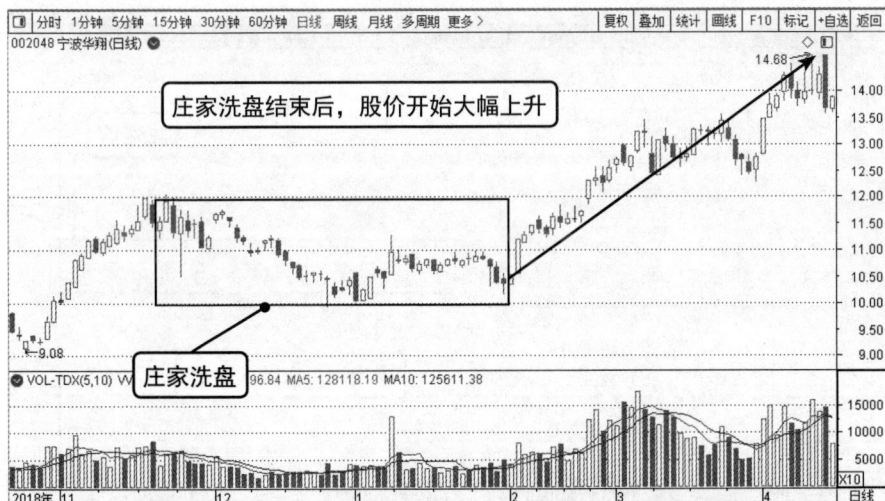

图 6-12　宁波华翔 2018 年 10 月至 2019 年 4 月的走势图

从图中可以看到，庄家洗盘结束后股价转入大幅向上拉升的走势中，从 10.5 元附近上涨到最高的 14.68 元，涨幅达到 40%。

第 107 招：庄家横盘震荡式洗盘后的起涨点

庄家将股价拉升至一定位置后开始横盘震荡不再向上拉升，同时股价的振幅在很窄的范围内上下浮动，走势沉闷。横盘走势使投资者产生焦虑的情绪，一方面既担心已经获得的收益出现损失；另一方面对股价后市不明走向担忧。在这样的情况下，许多投资者渐渐萌生出抛售的想法，这也使庄家成功清除浮筹，完成洗盘。那么后市庄家再次拉升就相对轻松多了。

横盘震荡洗盘主要是利用长期沉闷的走势来打击和消磨投资者的信心，使其放弃持股，从而达到洗盘的目的。

实例分析

中原环保（000544）横盘震荡式洗盘

图 6-13 所示为中原环保 2018 年 8 月至 2019 年 2 月的走势图。

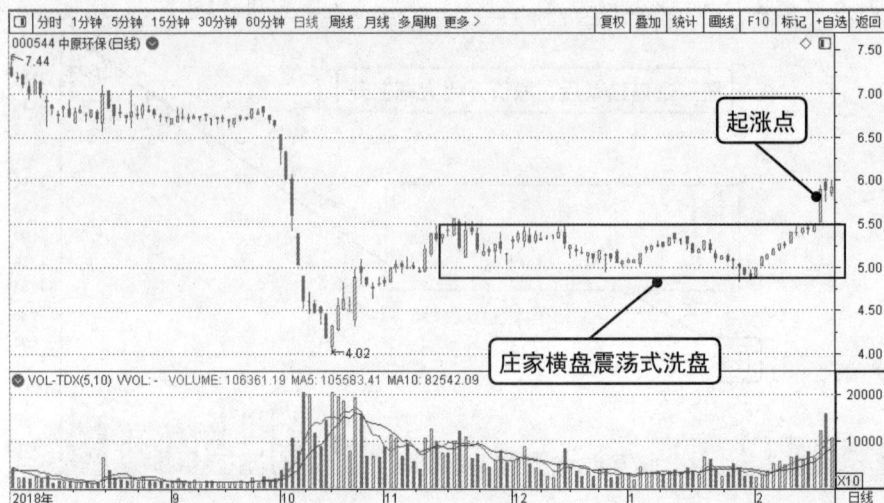

图 6-13 中原环保 2018 年 8 月至 2019 年 2 月的走势图

从图中可以看到，股价前期表现为下跌行情，股价跌至4.02元后止跌回升，成交量呈现放量，庄家建仓。当股价拉升至5元附近后，股价止涨，并在5元至5.5元区间上下波动横盘发展。

当股价上升幅度过大时，K线马上出现连续多根阴线降低股价；当股价下跌幅度过大时，K线马上出现连续多根阳线向上拉升股价。与此同时成交量呈现缩量，说明庄家正在控盘调整洗盘。

2月25日一根向上跳空高开高走的大阳线出现，有效突破5.5元阻力位，说明庄家洗盘结束，起涨点出现，股价将转入向上拉升的上涨行情中，投资者可以积极买进。

图6-14所示为中原环保2018年10月至2019年4月的走势图。

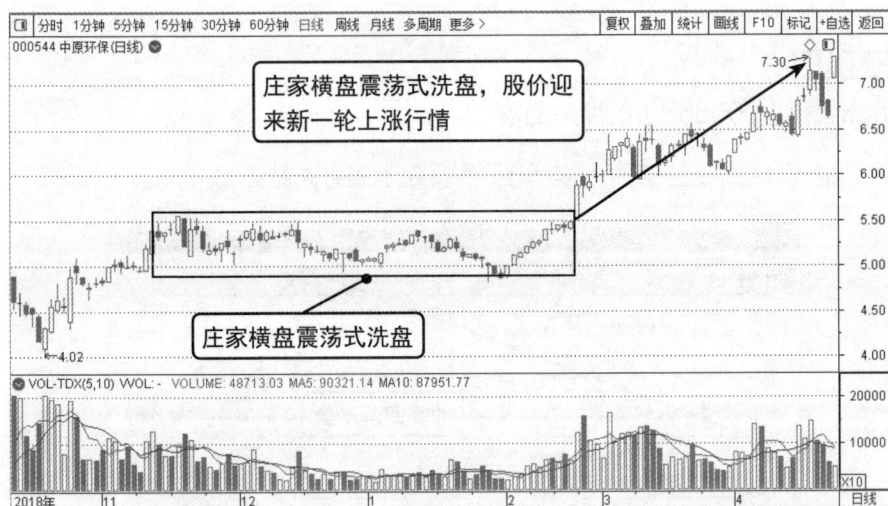

图6-14　中原环保2018年10月至2019年4月的走势图

从图中可以看到，股价洗盘结束后迎来新一轮上涨行情，股价从5.5元上涨至最高的7.3元，涨幅达到32%，成交量呈现放量。

第 108 招：庄家冲高回落后的起涨点

庄家虽然经过一段时间的建仓，但手中的筹码依然不多，还需要继续吸筹。而市场中由于前期股价经历一番上涨行情，此时大多数投资者看好该股后市发展，所以庄家想要在低位区吸筹建仓已经不可能了。所以庄家将股价直接拉升至一定高位，让前期持有低价股的投资者获得一定的收益，然后再慢慢回落，短线投资者为了锁定收益纷纷抛售。庄家即可吸收浮筹，完成洗盘。

冲高回落洗盘的时间周期较短，通常在 5 ~ 7 个交易日内结束，最长情况下也不会超过 13 个交易日。洗盘结束后，股价仍然会沿着原来的趋势继续上涨。

实例分析

泸州老窖（000568）的冲高回落

图 6-15 所示为泸州老窖 2019 年 3 月 4 日的分时走势。

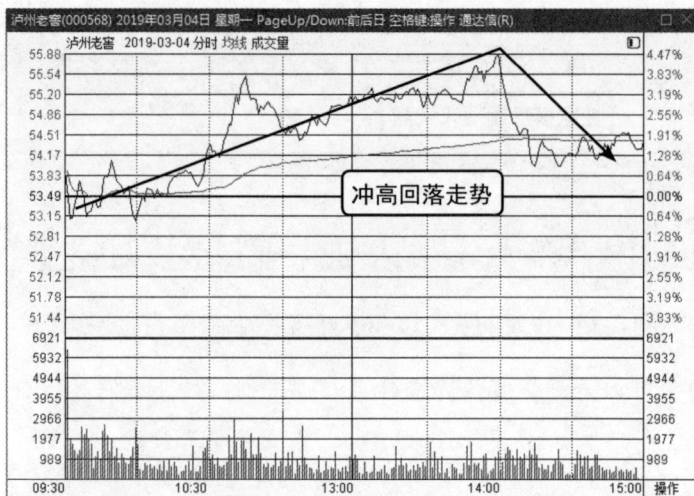

图 6-15　泸州老窖 2019 年 3 月 4 日的分时走势

从图中可以看到，该股股价在 3 月 4 日当天表现出冲高回落的走势。股价在冲高至顶的过程中，是股价短期见顶的信号。

此时查看该股的 K 线走势，图 6-16 所示为泸州老窖 2018 年 11 月至2019 年 3 月的走势图。

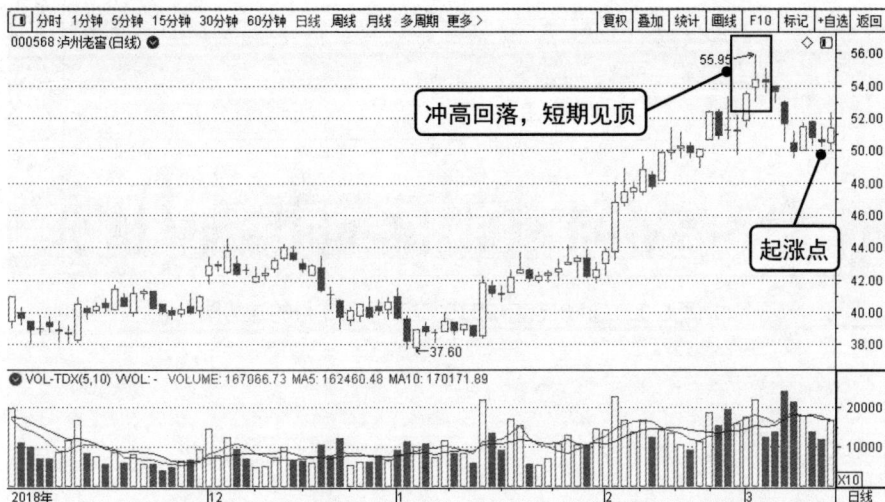

图 6-16　泸州老窖 2018 年 11 月至 2019 年 3 月的走势图

从图中可以看到，该股前期处于横盘震荡走势之中，1 月上旬股价企稳回升，成交量明显放量，说明庄家正在建仓。3 月 4 日 K 线收出带长上影小阳线，且分时图出现冲高回落走势，说明股价见顶下跌。

但此时的见顶并非真正的见顶，而是庄家正在利用冲高回落洗盘，洗盘结束股价将持续之前的上涨趋势。冲高回落洗盘的时间周期较短，一旦出现起涨信号，投资者可积极追涨，前期买进的投资者可继续持股。

图 6-17 所示为泸州老窖 2019 年 1 月至 5 月的走势图。

从图中可以看到，冲高回落走势出现后，连续 4 个交易日 K 线收出阴线，股价下跌。这几个交易日的股价下跌洗盘调整结束后，股价继续之前的上升走势，大幅向上拉升。

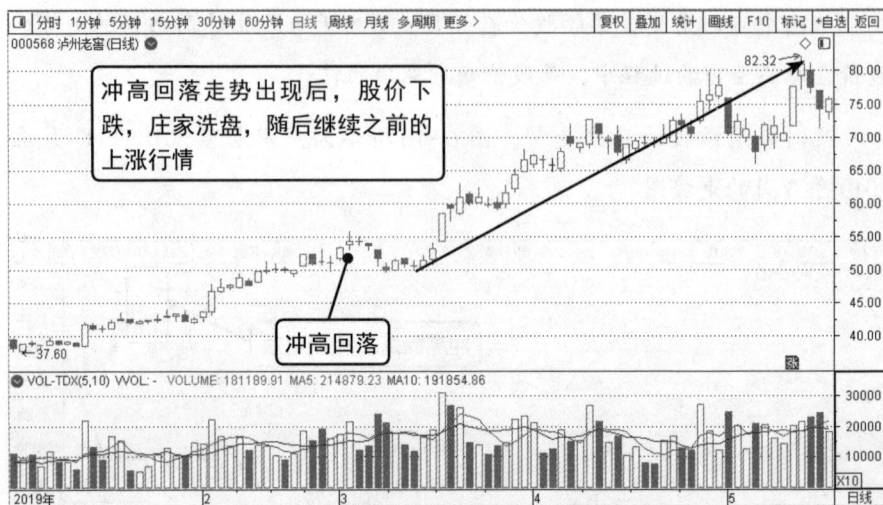

图 6-17 泸州老窖 2019 年 1 月至 5 月的走势图

读 者 意 见 反 馈 表

亲爱的读者：

感谢您对中国铁道出版社有限公司的支持，您的建议是我们不断改进工作的信息来源，您的需求是我们不断开拓创新的基础。为了更好地服务读者，出版更多的精品图书，希望您能在百忙之中抽出时间填写这份意见反馈表发给我们。随书纸制表格请在填好后剪下寄到：北京市西城区右安门西街8号中国铁道出版社有限公司大众出版中心 张亚慧 收（邮编：100054）。或者采用传真（010–63549458）方式发送。此外，读者也可以直接通过电子邮件把意见反馈给我们，E-mail地址是：lampard@vip.163.com。我们将选出意见中肯的热心读者，赠送本社的其他图书作为奖励。同时，我们将充分考虑您的意见和建议，并尽可能地给您满意的答复。谢谢！

- -

所购书名：_____

个人资料：

姓名：_____ 性别：_____ 年龄：_____ 文化程度：_____

职业：_____ 电话：_____ E-mail：_____

通信地址：_____ 邮编：_____

- -

您是如何得知本书的：

□书店宣传 □网络宣传 □展会促销 □出版社图书目录 □老师指定 □杂志、报纸等的介绍 □别人推荐
□其他（请指明）_____

您从何处得到本书的：

□书店 □邮购 □商场、超市等卖场 □图书销售的网站 □培训学校 □其他

影响您购买本书的因素（可多选）：

□内容实用 □价格合理 □装帧设计精美 □带多媒体教学光盘 □优惠促销 □书评广告 □出版社知名度
□作者名气 □工作、生活和学习的需要 □其他

您对本书封面设计的满意程度：

□很满意 □比较满意 □一般 □不满意 □改进建议

您对本书的总体满意程度：

从文字的角度 □很满意 □比较满意 □一般 □不满意
从技术的角度 □很满意 □比较满意 □一般 □不满意

您希望书中图的比例是多少：

□少量的图片辅以大量的文字 □图文比例相当 □大量的图片辅以少量的文字

您希望本书的定价是多少：

本书最令您满意的是：

1.

2.

您在使用本书时遇到哪些困难：

1.

2.

您希望本书在哪些方面进行改进：

1.

2.

您需要购买哪些方面的图书？对我社现有图书有什么好的建议？

您更喜欢阅读哪些类型和层次的理财类书籍（可多选）？

□入门类 □精通类 □综合类 □问答类 □图解类 □查询手册类

您在学习计算机的过程中有什么困难？

您的其他要求：